플랫폼 비즈니스 판을 바꾸는

한국의
SNS
부자들

플랫폼 비즈니스 판을 바꾸는
한국의 SNS 부자들

초판 1쇄 인쇄   2019년 10월 1일
초판 3쇄 발행   2019년 10월 31일

지은이 | 서재영, 박미현
펴낸이 | 하인숙

펴낸곳 | ㈜ 더블북코리아
출판등록 | 2009년 4월 13일 제2009-000020호

주소 | (우)07983 서울시 양천구 목동서로 77 현대월드타워 1713호
전화 | 02-2061-0765
팩스 | 02-2061-0766
이메일 | doublebook@naver.com

ⓒ 서재영·박미현, 2019
ISBN 979-11-85853-65-9   03320

플랫폼 비즈니스 판을 바꾸는

한국의
SNS
부자들

서재영 · 박미현 지음

좋아 보이는 것이 부(富)를 결정한다

다블북

추천사 I

4차산업이라는 큰 물결의 핵심인 모바일, 유튜브, 인스타그램 등 SNS가 삶에 필수적인 툴 역할을 하는 시대가 되었다. 젊은 밀레니얼 세대들은 요즘 전세, 월세 등 새로 이사갈 때 필수품에서 TV를 생략하는 경향이 있다. 스마트폰 하나면 TV, 장보기, 생필품 구매 등이 모두 해결되기 때문이다. 이런 시대에 SNS를 통해 성공스토리를 써나가는 창업가들의 사례를 소개하는 이 책은 전 국민 누구에게나 좋은 영감을 줄 것이다.

손경식 | CJ그룹 회장

'사촌이 논을 사면 배가 아프다'는 속담이 있다. 아마도 세상을 보는 폭이 눈의 가시거리라 하겠다. SNS의 등장으로 모든 것이 변했고 모두가 사촌으로 바뀌었다. 이 책은 SNS를 통해서 비즈니스에 성공한 기업들의 성공사례를 보여준다. 끊임없이 답을 찾는 서재영 프로의 행간도 찾을 수 있을 듯하다.

정영채 | NH투자증권 대표이사

Seeing is believing, 보는 것이 믿는 것이다. 나는 기업을 찾아다니면서 대화하고 보고 느끼는 현장경험을 통해 기업을 미래를 판단하면서 투자하는 철학을 가지고 있다. 어려운 환경 속에서 SNS라는 툴을 활용하여 성장하는 기업들의 스토리를 통해 또 다른 좋은 아이디어와 현장경험을 느낄 수 있는 책이라고 확신한다.

장덕수 | 디에스자산 회장

이 책은 모두가 한 손에 스마트폰을 쥐고 살아가는 시대에 성공을 개척한 젊은 기업가들과 그들의 성공 스토리를 담고 있다. 단순히 돈을 벌기 위해 창업을 택한 것이 아니라, 좋아하는 일을 하면서 사회의 문제점과 불편함을 해결하여 성공에 이른 이들의 성공 스토리를 직접 발품을 팔아서 인터뷰한 저자의 노력에 박수를 보낸다. 특히, 본인이 즐겨 사용하는 마켓디자이너스의 1:1 온디맨드 모바일 러닝 플랫폼 '튜터링'의 사례가 자세히 소개되어 있어 개인적으로 더 반가운 책이다.

임홍택 | 《90년생이 온다》 저자

금융과 기술 모두 깊이 이해하고 있는 저자가 한국의 창업자들을 심층 인터뷰하여 그들의 열정과 고민, 통찰력을 잘 보여준 의미 있는 책이다. 평소에도 기존 금융권보다 혁신 창업가들에게 더 큰 애정과 관심을 보이던 저자가 아니었다면, 창업자들의 동기와 고민, 열정을 이렇듯 잘 보여줄 수는 없었을 것이다. 세상은 자기가 쓴 안경에 따라 다른 색깔로 보인다. 저자의 안경으로 들여다보는 창업자들의 모습이 나름 흥미롭다.

김영덕 | 롯데엑셀러레이터 사업총괄 부문장

오랜 기간 몸담았던 금융계를 떠나, 프리랜서로서의 길을 걷게 된 이유 중에 하나가 SNS였다. 잠재 고객들과 광범위하게 접촉할 수 있고, 더 나아가 자신이 가진 생각을 손쉽게 전달할 수 있는 언로. 이게 바로 SNS의 힘이자 존재 이유가 아닐까? 많은 독자들이 이 책을 통해 열정적인 사업가들이 어떻게 사업을 꾸리고 또 확장해 나갔는지 이해하고, 사업의 아이디어와 열정을 얻기 바라 마지않는다.

홍춘욱 | 《돈의 역사》 저자

자기가 좋아하거나 잘할 수 있거나 남에게 도움을 주는 사업은 성공할 확률이 높다. 이 책에는 최근 모바일을 활용한 SNS, AI, 빅데이터, 클라우드 등 ICT 기술의 접목으로 과거의 마케팅이나 경영방식 성공방식을 따르지 않는 여러 우수한 기업들의 생생한 사례가 실려 있다. 창업에 도전하는 이들에게 자신감을 주는 것은 물론 큰 방향을 제시해 주는 책이다.

박대수 | KT 전무

이 책은 아이디어, 네트워크, 기업가정신이란 새로운 생산의 3대 요소로 세상에 없던 서비스를 만들어낸 젊은 창업가들의 스토리를 담고 있다. 아무쪼록 많은 청년들의 피를 끓게 만들어 내가 속한 주식시장에서 젊고 참신한 상장기업들로 만났으면 하는 바람이다.

최준철 | VIP자산운용 대표이사

현재 성공적으로 발전하고 있는 스타트업을 창업한 젊은 창업자들의 흥미진진한 창업 스토리와 더불어 각 회사의 다양한 제품 및 서비스를 소개한 책이다. 그들의 상당수는 주변에서 사업의 성공 가능성이 낮다는 평가에도 불구하고 사업을 시작했다. 이 책을 읽는 독자들은 창업자들의 비전과 그들이 어떻게 빠르게 실행하고 발전했는지를 잘 느낄 수 있을 것이다. 이 책으로 인해 스타트업에 대한 이해가 넓어져서 제대로 된 창업이 늘어나고 관련 생태계가 더욱 발전할 수 있기를, 이 책에 소개된 스타트업들이 지속가능한 기업으로 성장할 수 있기를 진심으로 바란다.

송은강 | 캡스톤파트너스 대표이사

이 책을 통해 스타트업 창업자들로부터 직접 듣는 그들의 이야기는 분명 창업을 꿈꾸는, 현재 창업 중인, 창업을 돕고 있는 많은 사람에게 큰 영감을 줄 것으로 기대한다. 특히 최근 미디어 트렌드에 가장 밀착되어 있는 스타트업들의 이야기는 창업만이 아니라 트렌드를 이해하는 가장 좋은 교재가 될 것이다. 나는 운 좋게도 저자와 많은 대화를 나눌 수 있었다. 같은 스타트업 종사자로서 매번 만날 때마다 업계에 대한 저자의 방대한 지식과 정보에 놀라움을 금치 못했다. 이 기회를 빌려 삶에 영감을 준 저자에게 존경과 감사를 전하며, 이 책을 접하는 독자들도 나와 같은 놀라움을 경험하기 바란다.

배인환 | 바비톡 창업자

• 추천사 II는 361쪽에 이어집니다.

좋아 보이는 것이 부富를 결정한다!

최근 많은 20~30대 밀레니얼세대와 Z세대가 꿈을 꾸기도 전에 많은 것들을 포기한다고 합니다. 연애, 결혼, 출산을 포기한 3포 세대에 이어 내 집 마련과 인간관계마저 포기한 5포 세대, 여기에 꿈과 희망까지 포기하면서 이제는 7포 세대라는 말까지 나올 정도로 이 사회는 꿈을 잃어가고 있습니다.

이런 현상이 일어나는 이유는 열심히 살면 오늘보다 나은 내일을 약속할 수 있었던 과거와 달리 지금은 그렇지 않기 때문이라고 생각합니다. 큰 것을 꿈꾸기 어려운 현실 속에서 포기는 어쩌면 오늘 당신이 할 수 있는 최선의 선택일지도 모릅니다. 현실이 이러니 현재, 지금, 오늘에 집중하는 워라밸이나 욜로 등이 돌파구가 되었고, 사회 역시 적절한 해결방안이 없기에 그저 그들에게 지금을 즐기라고 동조하고 있습니다.

하지만 이 모든 걸 인정하고 현재에 안주하기에는 우리에게 주어진 미래의 시간이 너무 길고 가장 빛나야 할 젊음이 그저 안타까울 뿐입니다. 지금 우리에게는 빠르게 변화하는 시대에 새로운 아이디어로 이 시대를 당당히 이끌어갈 젊은 세대들의 꿈과 열정과 노력 그리고 관심이 절실합니다.

당신의 성공은 멀리 있지 않습니다. 바로 당신 손에 쥔 스마트폰 안에 있습니다. 스마트폰 덕분에 더 이상 학벌과 돈, 인맥이 성공요인이 되지 않고 당신에게 좋아 보이는 것이 부富를 결정짓는 시대가 되었습니다. 한 손에는 스마트폰을 쥐고, 머릿속에는 끊임없는 가설과 아이디어를 담고, 가슴에는 희망을 품고 창업에 뛰어드는 젊은 기업가들의 지치지 않는 열정을 독자들에게 고스란히 전하고자 합니다. 우리가 만난 새로운 시대의 혁신적인 기업가들 역시 SNS라는 모바일 세상에서 탄생했습니다. 유튜브, 페이스북, 인스타그램 등 SNS상에서 사업을 시작하는 젊은이들이 늘어났고, 이런 현상은 기존과 다른 새로운 부를 만들 수 있는 시대가 왔음을 증명했습니다.

이 책에서는 Contents, Style(Visual), Curation, Food, Experience 라는 5가지 주제로 SNS 부자들을 소개합니다.

우선 시대의 흐름을 정확히 꿰뚫어 그들만의 참신한 아이디어를 선보인 1장 Contents는 크라우드펀딩을 넘어 스타트업 종합 지원 플랫폼으로 뻗어가는 스타트업의 요람, '와디즈'의 성공 스토리로 출발합니다. 뒤를 이어 요즘 넷플릭스의 대항마로 불리며 국내를 넘어 세계적으로 빠르게 성장 중인 개인 취향 분석 영화 추천 서비스 '왓챠', 전 국민이 책을 읽는 그날까지 독서와 무제한 친해지는 방법을 다양하게 제시하는 국내 최대 월정액 독서 플랫폼 '밀리의 서재', 경쟁력이 교육을 지배하지 않는 시대를 만들겠다는 당당한 포부를 밝힌 1:1 온디맨드 모바일러닝 플랫폼 '튜터링', 밀레니얼 세대 CEO가 만든 콘텐츠 기반 글로벌 여행 플랫폼 '지냄'의 성공 스토리를 담았습니다. 이들은 누구나 원하지만 아무도 하려고 시도하지 않은 새로운 콘텐츠 분야의 개척자들입니다.

이 시대가 가장 열광하는 2장 Style(Visual)에서는 셀러들의 니즈를 충족시키며 빠르게 성장 중인 국내 최초 셀럽마켓 모음앱 '에이블리'를 시작으로, 키작녀(키 작은 여성들)의 니즈를 정확히 파악한 감성 패션의류 쇼핑몰 '소녀레피시', '홑겹브라'라는 혁명적인 브라 한 장으로 속옷 업계의 판도를 뒤엎은 '컴온빈센트', 제품력이 돋보이는 참신한 광고 영상으로 여성들의 많은 공감과 지지를 얻고 있는 여성위생용품 브랜드 '청담소녀'의 성공기를 세세하게 담았습니다.

정보 과잉 시대 속에서 개인의 섬세한 취향을 분석해 고객의 마음을 사로잡는 3장 Curation 역시 요즘 가장 주목해야 할 비즈니스 영역 중 하나입니다. 인테리어 견적 및 중개수수료 0%라는 파격적인 서비스를 선보인 인테리어 중개 플랫폼 '집닥'과 보험에 대한 불만으로 가득 찬 소비자의 경험을 바꾸는 인슈어테크 스타트업 '디레몬', 엄선한 병원 프로모션이라는 새로운 비즈니스 모델로 재창업에 성공한 국내 최대 모바일 의료 플랫폼 '굿닥', 미술공동분할거래라는 신개념 미술품 거래 시스템 개발로 폐쇄적인 국내 미술계에 돌풍을 일으킨 '프로라타 아트', 커피가 일상이 됐듯 전 국민에게 꽃의 일상화를 실현시키겠다는 국내 최초 꽃 구독 서비스 '꾸까'가 기존 업계에서 남들과 다르게 움직이며 그들만의 길을 개척한 이야기를 만나볼 수 있습니다.

계속되는 먹방, 쿡방 열풍에 스타 셰프까지 힘을 보태 꾸준한 성장세를 보이는 4장 Food도 빼놓을 수 없는 분야입니다. 1분짜리 짤막한 레시피 영상으로 시작해 SNS로 푸드 PB커머스를 장악한 푸드컴퍼니 '쿠캣'의 성공기부터 1인 창업자로 시작해 발 빠른 방향전환으로 국내 대표 건강기능식품 기업으로 우뚝 선 '휴럼', 개그맨 허경환이 공동대표이지만 유명세보다는 제품력으로 닭가슴살 시장을 석권한 닭가슴살 전문브랜드 '허닭', 카이스트 공학 석사 출신의 대표가 국내 최초로 개발한 1인 화덕피자로 피자계의 맥도날드를 향해 힘차게 비상 중인 '고피자', 대학교 1학년 때 해외 흑마늘 2억원 수출을 달성한 배포 큰 농사꾼 아들이 만든 스페셜티 푸드 컴퍼니 '식탁이 있는 삶'에서 젊은 세대들이 어떻게 그들만의 강점을 성공으로 이끌었는지 그 방법을 참고하시길 바랍니다.

마지막 5장은 물건보다 경험을 중시하는 젊은 세대들의 트렌드로 주목받은 Experience입니다. 업계 최초 6분짜리 유튜브 사업 설명회 영상으로 똑똑하게 투자 유치에 성공한 프리미엄 독서실 프랜차이즈 '작심', 레드오션이라는 저가 커피 시장에 메가급 돌풍을 몰고 온 프랜차이즈 커피 전문점 '메가커피', 숙박 모음 앱 '여기어때' 출신으로 불모지였던 낚시 분야의 대중화에 기여하며 낚시계의 네이버를 꿈꾸는 국가대표 낚시 예약 앱 '물반고기반', 세심한 감성 소통 전략으로 자신의 방에서 홀로 창업해 1년 만에 연매출 14억을 달성한 고양이 용품 전문쇼핑몰 '마마캣', 마지막으로 삼성전자 출신 엔지니어가 만들어 집 안의 유튜버들을 세상 밖으로 불러낸 세계 최초 웨어러블 360도 카메라 '링크플로우'를 통해 전 세계 그 누구와 붙어도 밀리지 않을 아이디어와 실행력, 열정을 가진 뛰어난 사업가들의 현재 진행형 성공 스토리를 가득 담았습니다.

인터뷰 내내 이들은 공통적으로 좋아서 하는 일이었기에 좌절에 쉽게 굴하지 않았고, 모든 것을 던졌기에 기회와 돈이 따라왔다고 힘주어 말했습니다. 이들의 성공 방식은 각기 달랐지만, 꿈을 이루기 위해 꼭 기억해야 할 성공요소는 9가지로 압축할 수 있었습니다. 이들이 걸어온 길을 통해서 당신만의 성공 노트를 새롭게 써보시길 바랍니다.

1. 일상의 불편함에서 아이디어를 찾다!

이들을 성공으로 이끈 혁신적인 비즈니스 아이템은 바로 일상생활에서 나왔습니다. 세계 최초 웨어러블 360도 카메라를 개발해 세상을 깜짝 놀라게 한 링크플로우 김용국 대표의 출발점은 하와이로 떠난 신혼여행의 추억과 멋진 풍경을 살아 숨 쉬듯 생생하게 담고 싶다는 욕구였습니다. 개인 취향 분석 영화 추천 서비스 왓챠의 박태훈 대표 역시 모든 이에게 똑같이 제공되는 포털사이트의 서비스, 셀 수 없이 많은 혜택 중 나에게 맞는 걸 일일이 찾아야 하는 신용카드 발급과 보험 등의 불편함에서 '개인화', '자동추천'이라는 키워드를 찾아내고 이를 영화 콘텐츠에 접목하여 사업의 성공을 이끌었습니다.

2. SNS를 통해 압도적인 비주얼과 차별화된 전략으로 승부수를 띄우다!

SNS가 일상에서 큰 비중을 차지하면서 글 대신 사진과 영상으로 임팩트 있게 다가가는 비주얼의 역할이 성공의 큰 축이 되었습니다. 란제리 & 이벤트웨어 편집숍 컴온빈센트 김석영 대표는 뛰어난 제품력은 기본이고, 초반부터 이를 잘 어필할 수 있는 수준급의 비주얼로 많은 여성들의 주목을 받으며 속옷계의 '스타일난다'로 불릴 만큼 빠르게 성장을 거듭했습니다. 푸드 컴퍼니 쿠캣의 이문주 대표는 누구보다 빨리, 새롭게 만든 푸드 콘텐츠 영상으로 모바일 영상 시장에 승부수를 띄우는 전략으로 성공했습니다. 키 작은 여성들을 위해 특화된 쇼핑몰 '소녀 레시피'와 대나무 소재를 활용한 여성위생용품 전문 브랜드 '청담소녀' 역시 SNS에서 입소문을 탈 만큼 호기심을 불러일으키는 집중도 높은 비주얼과 생생한 후기 중심의 영상 콘텐츠를 기반으로 성공한 기업들입니다.

3 세상에 없던 '최초'의 길을 개척하다!

SNS 부자들은 남이 생각하지 못하거나 안 될 거라고 내다본 시장에 뛰어들어 업계 '최초'라는 수식어를 탄생시키며 큰 주목을 받았습니다. 국내 최초 월정액 독서 플랫폼 밀리의 서재 서영택 대표는 세계 최초 책이 보이는 오디오북인 '밀리 리딩북'과 책이 보이는 방송 '밀리 LIVE'를 개발해 제2의 도약을 꿈꾸고 있으며, 에이블리 강석훈 대표는 여성의류 플랫폼에서 더 나아가 국내 최초 셀럽마켓을 한자리에 모은 앱으로 E-커머스 패션 분야의 일인자로 우뚝 섰습니다. 이 외에도 프로라타 아트의 박종진 대표는 다수가 함께 누리는 명작 공동분할거래 시스템을 세계 최초로 선보였으며, 고피자의 임재원 대표는 기존 8단계였던 복잡한 피자 공정을 4단계로 줄인 화덕을 개발해 1인 화덕 피자 시대를 열었습니다.

4. 실패에 굴복하지 않고 발 빠르게 '방향을 전환'하다!

성공이라는 타이틀을 거머쥔 혁신적인 기업가들은 실패를 두려워하지 않고 오히려 이를 방향 전환의 기회로 삼았습니다. 여행 콘텐츠 플랫폼 & 국내 중소형 숙박 종합솔루션 지냄의 이준호 대표는 셰어하우스로 첫 사업을 시작했지만 예상치 못한 변수가 잇따르자 국내 게스트하우스 예약 플랫폼으로 사업을 변경해 그야말로 대박의 신호탄을 쏘아 올렸습니다. 국내 최대 모바일 의료 플랫폼 굿닥 역시 첫 시작은 의사와 환자를 연결하는 플랫폼이었지만 실패로 돌아가자, 매일 혼자서 병원마다 영업을 다니며 병원 이벤트 모음 플랫폼으로 사업을 우뚝 일으켜 세웠습니다. 건강바이오 전문 기업 (주)휴럼의 김진석 대표 또한 홈쇼핑으로 떠오른 기업이지만 E-커머스 사업으로 새롭게 방향을 전환하며 빠른 성공가도를 달리고 있습니다.

5. 레드오션에서도 그들만의 기회를 찾다!

이미 경쟁이 치열한 레드오션도 그들의 성공에는 큰 걸림돌이 아니었습니다. 자고 일어나면 새로운 커피전문점이 생길 만큼 이미 포화상태인 저가 커피 시장에 후발주자로 뛰어든 메가커피의 하형운 대표는 입이 딱 벌어지는 대용량에 100% 프리미엄 아라비카 원두 투샷을 넣는 고급 브랜드 전략으로 메가급 성장세를 기록했으며, 고양이용품 전문 쇼핑몰 마마캣의 박세준 대표는 세심한 감성소통이라는 차별화 전략을 펼쳤습니다. 뜨거운 교육열을 반영한 영어교육 서비스도 마찬가지입니다. 튜터링은 학생이 앱을 실행하면 전 세계에서 24시간 대기 중인 전문 튜터와 실시간으로 1:1 회화 수업을 하는 온디맨드 모바일러닝 플랫폼으로 영어 시장에 새바람을 불어넣었습니다.

6. 돈 되는 사업이 아닌 '좋아하고 잘할 수 있는 일'을 한다!

인터뷰하며 만난 한국의 SNS 부자들은 성공을 위해 단지 돈만을 좇지 않았습니다. 그들은 돈을 보고 달렸다면 성공의 길은 더 멀고 험했을 거라고 입을 모아 말합니다. 그들은 누구보다 자신이 좋아하고 잘할 수 있는 일을 찾았고 그랬더니 성공과 부가 자연스럽게 따라왔다고 했습니다. 소녀레시피의 변찬미 대표는 사업 초반에 워낙 자금이 부족해 이리저리 돈을 수급하러 다니느라 어려웠지만, 그것조차 힘든 줄 모르고 자신의 안목으로 고른 옷을 판다는 과정 자체가 즐겁고 재미있어 끝까지 버틴 케이스입니다. 닭가슴살 브랜드 허닭의 김주형 대표와 허경환 대표 또한 닭가슴살 마니아로 불릴 정도로 즐겨 먹었던 닭가슴살 사업에 뛰어들어 그들만의 전문성과 차별화로 시장을 석권했으며, 초당옥수수를 국내 처음으로 알린 젊은 사업가이자 '식탁이 있는 삶'의 김재훈 대표는 어릴 적부터 부모님을 따라 농사일을 하면서 갖춘 이해도와 인프라를 바탕으로 농민과 상생하는 푸드 플랫폼 창업에 도전했습니다.

7. 돈이 없을 때야말로 창업할 절호의 찬스!

소녀레시피는 초기 자본금 60만원으로 시작했고, 집닥 박성민 대표는 100억원대 부도로 인생 밑바닥에서 막노동으로 다시 일어났으며 그런 노력을 알아주는 지인에게서 1,000만원을 투자받아 사업을 시작했습니다. 왓챠 박태훈 대표는 가장 돈이 없는 시기인 20대가 창업을 시작하기에는 가장 좋은 시기라고 강조합니다. 창업에 실패해도 다시 회사에 돌아갈 수 있는 나이이고, 최대한 젊을 때 시작해야 실패 비용을 줄일 수 있기 때문입니다. 공대 출신의 박춘화 대표가 만든 국내 최초 꽃 구독 서비스도 창업 자금 500만원으로 시작했지만 지금은 어엿한 기업을 꿈꾸며 국내 대표 플라워 브랜드로 성장하고 있습니다. 이들에게 창업비용이 얼마인지는 중요하지 않았습니다. 그저 내 사업을 시작하는 것, 그것이 바로 성공의 불씨가 되었습니다.

8. 유행이 아닌 시대를 변화시키는 일을 하다!

국내 크라우드펀딩 시장을 선도하는 와디즈의 신혜성 대표는 단순한 트렌드가 아니라, 자신이 옳다고 생각하거나 개선해야 한다고 여기는 당위적 관점에서 사업 아이템을 찾아야 한다고 말합니다. 그래야 위기가 닥쳐도 반드시 이 일을 해야만 하는 당위적 이유가 있기에 뚝심 있게 밀고 나갈 수 있습니다. 그 역시 그런 행보 덕분에 와디즈를 창업했고 지금의 위치까지 꿋꿋하게 달려올 수 있었습니다. 밀리의 서재 서영택 대표는 눈이 아닌 오감으로 즐기는 2차 독서 콘텐츠를 개발해 꺼져가는 출판업계에 활기를 불어넣고 있으며, 인슈어테크 스타트업 디레몬의 엄기준 대표는 심한 정보 비대칭으로 소비자의 불신이 큰 보험업계에 혁신을 일으키겠다며 자신 있게 출사표를 던졌습니다. 꾸까 역시 단순한 꽃 브랜드 사업이 아니라, 국내에 일상적인 꽃 문화를 정착시켜 침체된 화훼업계에 새로운 바람을 불어넣겠다는 큰 포부를 지니고 시작했습니다.

9. 워라밸이 아닌 워크 앤 라이프!

일과 휴식이 균형을 이루는 삶, '워라밸Work and Life Balance'이 시대의 중요한 키워드로 떠오르고 있지만, 이들의 성공에는 워라밸이 존재하지 않습니다. 그 대신 일이 곧 일상인 워크 앤 라이프의 삶을 살며 그들이 이루고자 하는 성공을 위해 숨 가쁘게 달려왔습니다. 컴온빈센트의 김석영 대표는 그의 성공요인을 남보다 오래 하고 남보다 많이 한 것이라고 말합니다. 그는 아무리 좋은 기회가 찾아오더라도 실력이 받쳐주지 않으면 스쳐 지나가 버리므로 그 기회를 잡기 위해 하루를 쪼개가며 열심히 일에 몰두했습니다. 굿닥 박경득 대표는 낮에는 병원 영업, 밤에는 광고 제작 등을 하며 쓰러져가는 굿닥을 되살리기 위해 밤낮으로 노력했고, 꾸까 박춘화 대표는 정신과에 찾아갔더라면 공황진단을 받았을 정도로 많은 스트레스를 받아가며 일했습니다. 집닥 박성민 대표는 "하면 된다! 될 때까지 한다!"라는 인생철학으로 눈썹과 머리에 원형 탈모가 생길 만큼 일에 빠져 살았다고 합니다. 이렇듯 꿈을 이루기 위해 최선을 다하는 노력 없이는 그 어떤 성공도 절대 존재하지 않습니다.

누구나 무엇이든 유명해질 수 있는 시대가 되었습니다. SNS 덕분입니다. 시대가 변한 만큼 성공의 방법과 길 역시 예전과 달라져야 합니다. 모바일을 통한 유튜브, 인스타그램, 페이스북 등의 SNS 활동이 엄청난 변화를 가져오고 있으며, 이러한 SNS가 일상생활을 넘어 비즈니스로 연결되는 대변혁이 일어나고 있습니다.

우리는 이 책을 통해 열정보다 포기를 먼저 배운 당신에게 이들이 보여준 가능성과 희망을 가슴 속 깊이 전하고자 합니다. 이들에게서 조금 더 빠르고 확실하게 성공의 길을 개척하는 힌트를 얻는다면 당신도 이 시대가 열광하는 성공의 주인공이 될 수 있으리라 확신합니다.

마지막으로 바쁘신 중에도 시간을 내어 열심히 인터뷰에 응해주신 24곳의 기업 대표들에게 감사의 인사를 전합니다. 추천사를 보내주신 분들께도 진심으로 감사드립니다. 원고 모니터링 작업에 많은 도움을 주신 박영주 이사님, 유선아님, 서해민님과 물심양면으로 지원을 아끼지 않으신 더블북 출판사에도 고마움을 전합니다.

아무쪼록 이 책이 20~30대에게는 '새로운 도전'을 위한 용기를 주고, 40~50대에게는 '새로운 변화'를 위한 참고서가 되기를 간절히 바랍니다.

2019년 9월
서재영, 박미현

contents

추천사 I   4

prologue 좋아 보이는 것이 부(富)를 결정한다 8

1장
취향을 넘어 가치를 파는 콘텐츠 개척자들

01. SNS로 기업과 투자자를 잇는 크라우드펀딩 방식의 새로운 금융·유통 플랫폼 26
   스타트업의 요람, 와디즈

02. 문화 콘텐츠를 시작으로 모든 것의 개인화를 꿈꾸다 44
   개인 취향 분석 영화·TV·도서 추천 서비스, 왓챠

03. 전 국민이 책을 읽는 그날까지 독서와 무제한 친해지리라 62
   국내 최대 월정액 독서 플랫폼, 밀리의 서재

04. 경제력이 교육을 지배하지 않는 시대를 만들다 76
   1:1 온디맨드 모바일 영어회화 러닝 플랫폼, 튜터링

05. 밀레니얼 세대 CEO가 만드는 콘텐츠 기반 글로벌 여행 플랫폼 90
   여행 콘텐츠 플랫폼 & 국내 중소형 숙박 종합솔루션 기업, 지냄

2장
좋아하고 잘할 수 있는 스타일을 셰어하라

06. 셀러들의 니즈를 충족시키며 빠르게 성장 중인 패션 · 뷰티 플랫폼 100
국내 최초 셀럽마켓 모음앱, 에이블리

07. 키는 작아도 스타일 좋은 옷을 입고 싶은 욕구는 작지 않다 116
키작녀를 위한 감성 코디, 소녀레시피

08. 혁명적인 '홑겹브라'로 란제리 룩의 판도를 뒤엎다 128
국내 1호 란제리 셀렉트 숍, 컴온빈센트

09. 제품력 돋보이는 참신한 광고 영상으로 여성들의 공감대를 얻다 140
여성 위생 용품 브랜드, 청담소녀

3장
레드오션 큐레이팅으로 블루오션을 창출하다

10. 고객이 '무조건' 안심하고 인테리어 할 수 있는 서비스에 올인하다 156
인테리어 비교 견적 중개 플랫폼, 집닥

11. 보험에 대한 불만으로 가득 찬 소비자의 경험을 바꾸다 168
인슈어테크 스타트업, 디레몬

12. 병원 이벤트로 비즈니스 모델 찾아 재창업에 성공하다 178
국내 최대 모바일 의료 플랫폼, 굿닥

13. 신개념 미술품 거래 시스템 개발로 폐쇄적인 미술계에 돌풍을 일으키다 192
미술품 분할 소유권 거래 플랫폼, 프로라타 아트

14. 공대 출신 CEO, 창업 자금 500만원으로 전 국민의 꽃 일상화를 실현하다 206
국내 최초 꽃 구독 서비스, 꾸까

4장
압도적인 비주얼로 '보는 맛'을 사로잡다

15. SNS에 올린 1분짜리 짤막한 레시피 영상으로 푸드 PB커머스를 장악하다 222
전 세계 2,600만이 즐기는 No. 1 푸드 컴퍼니, 쿠캣

16. 트렌드에 맞춘 발 빠른 전략과 독서 경영으로 600억 기업을 만들다 238
건강바이오 전문 기업, 휴럼

17. 광고비 0원, 유명세보다는 제품력으로 닭가슴살 시장을 석권하다 254
닭가슴살 브랜드, 허닭

18. 카이스트 공학 석사 출신, 피자계의 맥도날드를 향해 힘차게 비상하다 266
국내 최초 1인 화덕피자 프랜차이즈, 고피자

19. 배포 큰 농사꾼 아들이 농민과의 상생을 위해 만든 푸드 플랫폼 280
스페셜티 푸드 컴퍼니, 식탁이 있는 삶

5장
세상에 없던 프리미엄 체험으로 지갑을 열다

20. 업계 최초 6분짜리 유튜브 사업 설명회 영상으로 투자 유치에 성공하다 **294**
성장률 1위 프리미엄 독서실, 작심

21. 저가 커피 시장의 메가급 돌풍, 3년 반 만에 전국 700개 매장 달성 **306**
프랜차이즈 커피 전문점, 메가커피

22. '여기어때'를 성공시킨 경험으로 낚시계의 네이버를 꿈꾸다 **318**
국가대표 낚시 예약 앱, 물반고기반

23. 세심한 감성소통 전략으로 집사의 마음을 사로잡다 **332**
고양이 용품 전문 쇼핑몰, 마마캣

24. 집 안의 유튜버들을 세상 밖으로 불러내다 **346**
세계 최초 웨어러블 360도 카메라, 링크플로우

epilogue 서산 여고생, SNS 기반 의류 쇼핑몰 창업 1년 만에 월 10억 매출 돌파! **358**

추천사 II **361**

1장

취향을 넘어
가치를 파는
콘텐츠 개척자들

01. SNS로 기업과 투자자를 잇는 크라우드펀딩 방식의 새로운 금융·유통 플랫폼
스타트업의 요람, 와디즈

02. 문화 콘텐츠를 시작으로 모든 것의 개인화를 꿈꾸다
개인 취향 분석 영화·TV·도서 추천 서비스, 왓챠

03. 전 국민이 책을 읽는 그날까지 독서와 무제한 친해지리라
국내 최대 월정액 독서 플랫폼, 밀리의 서재

04. 경제력이 교육을 지배하지 않는 시대를 만들다
1:1 온디맨드 모바일 영어회화 러닝 플랫폼, 튜터링

05. 밀레니얼 세대 CEO가 만드는 콘텐츠 기반 글로벌 여행 플랫폼
여행 콘텐츠 플랫폼 & 국내 중소형 숙박 종합솔루션 기업, 지냄

- 혁신적인 스타트업에 성공 기회 제공, 새로운 투자유치 및 마케팅 창구로 급부상!
- 아이디어와 시제품만으로 누구나 창업할 수 있는 생태계 조성!
- 증권형 크라우드펀딩 서비스 국내 1호 라이선스 취득, 1만 스타트업의 데뷔 플랫폼으로 성장!

SNS로 기업과 투자자를 잇는
크라우드펀딩 방식의
새로운 금융 · 유통 플랫폼

스타트업의 요람, 와디즈

크라우드펀딩Crowd funding은 대중을 뜻하는 크라우드Crowd와 자금 조달을 뜻하는 펀딩Funding을 조합한 용어로, 온라인 플랫폼을 이용해 대중으로부터 자금을 조달하는 방식을 말한다.

먼저 자금을 모으고자 하는 개인 또는 기업이 크라우드펀딩 사이트에 자신의 프로젝트를 공개하고 펀딩을 시작한다. 그러면 모바일 앱이나 웹 또는 PC를 통해 대중, 다수의 투자자들이 그 프로젝트의 가능성을 판단하여 펀딩 여부를 결정한다. 크라우드펀딩은 제공하는 보상의 형태에 따라 크게 투자형, 리워드형, 기부형, 대출형의 네 가지 유형으로 나뉜다. 투자형(증권형) 펀딩은 투자한 대가로 주식이나 채권을 취득하는 형식이다. 유망한 스타트업, 벤처기업 그리고 영화, 뮤지컬 같은 다양한 문화 콘텐츠 등이 주를 이룬다. 리워드형(보상형) 펀딩은 대개 개인의 창의적 아이디어를 바탕으로 한다. IT, 디자인, 출판, 푸드, 대중문화 등 거의 모든 분야의 소소한 이슈를 다룬다. 투자자들에게 프로토타입(본격적인 상품화에 앞서 성능을 검증·개선하기 위해 핵심 기능만 넣어 제작한 기본 모델) 시제품이나 서비스, 특별한 굿즈 등을 제공하며, 때로는 사회적인 문제를 해결하거나 공공의 목적을 달성하는 것을 목표로 삼는다. 기부형 펀딩은 기타 다른 금전적인 보상을 전제하지 않는 순수한 형태의 기부 프로젝트다. 대출형 펀딩은 P2P 금융의 하나로, 개인이나 개인 사업자에 대한 소액 대출에 참여한 뒤 만기가 되면 원금과 정해진 이자를 상환받는 방식이다.

시대를 바꾸는 새로운 투자, 크라우드펀딩

와디즈는 이러한 국내 크라우드펀딩 시장을 선도하는 기업이자, 성장 동력이 필요한 스타트업에 자금 조달의 물꼬를 터주며 창업 시장 전반에 활력을 불어넣는 1세대 핀테크 기업이다. 2012년 5월에 설립되어 리워드형 펀딩으로 첫발을 내디딘 뒤 2016년 국내 최초로 '증권형 펀딩' 시장을 개척했다. 지분 투자형 크라우드펀딩에 대한 법안 제안부터 통과까지 손수 이뤄낸 '국내 1호 온라인소액 투자중개' 기업이기도 하다.

아이디어와 재능, 여기에 의지와 평판을 두루 갖춘 창업자들에게 공정한 자금 투자로 성공적인 데뷔무대를 제공하는 와디즈는 동부증권

국내 크라우드펀딩 시장을 선도하는 와디즈는 성장 동력이 필요한 스타트업에 자금의 물꼬를 터주며 창업 시장
전반에 활력을 불어넣는 1세대 핀테크 기업이다.

애널리스트, 산업은행 기업금융을 담당하며 금융 경력을 쌓은 실력 있는 금융맨 신혜성 대표가 만든 회사다.

"제가 증권사와 은행에서 금융 실무를 경험하며 내린 결론은 국내 금융 시장이 제 역할을 하지 못한다는 것이었습니다. 금융의 본질적인 역할은 이 사회에서 가장 필요한 곳에 돈이 가도록 하는 건데 이상과 현실은 너무나 달랐습니다. 실질적으로 기회의 다양성을 제공하기가 어려웠죠. 정말 필요로 하는 사람이 아니라 이미 잘되는 기업으로 흘러가는 자본의 불균형을 누구보다 더 가까이에서, 절실하게 느꼈습니다. 회사가 크다거나 담보가 좋다고 해서 돈을 빌려주는 일들이 진정한 금융의 역할인지에 대해 깊은 고민이 들었습니다."

예를 들어 주식 시장에서 특정 회사의 주가가 오르는 원인은 혁신적인 아이디어와 서비스로 인한 성장일 수도 있지만, 회사의 사업 자산을 처분하기 위한 정리해고 같은 개인의 불행일 수도 있으며 이는 증시에서 호재로 작용한다. 신혜성 대표가 그간 경험한 바로는 모든 금융사가 얼마나 많은 수익을 안정적으로 가져올 수 있는가에만 목표를 두지, 기업가 정신을 가장 중요한 가치로 생각하는 곳은 한 군데도 없었다. 일을 하면 할수록 "도대체 이게 무슨 의미가 있을까?", "앞으로 평생 이렇게 살아야 하나?"에 대한 고민이 쌓였고, 그 끝에 그는 금융의 역할을 제대로 변화시킬 수 있는 방법을 찾기 시작했다.

"그 당시 소셜 네트워크 시스템이라는 새로운 온라인 생태계가 태동하고 있었습니다. 소셜 네트워크 시스템의 발달은 앞으로 개인과 개인을 연결하는 시대가 온다는 것을 의미하는데 그 연결의 중심에 있는 것이 바로 유통회사였습니다. 다른 사람의 돈을 대신 빌려주는 은행이나 투자회사의 본질 역시 유통이다 보니, 크라우드펀딩 플랫폼으로 스타트업과 투자자들을 바로 연결해 금융의 유통을 새롭고 공정하게 변화시키는 일을 해야겠다고 생각했습니다."

벤처 투자 시장의 가장 큰 문제는 정보의 비대칭이다. 크라우드펀딩 서비스는 스타트업 기업과 투자자를 연결함으로써 이 문제를 해결한다. 크라우드펀딩 플랫폼에서 스타트업 기업과 투자자의 관계는 동등하다. 갑과 을이라는 불합리한 권력 구조는 투자를 받으려는 다수의 기업에 비해 투자하는 주체의 수가 한정적이어서 생기는 현상이므로, 투자자가 많아지면 갑과 을의 갈등은 자연스럽게 해소된다.

"누군가로부터 돈을 받아서 전문성을 갖고 대신 행동하는 것이 금융기관의 역할이라고 할 때, 크라우드펀딩은 기업과 투자자를 공정하게 연결하여 정보 비대칭을 해소함으로써 브랜드 뒤에 가려져 있던, 유명하지는 않지만 대단한 알짜배기 기업들이 자연스럽게 드러날 수 있는 환경을 조성합니다. 저는 이것을 통해 이 사회에서 돈이 진짜로 필요한 곳에 제대로 갈 수 있을 거라고 확신하고 와디즈를 시작했습니다."

와디즈의 '와디Wadi'는 사막의 강을 뜻한다. 비가 오면 강을 이루고 비가 오지 않으면 말라 있는 사막 지형이다. 그는 사막 같은 자본 시장에 새로운 물줄기를 만들어간다는 비전을 담아 회사 이름을 와디의 복수형인 '와디즈'로 지었다.

원칙이 있어야 위기에 흔들리지 않는다!

"창업자들은 크게 두 유형으로 나뉩니다. 유행을 좇는 트렌드 창업자와 내가 이 일을 왜 하는지에 대한 철학과 신념을 지닌 당위적 창업자입니다. 당위적 창업자는 유행을 따르지 않습니다. 그리고 창업하면 안 될 수만 가지의 이유를 갖고 있죠. 제가 처음 와디즈를 창업할 때는 별종이라는 소리를 참 많이 들었습니다. 금융권에서 이런 식으로 창업하는 케이스는 그 어디에도 없었기 때문이죠. 단순한 트렌드가 아니라 자신이 옳다고 믿는 쪽으로 개선해야 한다는 당위적 관점에서 접근한 제

방식이 남들 눈에는 이상하게 보일 수도 있었을 겁니다. 하지만 위기가 닥쳤을 때 제게는 반드시 이 일을 해내야만 한다는 당위적 이유가 있었기에 뚝심 있게 밀고 나갈 수 있었습니다."

신 대표는 창업할 때 자기만의 원칙과 당위성을 먼저 정립한 뒤 시작해야 한다고 조언한다. 그도 창업할 당시 주변에서 많은 무시를 당했다. 좋은 직장에 다니다가 나와서 허튼 일을 하고 있다는 소리도 들었다. 한 가정의 가장이 외벌이 창업자로 나서자니 책임감이 무거웠다. 하지만 와디즈는 그가 경제학을 전공하고 금융 업계에 종사한 사명감으로 이 사회를 위해 꼭 해야만 하는 일이었다.

"창업 방식은 다양합니다. 요즘엔 유튜브 크리에이터들이 우후죽순 생겨나면서 이를 업으로 삼겠다는 사람들이 많습니다. 하지만 이 직업을 제대로 이해하고 파악한다면 더는 그런 생각을 하지 않을 겁니다. 예를 들어 유튜브 MC계의 유재석으로 불리는 대도서관은 한 가지 원칙을 준수한다고 합니다. '매일 정해진 시간에 방송한다.' 이는 곧 자유가 없는 삶과도 직결됩니다. 기본적으로 성실하지 않으면 안 되는 가장 치열한 분야가 바로 유튜브입니다. 그 이유는 전 세계와 경쟁하기 때문이죠. 지금 하던 일을 다 그만두고 여행 다니면서 하고 싶을 때 방송해서 돈을 벌겠다? 이건 보나마나 실패입니다. 어떤 일을 하든 정확하게 어떻게 해야 하는지 철저한 연구와 분석을 통해 자기 자신이 그 방법론을 지니고 있어야 합니다."

그는 자신을 고민이 많은 사람이라고 말한다. 고민이 많다는 건 삶의 의미나 이유가 중요하다는 뜻이고, 그는 이런 철학적인 사유를 제일 잘하고 좋아한다.

"저는 대학에 가서 비로소 제가 잘하는 것을 발견했습니다. 바로 생각하는 것이죠. 저는 외우는 건 잘 못하고 극도로 싫어했는데 경제학은 사고하는 학문이어서 잘하고 좋아할 수 있었습니다. 경제학 책을 여러 권을 쌓아놓고 보면서 계속 생각하다 보면 시간이 어떻게 지나갔는지 모를 정도로 집중할 수 있었습니다. 대학교에서는 시험시간을 3시간 주는데, 이 시간을 꽉 채우는 학생은 저뿐이었습니다."

그는 쉬는 시간이면 잔디밭에 앉아 신문을 보면서 그래프도 그려보고 다양한 경제 현상에 대해 생각하고 또 생각했다. 경제학과 함께 경영학을 부전공한 그는 졸업학점보다 훨씬 많은 전공과목을 이수했다. 이렇듯 생각하는 것 자체가 일상이자 삶을 즐기는 재미와 즐거움이었고, 여기서 찾은 작은 성공 경험은 그가 와디즈를 창업하는 데 큰 자신감을 심어주었다.

와디즈가 존재해야만 가능한 일을 찾다!

2012년 5월 와디즈는 작은 공간에서 3명이 5개의 리워드형 프로젝트를 맡아 첫발을 내딛었다. 신 대표는 와디즈라는 신생 회사를 알리기 위해서는 이 5개의 프로젝트를 무조건 성공시키는 것이 무엇보다 중요함을 직감했다.

"일단 좋은 사례가 탄생하면 그 결과물에 공감하는 이들이 생기고 펀딩에 참여하는 투자자도 늘어날 거라고 생각했습니다. 그러기 위해서는 최우선으로 성공 사례를 만들어야 했죠. 자존심을 챙길 겨를도 없었습니다. 와디즈를 믿고 크라우드펀딩 프로젝트를 시도한 첫 메이커(와디즈에서 펀딩 프로젝트를 진행하는 사람들을 일컫는 말)들이 원하는 목표치를 채워줄 수 있느냐 없느냐에 초점을 맞췄습니다."

그는 메이커들에게 필요한 서비스를 만들어야겠다고 생각했다.

"1억원이 아니라 300만원이 절실한 사람들한테 집중하기로 했습니다. 그 사람들이 실제로 펀딩 받을 수 있는 환경을 만들기 위해 노력했고, 그 금액은 300만, 500만, 700만, 1,000만원으로 서서히 늘어났습니다."

메이커가 스스로 노력하지 않으면 펀딩이 이뤄지지 않는다. 와디즈가 99%를 맡고, 여기에 메이커가 1%를 더해 100% 성공으로 가기 위해서는 메이커의 1%가 중요하다. 그 1%가 없으면 99%도 무용지물이다. 와디즈는 그런 서비스를 만들기 위해 힘썼다.

"보통 금융기관에서 돈을 빌려줄 때는 부동산과 같은 유형 자산을 기반으로 평가해 대출 가능 여부를 결정합니다. 하지만 스타트업들은 대부분 담보로 할 수 있는 유형 자산이 없습니다. 그래서 창업자에게 가장 중요한 건 의지와 평판입니다. 그 이상은 아무것도 없다고 생각합니다. 창업자들이 성공하기 위해서는 자신의 의지와 평판을 최대한 끌어내서 써야 합니다."

신 대표는 메이커들에게 SNS, 이메일, 전화번호 등 자신이 갖고 있는 인적자원을 최대한 활용하도록 독려했다. 인적자원을 쓰지 않는 사

와디즈 투자형 크라우드펀딩 시장점유율

전체 펀딩모집 금액 중
와디즈 통한 펀딩모집 금액 83%
와디즈 1위

전체 투자 성공 건수 중
와디즈 통한 성공 건수 72%
와디즈 1위

전체 투자 건수 중
와디즈 통한 투자 건수 94%
와디즈 1위

자료: 크라우드넷 2019년 상반기 기준

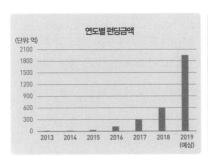
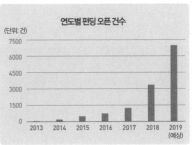

람은 신뢰할 수 없기 때문이다. 와디즈는 이를 잘 활용하는 메이커들이 큰 비용부담 없이 서비스를 사용할 수 있도록 소셜 금융 정책을 만들었다. 그중 하나인 지지서명 정책 역시 지지서명이 많으면 많을수록 수수료를 줄여주는 서비스다.

와디즈가 첫 시작부터 1억원 이상의 프로젝트 펀딩을 목표로 한 것은 아니다. 이들은 와디즈의 고객이 아니었다. 주변에서 유명인들의 인지도를 활용해 1억, 10억 펀딩을 달성해야 회사가 빨리, 더 크게 성장할 수 있다고 조언했지만 그는 와디즈만의 신뢰 자본을 차곡차곡 쌓으며 신념대로 사업을 밀고 나갔다.

"돈이 꼭 필요한 곳에 제대로 갈 수 있는 사회를 만들고자 이 일을 시작했습니다. 창업자들에게 기여할 수 있는 것에 집중하려고 계속 생각해 왔기에 외형적으로 빠른 성장보다는 조금 느리더라도 기본을 쌓기 위해 노력했죠. 와디즈 서비스 개발 아이디어도 여기서부터 나왔습니다."

지금도 많은 크라우드펀딩 회사들이 우후죽순으로 생겨나고 그와 동시에 사라지고 있다. 이런 와중에 와디즈가 독보적인 1등으로 자리매김할 수 있었던 까닭은 바로 신 대표가 정한 '고객 정의'에 있다. 와디즈의 최대 고객은 유명세나 잠깐의 이슈로 수십억원의 펀딩을 달성하는 몇몇 메이커가 아니다. 매일매일 착실하게 자신의 제품과 회사를 잘 알리려고 노력하는, 작지만 큰 힘을 갖고 있는 메이커들이 주 고객이기에 와디즈는 이들에게 꼭 필요한 존재가 되기 위한 서비스를 제공하는 데 집중했다.

"와디즈로 인해 창업의 패턴과 가능성은 완전히 달라졌습니다. 만약 한 가지 아이디어 제품으로 창업한다면 제품 개발과 제작, 판매하기까지 일정한 사업 자금이 필요합니다. 이 자금이 부족하면 은행에서 대출을 받아야 하는데 직장인이 아니거나 담보가 없으면 대출 받기가 무척 힘들죠. 결국 돈이 없으면 창업이 불가능하다는 말인데, 크라우드펀딩 플랫폼인 와디즈가 있어서 좋은 아이디어의 시제품만 있으면 누구든지 투자를 받을 수 있게 되었고, 창업의 꿈도 더욱 앞당길 수 있게 되었습니다."

과거에는 제품을 만들어 판매 단계까지 가야만 내가 과연 이 제품으로 창업할 수 있을지 확인할 수 있었지만, 이제는 좋은 시제품만 있으면 크라우드펀딩으로 투자 받아 전보다 쉽고 간편하게 창업할 수 있는 시대가 열렸다. 투자자들이 제품이나 서비스를 직접 보고 투자를 결정하므로 와디즈는 이 제품이 시장에서 성공할 가능성이 있는지 판단하는 테스트장이기도 하다.

폐업 위기의 영철버거를 되살리며 세간의 화제를 모으다!

2014년은 와디즈에게 중요한 시기였다. 특별한 전략이 있었던 건 아니다. 그동안 와디즈가 일관되게 운영해 온 서비스로 성공한 메이커의 사례가 하나둘씩 생겨나면서 이것들이 티핑포인트로 작용했다.

"기억에 남는 와디즈의 중요 성공 사례는 바로 '비긴어게인 영철버거' 프로젝트입니다. 고려대학교 앞의 햄버거 가게 영철버거가 경기불황, 프랜차이즈 진출 등으로 인해 폐업하게 되었는데, 당시 고려대학교 학생회가 와디즈 펀딩 상품으로 영철버거 살리기 프로젝트를 진행했습니다. 영철버거는 그냥 햄버거 가게가 아니었습니다. 학생들의 가벼운 주머니 사정을 고려해 맛있는 햄버거를 저렴하게 제공했고 장학금까지 선뜻 내놓았습니다. 이런 사정이 고려대 졸업생들과 재학생들을 중심으로 이슈가 되면서 당초 목표 금액이던 800만원을 훌쩍 뛰어넘어 약 6,800만원의 펀딩을 달성했죠. 영철버거는 재기에 성공했고 이 사

영철버거 재기 성공을 도운 와디즈의 크라우드펀딩은 다양한 카테고리에서 성과를 나타내기 시작했다.
❶ 국내 대표 음악 축제 '그린플러그드 서울 2019', ❷ 토종 수제 맥주 업체 '세븐브로이', ❸ 20만원대 울트라북 '베이직북14' ❹ 반려동물용 인공지능로봇 '바램 펫 피트니스로봇'

례가 메이저 채널에 보도되면서 와디즈와 크라우드펀딩의 긍정적 의미가 널리 알려지게 되었습니다."

와디즈가 달성하고자 하는 비전과 딱 맞아떨어졌던 영철버거의 성공 사례는 와디즈라는 회사를 보다 널리, 효과적으로 알릴 수 있는 좋은 계기가 되었다. 사회에서 재기할 수 있는 기회를 만들고 기존 사회에서는 절대 불가능할 것 같은 기적이 일어나는 곳. 이것이 바로 신현성 대표가 바라온 와디즈다.

청와대 만찬에 올라 '문재인 맥주'로 불리게 된 토종 수제 맥주 업체

'세븐브로이'도 와디즈 크라우드펀딩의 대표적인 성공 사례다. 2017년, 독특한 디자인을 내세운 여행 가방 브랜드 '샤플'은 와디즈에서 15억 원을 모집하며 펀딩 기록을 경신하기도 했다. 지난 2016년 투자형 펀딩을 진행했던 애니메이션 '너의 이름은' 프로젝트는 영화 펀딩 사상 최고 수익률인 연 80%를 기록한 바 있다.

이후 카테고리가 IT 제품으로 점차 넘어와 미아방지 팔찌와 같이 테크를 기반으로 제품들이 등장하면서 펀딩 금액이 늘어났다. 처음에는 기부 성향이 강한 프로젝트들로 시작해 점차 기발하고 획기적인 아이디어의 제품들이 늘어났고, 지금은 세상에 없는 것들을 만날 수 있는 새롭고 유니크한 경험을 할 수 있는 서비스 공간이 되었다.

2016년에 본격적으로 증권형 크라우드펀딩 법안이 만들어지면서 창작자나 스타트업이 시제품을 가지고 크라우드펀딩을 받는 플랫폼에서 한발 더 나아가, 비상장 기업인 스타트업에 투자하여 이익을 공유하는 증권형 크라우드펀딩 시대가 열렸다.

와디즈가 진행한 투자형 펀딩 프로젝트 중에 파력에너지 개발기업 '인진'이 있다. 파도의 힘으로 전기를 일으키는 파력발전은 스케일이 크고 성공 가능성도 높지만 섣불리 투자하기는 어려운 분야였다. 와디즈가 펀딩 프로젝트를 시작하자 이미 인진을 아는 사람들은 망설임 없이 투자를 결정했고 한 달 만에 4억 5,000만 원이 모였다. 이는 벤처 투자 시장의 불균형을 해소하며 와디즈가 아니면 할 수 없는 일을 만들어낸 대표적인 사례다.

와디즈를 론칭할 때만 해도 한 달에 프로젝트를 5개 진행했다면

2019년 현재 기준으로는 한 달에 약 600개 정도를 진행한다. 현재까지 약 1만개가 넘는 프로젝트를 오픈했으며 누적 1,900억원 규모의 펀딩을 성사시켰다. 누적 회원 수 150만명, 홈페이지 월 방문자는 500만명이 넘는다. 2019년 1월에는 월 거래액이 처음으로 100억원을 돌파했다. 2019년에는 총 거래액을 2,000억원까지 늘리는 것이 목표다. 최근에는 온·오프라인 신규사업을 위한 310억원 규모의 시리즈c 투자유치에 성공하며 누적 475억원의 투자를 유치했다.

"좋은 아이디어로 열심히 노력하는 메이커분들이 성공할 때 제일 보람을 느낍니다. 그리고 제가 와디즈를 통해 이루고자 했던 일들이 현실이 되어가는 걸 볼 때 가장 뿌듯합니다. 와디즈는 이제껏 세상에 없던 일들을 새롭게 만들어가는 가치 창조의 회사입니다. 와디즈의 크라우드펀딩 전문가 180여명은 자부심보다는 책임감을 가지고 진심을 다해 자본의 불균형을 해소하기 위해 노력하고 있습니다. 여기서 더 나아가 서로가 서로를 신뢰할 수 있는 사회를 만드는 데 앞장서겠습니다."

돈 되는 곳 말고 좋아하는 것에 투자하라!

이제는 소비자 주권 시대다. 사회가 발전하려면 어떤 일이 필요한데 왜 정부에서 나서지 않느냐며 자리에 앉아서 불만만 터뜨리는 시대는 지났다. 우리가 직접 할 수 있는 액션 아이템이 많다. 만약 환경 보호를 위해 플라스틱 사용을 줄이고자 한다면 플라스틱을 사용하지 않는 회사에 투자하면 된다. 유기견 문제에 관심이 많다면 유기견 예방에 적극적인 회사에 투자하면 된다.

"이제는 남의 탓만 할 게 아니라, 결국 자신이 옳다고 생각하고 좋아하는 일에 투자하면 됩니다. 식도락을 즐긴다면 F&B 사업에 투자하면 되고 영화 마니아라면 새로운 영화에 투자하면 되죠. 잘 아는 분야는 대체로 본인이 좋아하는 것과 연결되어 있습니다. 그러면 수익은 저절로 따라옵니다. 사실 이것만큼 확실한 것도 없습니다."

신 대표가 강조하는 "좋아하는 것에 투자하라!"라는 말은 지금까지 쏟아져나온 그 어떤 투자 비법보다 명쾌하다. 하지만 우리가 이미 안다고 생각하는 투자의 고정관념을 바꾸는 과정은 꽤 많은 노력을 필요로 한다. 와디즈는 투자에 대한 사람들의 생각을 조금씩 바꾸고 있으며, 공개설명회, 실전교육, 멘토링 등 크라우드펀딩 스쿨을 만들어 메이커 교육을 진행하고 있다. 투자자 교육 세션도 추가로 개설했다. 해외 자료를 번역해 리서치 페이퍼를 발간하고 책을 출간하는 작업도 지속하고 있다.

와디즈가 하는 일은 이렇게 창업자들에게 성공의 발판을 만들어주는 일에만 그치지 않는다. 펀딩에 성공하면 자금조달뿐 아니라 예비고객을 통한 사업성 검증, SNS를 통한 홍보, 제품·서비스에 관한 의견 확보 등 다양한 서비스를 제공한다. 펀딩 이후에는 유통채널 확보, 투자유치 추가 등 실질적으로 사업을 한 단계 더 성장시킬 수 있는 여러 가지 방법을 도모한다.

"와디즈의 메이커들이 잘되려면 그들만의 리그가 아닌 주류에 잘 편

와디즈 사무실 전경(컬처센터)

입하도록 도와야 합니다. 이것이야말로 핵심이죠. 와디즈에서 성공하면 다른 메이저 마켓에서도 성공할 수 있어야 하므로 요즘은 그 작업에 매진하고 있습니다. 와디즈에서 펀딩에 성공해 이른바 BTS(방탄소년단)가 됐는데 인디 BTS에 그쳐선 안 되니까요. 와디즈는 인디 BTS를 키우려고 시작한 회사가 아닙니다. 한 마디로 와디즈는 이곳에서 탄생한 BTS가 진짜 메이저 BTS가 될 수 있도록 월드 투어를 시켜주는 역할을 하고 있습니다."

이를 위해 와디즈는 리테일, 트레이더스, 벤처스 등 사업 영역을 새롭게 확대하며 스타트업을 위한 종합 지원 플랫폼으로서 입지를 다지고 있다. 신 대표는 여기서 한발 더 나아가 와디즈를 글로벌 기업으로 성장시키겠다는 포부를 밝혔다. 창업 기업들이 우리나라의 수출 기업을 대체할 수 있어야 하고 그러려면 서비스가 세계화되어야 하기 때문이다.

"앞으로도 와디즈가 세상에 꼭 필요한 회사가 됐으면 좋겠고, 만약 와디즈가 없어진다고 했을 때 누군가 울어줄 사람이 있는 그런 회사가 되고 싶습니다. 원칙을 잘 세워야 올바르고 흔들림 없이 사업을 이끌어 나갈 수 있다고 생각합니다. 삶에서 원칙은 매우 중요합니다. 사업을 통해 세운 원칙과 경험들이 다음 창업자들에게 도움이 되도록 미력하나마 기여하고 싶습니다."

왓챠 | 박태훈 | 35세 | 2011년

- 카이스트 출신 공대생이 친구들과 의기투합해 만든 개인 맞춤형 영화 추천 서비스!
- 자체 개발한 머신러닝(기계학습) 기술로 500만 회원이 남긴 영화 별점 5억개를 철저히 분석, 개인 취향 분석의 정확도를 높인 문화 콘텐츠 제공으로 영화 산업에 혁신을 일으키다!
- 넷플릭스를 비롯한 글로벌 기업, SK텔레콤 및 지상파들과의 경쟁에서 이긴 젊은 스타트업!

문화 콘텐츠를 시작으로
모든 것의 개인화를 꿈꾸다

개인 취향 분석 영화·TV·도서 추천 서비스, 왓챠

최근 국내 OTT_{Over The Top}(온라인 동영상 서비스) 시장은 '넷플릭스 Netflix'와 같은 글로벌 사업자의 진출, SK텔레콤이 만든 '옥수수_{oksusu}'와 지상파가 만든 '푹_{pooq}'의 통합법인 출범 등으로 전에 없는 격변의 춘추 전국시대를 맞고 있다.

이런 와중에 넷플릭스가 넘어야 할 초강수 라이벌이자, 국내 대기업 들의 거센 공세에도 흔들림 없이 자신들만의 빅데이터와 기술력을 기 반으로 압도적인 성장세를 기록하고 있는 젊은 스타트업이 있다. 바로 국내 2030세대로부터 가장 많은 지지를 받고 있는 개인 맞춤 영화 추천 서비스 '왓챠'와 월정액 VOD 서비스 '왓챠플레이'다.

거대 기업들 틈바구니에서 꿋꿋하게 살아남은 왓챠(왓챠플레이 포함)

국내 2030세대에게 가장 많은 지지를 받고 있는 개인 맞춤 영화 추천 서비스 '왓챠'와 월정액 VOD 서비스 '왓챠플레이'

는 현재 누적가입자 약 620만명, 누적 영화 평점 데이터 5억개, 모바일 앱 다운로드 수 380만회(왓챠플레이 480만회)를 기록 중이다. 6만여편의 다양한 문화 콘텐츠를 보유한 왓챠플레이의 애플 스토어 평점은 5점 만점에 4.6점이다. 2019년 현재 8년차 문화 콘텐츠 스타트업으로 현재 세 가지 메인 서비스를 운영하고 있다.

먼저 왓챠는 자체 개발한 고유의 알고리즘으로 개인 취향을 분석해 영화, 드라마, 예능, 도서 등을 추천하는 앱으로, 사용자가 자신이 본 영화에 별점을 매기면 머신러닝(기계학습) 기술로 취향을 분석해 자동으로 영화를 추천하는 무료 서비스다. 2012년 8월 베타 버전을 내놓고 2013년 5월 정식으로 론칭했다.

왓챠플레이는 월정액 VOD 스트리밍 서비스 유료 앱으로 2016년 1월에 본격적으로 서비스를 시작했다. 현재 비디오 스트리밍 서비스의 선두주자 넷플릭스의 대항마로 불릴 정도로 론칭 3년 만에 급격히 성장했으며, 일본을 넘어 글로벌 시장 진입을 코앞에 두고 있다.

마지막으로 '콘텐츠 프로토콜'은 왓챠의 신사업 프로젝트로, 왓챠와 왓챠플레이에 축적된 평가 및 감상 데이터 기반의 빅데이터 분석 서비스다. 콘텐츠 제작자들이 더 나은 서비스를 만들 수 있도록 콘텐츠 소비자들이 만들어낸 빅데이터를 분석해 제공한다. 콘텐츠 소비자와 제작자를 직접 연결해 더 나은 콘텐츠 생태계가 이뤄질 수 있도록 돕는 것을 목표로, 현재 방송사 등 콘텐츠 제작사와 함께 개발에 박차를 가하고 있다.

일상에 불만 많은 카이스트 학생이 만든 개인 맞춤 영화 추천 서비스!

카이스트 전산학과 03학번인 왓챠의 박태훈 대표는 대학시절 네이버, 다음, 엠파스 등과 같은 포털사이트를 이용하면서 이들이 각자 관심사가 다른 사람들에게 똑같은 서비스를 제공하는 것에 불만을 가졌다.

"2003년은 구글 코리아가 한국에 오피스를 만들었고 네이버, 다음, 엠파스 3대 포털사이트의 경쟁이 치열했던 시기였습니다. 당시 매일 인터넷에 접속해 IT 관련 기사를 찾아 읽었는데, 매번 전체 메뉴에서 클릭을 여러 번 반복해야만 제가 원하는 뉴스들을 읽을 수 있는 과정이 참 불편했습니다. 매일 읽다 보니 겹치는 것도 많고 포털 메인 화면에서 늘 IT 분야를 누르고 들어가야 해서 번거로웠죠. 제 관심 분야가 첫 페이지에 한 번에 보이면 시간도 절약되고 참 편할 텐데 말이에요. 왓챠의 핵심 키워드인 '개인화', '자동화 추천'은 그때부터 시작된 것 같습니다."

어린 마음에 '매번 똑같은 과정을 반복하게 하는 것이 포털사이트의 의도적인 음모론은 아닐까?', '사용자가 페이지를 더 많이 열어볼수록 광고비 매출이 늘어나니 일부러 서비스를 불편하게 만든 게 아닐까?' 하고 생각한 적도 있다. 지금 보면 일부는 맞고 일부는 틀린 의문이었다. 하지만 친구들은 이런 불만에 "클릭 몇 번 해서 들어가는 게 뭐가 불편하냐? 아니면 네가 만들던가!", "당연한 걸 왜 불만을 가져?"라며 오히려 그를 몰아붙였다. 그러나 다른 사람에게는 익숙한 이런 불편함이 그에게는 여전히 꽤 번거롭고 어리석게 느껴졌다.

이후 박 대표는 병역특례로 게임 회사 넥슨에 프로그래머로 들어갔다. 온라인게임 메이플스토리의 북미 서비스 개발자였다. 이때도 신용카드를 발급하고 자동차보험에 가입하는 과정에서 포털사이트와 똑같은 불편함을 느꼈다. 카드사마다 혜택이 수도 없이 많은데 차이점이 무엇인지 알 수 없었고, 자동차 보험 또한 제각기 다른데 나에게 가장 잘 맞는 보험이 어떤 건지 고르기 힘들었다. 결국 카드는 주거래 은행으로, 보험은 단순히 가격비교만 해서 선택했다.

"그때 우리가 정보 과잉 시대에 살고 있다는 것을 본격적으로 실감했습니다. 앞으로 살면서 선택할 일이 수없이 많을 텐데, 이런 복잡한 정보를 누가 대신 알기 쉽게 정리해 나에게 가장 잘 맞는 서비스를 추천해 주면 좋겠다고 생각했죠. 이런 생각을 기반으로 본격적인 창업을 위해 실제로 제가 겪는 불편함과 어려움에 기초해 사업 아이디어를 모으기 시작했습니다."

그의 컴퓨터 엑셀에는 창업 아이디어가 차곡차곡 쌓였고, 그는 이 아이템들을 모두 '개인화', '자동화' '추천'이라는 공통된 키워드로 정리했다. 누가 볼까 싶어 비밀번호까지 걸어놓을 만큼 중요한 자료였다. 이렇게 하고자 하는 미래의 밑그림을 확실히 그린 뒤 대학교와 동아리 친구, 후배, 회사 동기들을 삼삼오오 모아 창업을 준비했다. 남은 관건은 '개인화', '자동화', '추천'이란 키워드로 무엇을 할지였다.

그가 팀원들과 이런저런 사업 아이템에 대해 회의하던 중 영화 추천 서비스를 다루면 어떻겠냐는 의견이 나왔다. 치열한 창업 시장에서 어떻게든 살아남기 위해서는 사람들이 그들이 만든 서비스를 일시적이 아니라 지속적으로 사용하게 하는 것이 중요했다. 네이버에 '추천'이라고 검색했더니 자동완성에 '영화', '게임', '애니'라는 키워드가 나왔고, 자동완성은 사람들이 많이 검색하는 키워드니까 이 중에서 골라야 성공할 확률이 높다는 판단이 들었다.

"네이버에 '영화추천'이라고 검색하니 어떤 영화는 재미있고 어떤 영화는 재미없다, 그러니 내가 볼 만한 영화를 추천해 달라는 글의 조회

수가 몇만이더라고요. 각종 커뮤니티에도 그런 글들이 셀 수 없이 많고 댓글로 사람들이 영화에 대한 개인의 의견을 나누며 열띤 토론도 하는 걸 보면서 '아! 많은 사람들이 이런 불편을 겪고 있구나, 이걸 해결하면 되겠다.'라고 생각했습니다. 영화 추천에 대한 니즈가 확실히 보였습니다."

왓챠의 평가 페이지

영화를 싫어하는 사람은 거의 없다. 영화를 얼마나 좋아하느냐의 차이가 있을 뿐이다. 그래서 박 대표는 많은 사람이 두루, 지속적으로 필요로 할 서비스로 영화 추천을 선택했고 이를 시작으로 예능과 드라마 같은 TV 프로그램, 도서 등 다른 문화 콘텐츠 영역까지 추천 서비스를 확장했다.

우리나라에서 영화, TV, 도서를 개인 맞춤으로 추천하는 서비스를 제공한 건 왓챠가 최초다. 넷플릭스처럼 VOD 스트리밍 서비스를 하는 업체가 자체 보유한 작품 안에서 추천하는 서비스는 있지만, 사용자가 준 별점을 기반으로 개인 취향을 자동 분석해서 콘텐츠를 추천하는 서비스를 제공하는 건 왓챠가 유일하다.

"개인에게 맞춘 추천 서비스를 이미 누가 대신 만들었다면 제가 굳이 창업하지 않았을 것 같아요. 그 회사에 취업했겠죠. 이런 서비스가 있으면 너무 좋을 것 같은데 그걸 제공하는 곳이 없었고, 주변에 똑똑한 친구들이 많으니 이들을 모아 시작하면 성공할 수 있겠다는 확신이 들었습니다."

회사명 왓챠whatcha는 서비스를 준비할 때 포커스그룹 인터뷰에서 영감을 받아 만든 이름이다. 서비스의 타깃층 사람들을 불러 인터뷰를 했는데, 그때 어떤 대학생 사용자가 "두 시간짜리 영화 보려고 한 시간 동안 찾아 헤매는 게 너무 짜증난다."라는 말을 했다. 그런데 그 학생이 박 대표가 만든 앱에 들어오면 개인이 좋아할 만한 영화를 알아서 추천해 주니 '신난다'는 의성어인 "왓챠!" 하고 환호성을 지르는 모습이 상상됐다. 그는 이 단어가 타깃 사용자들이 겪는 불편함을 가장 잘 해소해 주는 의미이자 표현이라고 생각했다. 또한 이후 회사를 확장하더라도 '와치 어 무비(Watch a movie)'를 시작으로 '와치 어 ○○(Watch a ○○)'과 같이 이름 붙이면 되니 큰 문제가 없을 것 같았다.

그렇게 박 대표와 친구들이 함께 의기투합한 끝에 탄생한 왓챠는 첫 출발부터 사용자들의 폭발적인 반응을 불러일으켰다. 왓챠의 가능성과 열정을 높이 산 카카오벤처스는 왓챠를 첫 투자 1호 기업으로 선택해 8억원을 투자했고, 왓챠는 이런 기세를 모아 최근까지 230억원에 달하는 누적 투자를 유치하며 빠른 성장을 이뤄냈다.

머신러닝으로 정확도 높은 추천 영화 서비스를 제공하다!

왓챠의 미션은 '개인을 가장 잘 이해하는 서비스가 되자'다. 왓챠가 궁금해하는 건 회원들의 개인 정보가 아닌 그들의 취향이나 관심사다. 나이, 성별, 직업 개인 정보는 관심 밖이고, 오로지 개인이 작품을 평가한 별점과 리뷰에만 집중한다.

"연령대와 사는 지역이 같다고 취향이 비슷하지 않습니다. 만약 그렇다면 그 지역의 동창들은 다 비슷한 작품을 좋아한다는 얘기인데, 특히 문화 콘텐츠는 그렇지 않거든요. 오로지 작품에 대한 개인의 취향이 중요하기에 별점을 모으는 데 집중했습니다."

왓챠의 정확도 높은 개인화의 성공 비결은 사용자의 영화 취향을 자동으로 분석하는 시스템인 '머신러닝Machine Learning(인간의 학습 능력과 같은 기능을 컴퓨터에서 실현하고자 하는 기술 및 기법)' 기술에 있다.

회원 가입 시 적게는 몇십개에서 많게는 몇백개까지 영화의 별점을 받는데, 이런 가입 절차를 마치면 기계가 자동으로 이 별점을 분석해 다음에 볼만한 영화를 추천한다. 2019년 기준 왓챠 사용자들의 영화 별점 데이터가 5억개인 반면 네이버는 1,200만개, CGV는 2,300만개에 그친다. 왓챠가 이렇듯 별점을 지속적으로 쌓을 수 있는 이유는 사용자가 별점을 매기면 매길수록 자신이 더 정확한 추천을 받을 수 있기 때문이다. 분석 시 데이터를 기반으로 한 기술을 적용하므로 이런 양질의 데이터는 왓챠의 중요한 자산이 되었다.

박 대표는 2007년경 대학 때 머신러닝이라는 기술을 처음 접하고, 미래를 바꿀 새로운 기술로 불리는 이 기술을 열심히 공부해 사업에 활용했다. 왓챠는 머신러닝을 사용해 벤처를 창업한 회사 1세대인 동시에 1호 기업이다.

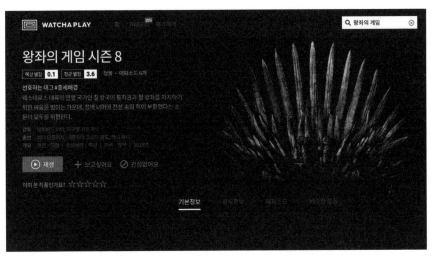

디즈니, 소니픽처스, 워너브라더스, NBC유니버설, 20세기폭스, 파라마운트픽처스, HBO 등 할리우드 메이저 여섯 개사와 모두 계약된 곳은 국내에서 왓챠 뿐이다.

"왓챠의 개인 맞춤 추천 서비스는 기존 네이버나 영화 커뮤니티에서 글쓴이의 주관적인 정보를 반영해 영화를 추천하는 서비스와는 완전히 다른 개념입니다. 왓챠에서는 처음부터 고유한 알고리즘이 자동으로 개인에게 맞는 영화를 추천합니다. 그래서 다수가 아닌 개개인에게 더욱 정확한 영화 추천이 가능하죠."

초창기에는 왓챠의 비즈니스 모델이 없었다. 데이터를 모으고 사람들이 많이 쓰도록 하는 것을 1차 목표로 잡았다. 영화 추천에 대한 사용자들의 신뢰를 쌓는 게 우선이었다. 마케팅 비용이라고 할 만한 것이 크게 없었기에 언론 인터뷰를 가능한 한 많이 해서 서비스를 알렸고 페이스북 이벤트, 다른 브랜드와의 협업 프로모션 등 큰돈이 들지 않는 SNS 홍보로 점차 이름을 알려나갔다.

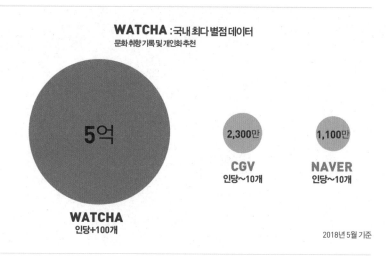

WATCHA : 국내 최다 별점 데이터
문화 취향 기록 및 개인화 추천

5억

2,300만
CGV
인당~10개

1,100만
NAVER
인당~10개

WATCHA
인당+100개

2018년 5월 기준

　　이렇게 왓챠에 대한 사용자들의 신뢰도와 인지도를 어느 정도 쌓고 나서, 그다음 단계 비즈니스 모델로 개발한 것이 바로 월정액 VOD 스트리밍 서비스인 왓챠플레이다. 왓챠플레이는 대중의 평이 좋지 않은 콘텐츠도 누군가는 재미를 느낄 수 있다는 관점에서 최대한 많은 작품을 수급하는 방향으로 전략을 수립했다. 국내외 약 65개의 콘텐츠 배급·유통사와 계약을 맺었는데 디즈니, 소니픽처스, 워너브라더스, NBC유니버설, 20세기폭스, 파라마운트픽처스, HBO 등 할리우드 메이저 6개사와 모두 계약한 곳은 국내에서 왓챠뿐이다.

　　"개인 맞춤 서비스를 제공하다 보니 재미난 에피소드도 여럿 있습니다. 그중 가장 특징적인 것은 다른 플랫폼에서는 인기가 없는데 왓챠플레이에서만 유독 시청률이 높은 영화가 발생한다는 것입니다. 소년소녀의 가슴 아픈 첫사랑을 그린 영화 플립Flipped이 대표적인데, 이 작품은 2010년 미국에서 개봉한 로맨스 영화로 국내 극장에서는 개봉하지 않았습니다. 이렇듯 개인 취향을 기반으로 영화를 추천하니 잘 알려지지 않은 영화임에도 불구하고 좋은 작품일수록 엄청난 관심을 받으며 또 하나의 흥행 신화를 쓰게 되는 거죠."

왓챠에서는 좋은 작품일수록 홍보와 마케팅을 열심히 하지 않아도 사용자가 스스로 찾아서 시청하는 현상이 일어난다. 이런 점이 왓챠의 강점이자 특징이다. 재생되는 영화의 70% 이상이 홍보보다는 개인의 취향 맞춤 추천에 의해 이뤄지므로 유명하든 유명하지 않든 좋은 작품이라면 추천을 많이 받는다.

2018년 왓챠플레이의 유료 가입자는 2017년보다 2배 이상 증가했다. 구독자 1인당 시청시간도 2018년 1분기에는 월평균 22시간 49분이었던 것이 2019년 1분기에는 24시간으로 증가했다. 왓챠플레이는 구글플레이가 집계한 2018년 한국 내 엔터테인먼트 카테고리 앱 중 매출 1위를 기록했다.

빅데이터, 문화 콘텐츠를 넘어 더 큰 영역에 활용되다!

왓챠에는 부장, 과장, 차장, 대리라는 직급이 없다. 대신 직무상의 책임을 일컫는 직책과 영어 이름을 사용한다. 직원들은 박태훈 대표 역시 '티팍'이라는 영어 이름으로 부른다. 좋은 의견에서 좋은 결과를 뽑아내야 하는 IT회사이기에 자유롭고 수평적 커뮤니케이션을 추구한다.

"일하다가 의견 대립이 있을 때 이건 대표님 의견, 저건 인턴 의견이라고 계급장이 더 해지면 좋은 판단을 내리기가 힘듭니다. 직급을 없애고 영어 이름을 쓰며 평등하게 커뮤니케이션을 하면 그만큼 더 좋은 의견이 나오고, 회사가 더 크고 빠르게 성장할 수 있죠. 좋은 의견을 내는데 직급, 나이, 성별은 중요하지 않습니다."

똑똑한 젊은이들이 모여 열정을 다해 만든 회사답게 기업 운영 방식에도 최근의 스타트업 운영 트렌드가 잘 녹아있다. 출퇴근시간이나 근태처럼 기존에 정해진 방식을 따르지 않는다. 자율성을 강조하며 협업을 통해 최대한 효율적으로 의견을 공유하는 것이 더 중요하기 때문이다.

또 사용자의 영화 별점을 기반으로 하는 빅데이터 회사답게 제품 개발, 마케팅 등 전반적인 업무도 대부분 데이터를 기반으로 결정한다.

"그동안 축적한 데이터를 기반으로 분석하므로 한 영화를 사람들이 어느 정도 볼지 정확하게 예측이 가능합니다. 영화를 고를 때나 소싱할 때도 시청 데이터나 사용자들의 취향 데이터를 기반으로 전략적으로 분석하기 때문에 보다 정확하게 예측할 수 있죠."

영화 산업을 기준으로 할 때 기획개발, 투자, 제작, 유통, 마케팅의 5개 정도로 단계를 나눌 수 있다. 일반적으로 영화 시장에서 모든 의사결정은 그 업을 오래해 온 이들의 감으로 이뤄진다. 이 영화가 흥행할 것 같다는 촉이나 감이 오면 투자하는 식이다. 하지만 그 감이 언제나 옳지만은 않다.

박 대표는 그동안 감으로 결정하던 것에 정확한 양질의 데이터를 분석하는 기술이 더해진다면 한층 더 좋은 결과가 나올 수 있을 거라고 확신한다. 더 나은 의사결정과 실행이 나올 수 있도록 왓챠의 빅데이터를 기반으로 콘텐츠 산업을 혁신하는 것을 투자 단계의 비전으로 품고 있다. 이를 위해 콘텐츠 유통 쪽에서도 데이터를 기반으로 새로운 시도를 했는데, 그 첫 번째 유통 작품이 박찬욱 감독의 첫 드라마 '리틀 드러머 걸'이다. 국내에서는 왓챠가 독점으로 유통권을 확보했고 결과는 매우 성공적이었다.

"왓챠와 계약 중인 디즈니와 소니 같은 해외 유명 회사들이 이런 질문을 많이 합니다. 왓챠플레이는 다른 회사는 다 고르는데 안 고르는 작품이 있고 다른 회사는 안 고르는데 고르는 작품이 있다, 도대체 어떤 기준으로 고르느냐고요. 이에 대한 대답은 감이 아닌 데이터를 기반으로 분석하기 때문에 다른 선택을 한다는 것입니다. 그리고 그 결과는 대체로 성공적이었습니다."

왓챠는 영화 산업에 종사하던 사람들이 전문성을 바탕으로 만든 회사가 아니다. 데이터를 기반으로 철저한 분석 기술을 개발한 공대 출신들이 만든 스타트업이다. 감이 아니라 그동안 꾸준히 모아온 개인의 취향 데이터를 기반으로 사업을 운영하고 중요한 결정을 내리므로, 특별히 영화에 대한 전문성이 없어도 더 정확하고 성공적으로 성과를 낼 수 있다. 그리고 이 사실을 1차적으로 왓챠가, 2차적으로 왓챠플레이가 증명했다.

"왓챠와 왓챠플레이의 성과를 이제는 콘텐츠 프로토콜을 통해 콘텐츠 산업 전반으로 확산시켜, 더 나은 콘텐츠를 만들고 향유하는 문화 생태계를 조성하는 것이 새로운 미션입니다."

글로벌 · 한국 대기업들과 경쟁하는 스타트업

박 대표는 왓챠를 '글로벌 대기업, 한국 대기업과 경쟁하는 아주 작은 회사'라고 소개한다. 하지만 작은 회사라고 하기에는 이제 몸집이 제법 커졌다.

왓챠는 2014년 이후 매년 2배 이상 꾸준히 성장하고 있으며 이제 국내를 넘어 해외로 널리 뻗어나가기 위해 노력 중이다. 2015년에 이미 일본에도 론칭해 회원 1만 2,000명, 앱 다운로드 1만 9,000회, 별점 데이터 1,500만점을 기록하며 차곡차곡 인지도를 쌓았다. 2020년에는 동남아에 론칭하는 것을 목표로 삼고 있다. 해외에 진출하면 넷플릭스와의 경쟁을 피할 수 없지만, 왓챠는 한국의 많은 콘텐츠 회사와 좋은 계약 관계를 맺고 있으므로 동남아를 장악한 K문화 콘텐츠라는 큰 무기를 앞세워 대항할 수 있을 거라고 자신한다.

"한국 OTTOver The Top(온라인 동영상 서비스) 시장은 매년 수십퍼센트씩 성장하고 있습니다. 전체 시장 규모는 1조원 정도이며 지속적으로 성장하는 추세입니다. 20년 전 국내 비디오 시장이 1조원 이상이었는데 그 시절에 1조원 규모면 대단히 큰 시장이라고 할 수 있습니다. 앞으로 물가 상승률을 고려할 때 VOD 시장은 이보다 더 크게 성장할 것입니다."

그는 OTT 시장이 꾸준히 성장하고 있는 데다 시기를 잘 타서 사업을 키우는 데 유리했다고 말한다. 3~5년 더 일찍 시작했으면 엄청나게 고생했을 것이고, 한발 늦게 시작했더라면 자리 잡는 데 많은 힘이 들

왓챠는 자유롭고 수평적인 커뮤니케이션을 추구한다.

었을 것이다. 타이밍 좋게 시작해서 잘 컸다.

"왓챠 론칭 당시 시기상으로 스마트폰을 본격적으로 사용할 때다 보니 사람들이 새로운 앱에 관심이 많았습니다. 어떤 앱이 새로 나왔는데 인기 있다고 하면 대부분이 다운로드하던 시기였죠. 왓챠는 처음부터 앱 순위가 높았기 때문에 큰 홍보 없이도 주목받을 수 있었습니다. 그런데 요즘은 그렇지 않아요. 인기순위보다는 자기가 필요한 앱을 찾아서 다운받죠. 그렇기 때문에 왓챠는 운이 좋은 케이스라고 생각합니다."

요즘은 아무리 좋은 아이템으로 창업해도 알리는 게 중요한 시기가 됐다. 그때는 앱만 잘 만들면 쉽게 인기순위 상위권에 올라가 특별히 큰 비용을 홍보에 사용하지 않아도 많은 사용자가 다운받았다. 그런 시기에 창업한 게 그에게는 엄청난 천운이었다. 만약 조금이라도 늦게 왓차를 론칭했다면 지금과 같이 성공하기 어려웠을 수도 있다고 그는 생각한다.

"창업을 꿈꾸는 이들에게 한 가지 조언을 한다면, 창업하지 말라고 하고 싶어요. 통계는 거짓말을 하지 않는데 창업해서 성공하기보다는 실패할 확률이 더 높습니다. 무조건 고생해요. 잘돼도 고생하고 못돼도 고생하죠. 제가 이렇게 자신 있게 창업을 말리는 건 할 사람은 어떻게든 하게 돼 있기 때문입니다. 그런데 하지 말라고 해서 안 한다면, 그 사람은 창업을 안 하는 게 확률적으로 나은 선택이죠."

결국 뜯어말려도 창업할 사람은 하게 돼 있고 그런 사람이 성공할 확률이 높다. 박 대표는 창업한다면 딱 두 가지만 신경 쓰면 된다고 말한다. 첫 번째는 성공 확률을 높이는 것이다. 당연한 말이지만 중요한 부분이다. 실패에 대한 걱정보다는 투자를 받아서 좋은 제품을 만들고, 좋은 개발자를 영입해 성공 확률을 높이는 데 집중하자는 것이다. 두 번째는 실패 비용을 낮추는 것이다. 실패 확률을 낮추는 것은 곧 성공 확률을 높이는 것인데, 여기에 더해 실패에 대한 비용을 줄여야 한다는 것이다.

"창업은 이길 확률이 낮은 게임이라 실패에 대한 비용 부담이 크죠. 가지고 있는 돈을 모두 올인하거나 사채를 쓰는 대신 벤처캐피탈의 투자를 받는 것이 실패 비용을 줄일 수 있는 방법입니다. 그리고 어떤 경험을 쌓아서 준비가 다 된 다음 나중에 창업하려는 것 역시 실패 비용을 높이는 행위입니다. 최대한 젊을 때 빨리 시작해야 실패 비용을 줄일 수 있습니다."

그 역시 27세에 법인을 설립했다. 어차피 망해도 20대니 얼마든지 다시 일어설 수 있는 나이다. 창업에 실패해도 다시 회사에 들어갈 수 있는 나이라는 말이다. 하지만 37세에 창업해 40대에 실패해서 빈털터리가 되는 건 다른 이야기다. 처자식이 있으면 더더욱 다르다. 그러면 돈이 없는데 어떻게 시작하느냐고 반문하는 사람에게 그는 돈이 없기에 더욱 시작하기 좋은 시기라고 답한다. 이렇듯 미래의 창업자들에게 자신 있게 조언할 수 있는 것은 그 역시 이런 과정을 겪었기 때문이다.

"왓챠는 국내에서 데이터를 기반으로 한 사업이 성공할 수 있음을 입증했습니다. 이제는 해외 시장을 목표로 달려가고자 합니다. 단기적으로는 1년 안에 일본에서 왓챠플레이를 론칭해 잘 진행하고, 장기적으로는 5년 안에 아시아의 많은 나라에서 자리 잡는 게 목표입니다."

- 서영택 전 웅진 씽크빅 대표가 만든 월 9,900원 월정액 무제한 독서 플랫폼!
- 눈이 아닌 오감으로 즐기는 2차 독서 콘텐츠를 개발해 출판 업계에 활기를 불어넣다!
- 세계 최초, 책이 보이는 오디오북 '밀리 리딩북'과 보고 듣고 함께 읽는 책방송 '밀리 LIVE' 개발!
- 밀리의 서재에서는 E북과 리딩북뿐만 아니라 채팅도, 방송도, 커피도, 맥주도 모두 다 독서다!

전 국민이 책을 읽는 그날까지
독서와 무제한 친해지리라

국내 최대 월정액 독서 플랫폼, 밀리의 서재

독서는 하고 싶지만 막상 책을 읽으려고 하면 어렵고 힘들다고 하소연하는 사람들이 많다. 시간이 없어서, 독서 습관이 몸에 배지 않아서 등 이들이 독서를 즐기지 못하는 이유는 다양하다. 최근 구독 경제의 대표 모델 중 하나로 주목 받는 국내 최초 월정액 무제한 독서 플랫폼 '밀리의 서재'를 창업한 서영택 대표 역시 책 읽기를 어려워하는 사람들 중 한 명이었다.

밀리는 꿀 밀蜜, 마을 리里를 써서 '꿀이 흐르는 마을'이란 뜻으로, 밀리의 서재는 "밀리에 오면 누구나 독서의 달콤함에 빠지게 하겠다!"라는 의지를 담은 이름이다. 다양한 E북 약 5만권을 갖춘 밀리에 자기만의 인생 서재를 만들고, 자유롭게 책을 읽은 뒤 마을 이웃과 감상을 서

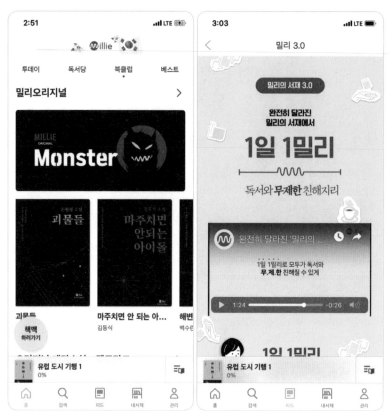

최근 구독 경제의 대표 모델 중 하나로 주목받는 국내 최초 월정액 무제한 독서 플랫폼, 밀리의 서재

로 공유하면서 책과 무제한 친해지길 바라는 마음에서 탄생했다. 서영택 대표의 명함에 적힌 직함도 대표가 아니라 밀리라는 마을의 이장이라는 친근한 직함이다.

책 한권 값으로 읽고 싶은 책을 무제한으로 볼 수 있는 것은 독서 마니아들에게 커다란 장점이지만, 사실 이들이 밀리의 서재의 주요 타깃은 아니다. 밀리의 서재는 서 대표 자신처럼 책 읽기에 서툰 사람들을 위한 독서 도우미 앱을 지향한다. 단순히 눈으로 책을 읽고 사유하는 데서 그치는 것이 아니라, 일상에서 쉽고 친근하게 즐길 수 있으며 오감을 만족시키는 다양한 독서 콘텐츠를 제공함으로써 새로운 독서 문화를 조성하고 있다.

독서와 다이어트 비즈니스는 같다?

이런 측면에서 서 대표는 밀리의 서재가 일반 E북 콘텐츠 사업이 아닌 금연이나 다이어트 관련 비즈니스와 결이 같다고 강조한다. 다이어트를 위해 피트니스 센터 1년 이용권을 큰맘 먹고 구입하지만 꾸준히 다니기 어려운 탓에 다이어트를 포기하는 사람들이 많다. 독서도 마찬가지다.

"독서와 다이어트 모두 욕망이 큰 시장인데, 이 욕망을 채우기 위한 노력을 지속하기가 생각보다 쉽지 않습니다. 바로 이 점이 밀리의 서재가 출발한 지점입니다. 밀리의 서재가 소통하고자 하는 대상은 독서 초심자들입니다. 살빼기가 절실하지만 다이어트에 성공하지 못하는 사람들처럼, 독서하고 싶은 의지는 강한데 실제로 독서하기는 힘든 사람들을 위한 서비스를 개발하려 힘썼습니다."

밀리의 서재를 이끄는 서영택 대표는 2012년부터 2016년까지 웅진 씽크빅 대표를 지내며 어린이를 위한 종이책 및 디지털 콘텐츠 구독 서비스 '웅진 북클럽'을 출시해 성공적으로 안착시킨 출판계의 베테랑이다. 그런 그가 오랜 기간 출판계에 종사하며 쌓아온 노하우와 경험을 바탕으로 지금 이 시대에 어울리는 재미난 독서법을 제시하기 위해 만든 것이 바로 밀리의 서재다. 밀리의 서재는 독서와 친해지는 다양한 독서 콘텐츠로 크나큰 성장을 이뤄냈다.

"책을 안 읽던 사람에게 단순히 종이책을 복제한 전자책을 무제한으로 제공한다고 해서 책 읽는 습관이 하루아침에 생기지는 않습니다. 월정액 무제한 독서 플랫폼으로서 좋은 책을 많이 소장하는 것도 중요합니다. 하지만 그보다 더 깊이 고민한 것은 어떻게 해야 이들이 책을 잘 즐길 수 있을까 하는 점이었습니다. 우선 책 읽기라는 독서의 행위와 정의 자체를 완전히 뒤집어 생각했습니다. 눈으로만 읽는 책이 아니라 보고, 듣고, 다른 사람들과 함께 공유하고 재미있게 놀면서 책에 흥미를 가미할 수 있는 다양한 독서법을 연구했죠. 그 아이디어가 밀리의 서재의 핵심 서비스가 되었습니다."

세상에 없던 새로운 독서법을 제시하다!

언제 어디서든 쉽고 빨리, 재밌게 즐길 수 있는 영상 콘텐츠가 범람하는 시대다. 상황이 이렇다 보니 조용한 곳에서 집중력을 발휘해 한 권의 책을 끝까지 읽는다는 것 자체가 더욱 어렵고 힘든 일이 되어버렸다.

서 대표는 리딩북, 밀리툰, 웹 애니메이션 등을 활용해 평소 책을 잘 읽지 않는 사람들도 쉽고 친근하게 이용할 수 있는 독서 콘텐츠를 만들

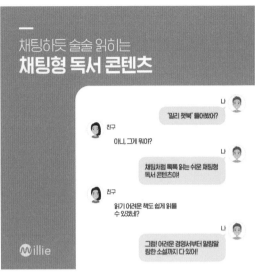

었다. 유명 배우가 읽어주는 책을 귀로 들으며 눈으로 따라 읽는 밀리 리딩북이 대표적이다.

책이 보이는 오디오북인 밀리 리딩북 서비스는 오디오 북과 E북을 결합한 신개념 독서 콘텐츠로, 밀리의 서재가 세계 최초로 개발한 것이다. 분량이 아무리 많은 책도 전문가가 내용을 요약, 녹음해서 30분 이내로 들려준다. 기존 오디오북에서 사용하는 기계음이 아닌 전문 성우 또는 저자, 연예인 등 실제 사람의 목소리로 친근함을 더했다. 30분만 투자하면 책 한 권을 요약해 읽을 수 있어서 끝까지 다 읽었다는 완독의 성취감을 선사한다.

"오디오북은 잠시만 딴짓을 해도 내용을 금방 놓치는 단점이 있습니다. 그래서 귀로 듣고 눈으로 텍스트를 훑을 수 있도록 리딩북을 전자책 본문에 묶는 작업을 했죠. 책을 영화로 만들 때 책 원고를 그대로 가져다 영화 시나리오로 쓰는 경우는 없습니다. 리딩북도 이와 마찬가지로 책의 핵심을 짚어주거나 요약 및 해석해 책을 좀 더 쉽게 즐길 수 있도록 재가공한 2차 독서 콘텐츠입니다."

유명 인사의 음성을 도입한 리딩북 서비스는 독서 초심자들에게 좋은 반응을 얻었다. 대표적인 리딩북 콘텐츠 중 배우 이병헌이 참여한 《사피엔스》라는 인문서적은 큰 화제를 불러일으키며 일주일 만에 구독자 수 1만 5,000명을 기록했다. 2017년 기준 우리나라 성인의 연간 독서량은 8권 정도로 한 달에 한 권도 안 읽는 수준이다. 성인의 40%는 1년 내내 아예 책을 한 권도 읽지 않는 것이 우리나라 출판 소비시장의 현실이다. 이런 환경 속에서 리딩북 서비스로 일주일 만에 1만 5,000명이 책 한 권을 구독했다는 사실은 엄청난 이슈다.

매일 아침 지하철에서 모르는 여자가 말을 건다

배우 전소민이 읽어주는
리딩북

🎧 왼쪽 하단의 헤드셋 버튼을 눌러 재생

배우 구혜선이 읽어주는 톤 텔레헨의 《고슴도치의 소원》, 배우 변요한이 읽어주는 유시민의 《역사의 역사》 등도 있으며 이 밖에 가수 김동완, 배우 전소민, 《언어의 온도》를 쓴 작가 이기주 등 새로운 셀럽의 리딩북을 지속적으로 제작하고 있다.

2019년 8월 밀리의 서재는 한 단계 더 업그레이드한 밀리의 서재 3.0으로 또 다른 변신을 꾀했다. 사람들이 매일 책을 읽게 하려는 취지로 다양한 '1일 1밀리 서비스'를 새로이 출시한 것이다.

먼저 '5만권의 도서'는 트렌드, 라이프, 힐링, 지적 교양 등 취향별로 서점 베스트셀러를 엄선해 매일 업데이트하는 서비스다. 톡톡 읽는 '밀리 챗북'은 채팅에 익숙한 트렌드를 반영한 채팅형 독서 콘텐츠로 다소 어려운 인문, 사회, 경제, 경영 서적도 대화 형식으로 쉽게 읽을 수 있다. '책이 보이는 밀리 LIVE' 역시 밀리의 서재가 세계 최초로 선보이는 책 방송으로 영상 콘텐츠 시대에 맞춘 신개념 독서 콘텐츠다. 구독자들은 레고도사꾸비, 초코붕어빵, 김원, 거의없다×겨울서점 등 다양한 유튜버들과 함께 날마다 책을 보고 듣고 함께 읽을 수 있다.

기존 플랫폼이 도서에 집중돼 있는 것과 달리, 회원의 개인화된 콘텐츠와 이용자 간 소통에까지 초점을 맞춘 것이 밀리의 서재가 지닌 강점이다. 밀리의 서재에서는 읽은 책을 자신의 서재에 담고 책의 서평을 남길 수 있다. 밀리의 서재는 이렇게 하나씩 쌓인 개인의 독서 경험을 데이터로 축적해 취향에 맞는 책을 자동으로 추천한다. 또한 회원들 간에 팔로어하는 구조로 타인의 서재를 둘러보고 댓글을 달고, 개인의 생각을 다수와 공유하며 독서의 폭을 넓히는 색다른 경험을 제공한다. 'ㅇㅇ님이 아직 안 읽은 서점 베스트셀러', '독서 취향이 비슷한 사람들이 많이 읽은 책', 'ㅇㅇ님 서재에 꽂힌 책에서 밀리가 찾은 좋은 문장', '완독률 80% 이상을 자랑하는 밀리 인기 책' 등 다양한 개인별 독서 추천 서비스로 책에 대한 호기심을 불어넣는다.

독서 경험을 제공하는 밀리다운 마케팅

밀리의 서재가 펼치는 창의적인 독서 콘텐츠 서비스나 마케팅 아이디어는 모두 "사람들로 하여금 어떻게 책을 읽게 할 것인가?"라는 물음과 답에서 시작된다. 그래서 콘텐츠 개발부터 마케팅까지 모든 사업은 늘 같은 방향을 추구한다.

밀리의 서재가 대중적으로 알려진 것은 TV CF를 통해서다. 2018년 10월 밀리의 서재는 당시 인기리에 종영한 tvN 드라마 〈미스터 선샤인〉의 주인공 이병헌과 변요한을 광고 모델로 발탁했다. "독서와 무제한 친해지리"라는 감칠맛 나는 카피와 함께 브로맨스, 즉 남자들끼리의 케미를 살린 광고는 큰 관심을 불러일으키며, 광고 집행 전과 대비해 첫 달 무료 체험자 수를 8배 이상 늘리고 25만명이던 회원 수도 70만명으로 늘리는 등 기염을 토했다.

밀리의 서재 광고는 2018년 국내에서 최고의 마케팅 효과를 거둔 캠페인 광고를 선정하는 '2019 에피 어워드 코리아'에서 대상을 차지하기도 했다. 에피 어워드는 소비자의 주목을 끄는 동시에 실질적인 매출 향상 등의 성과를 거둔 캠페인에 수여하는 광고마케팅 분야의 이름 높은 상이다.

이 외에도 밀리의 서재는 독자와 독서의 접점을 늘리기 위해 다양한 마케팅을 시도하고 있다. 독서가 재미있어지는 곳 '밀리 플레이스' 프로모션은 밀리의 서재가 데일리샷과 함께 서울에서 책맥(맥주 마시며 책 읽기)하기 좋은 펍으로 선정한 60곳에서 밀리의 서재 회원에게 매일 맥주

독서와 무제한 친해지리

독서 할까? 말까? 고민 끝!
이제, 밀리지 말고 **밀리하자!**

밀리의 서재가 대중적으로 알려진 것은 TV 광고를 통해서다.

첫 잔을 무료로 제공하는 이벤트다. 일반적인 독서 환경에서 벗어나 다양한 장소에서 독서 콘텐츠를 즐기는 최근 트렌드에 맞춘 마케팅으로, 맥주 한잔과 함께 일상에서 독서를 가깝게 즐겨보라는 취지에서 기획됐다.

계절마다 특색 있는 서비스를 제공하는 것도 특징이다. 여름 시즌에 선보이는 '북캉스'는 북BOOK과 바캉스VACANCE의 합성어로 '독서를 즐기면서 휴가를 보내는 것'을 뜻한다. '스타벅스 북캉스 이벤트'도 그중 하나로 밀리의 서재 회원이 아니더라도 누구나 참여 가능하며, 이벤트 기간 중 스타벅스에서 와이파이를 사용하면 별도의 앱 설치 없이 웹 뷰어 베타버전을 통해 밀리의 서재 도서 콘텐츠 16권을 무료로 맛볼 수 있다. 별도의 리더기 없이도 독서를 즐길 수 있는 장점을 활용해 많은 사람들이 밀리의 서재를 경험할 수 있도록 준비한 이벤트다.

"월정액으로 책을 무제한 볼 수 있다는 겉모습은 같지만, 밀리의 서재는 내용적으로 타 E북 콘텐츠 회사와는 다른 길을 걷고 있습니다. 그렇기 때문에 타 회사들을 의식한 차별화 전략보다는 어떻게 하면 사람들에게 책을 읽히는 서비스를 잘 성공시킬까에 집중한 결과, 밀리만의 차별성을 만들어낼 수 있었죠. 밀리의 서재가 추구하고자 하는 서비스를 성공적으로 안착시키는 것, 이것이 목표이기에 지금은 다른 회사들에 어떻게 대응하겠다는 계획도 그럴 만한 여유도 없습니다."

전 국민을 독서하게 만드는 그날까지!

밀리의 서재에는 현재 5만여권에 달하는 전자책이 있다. 하지만 처음 사업을 시작했을 때는 출판사들이 밀리의 서재가 추구하는 비즈니스 모델을 받아들이지 못해 책을 공급 받지 못할까봐 염려도 많았다.

"매달 책 한권 값으로 수만권을 읽을 수 있다는 것은 가성비 관점에서 보면 출판사에는 그다지 좋지 않은 사업입니다. 원래 책 열권을 사서 보던 독자가 한권 값만 지불하고 열권을 보는 격이기 때문이죠. 물론 이렇게 책을 잘 읽던 독자가 밀리의 서재와 같은 서비스를 사용한다면 출판 시장에 악영향을 끼치는 것이 될 겁니다. 하지만 밀리의 서재 회원 대부분은 책을 잘 읽지 않는 사람들입니다. 그런 사람들이 책 한 권 값을 지불하고 책 열권을 보는, 독서 문화가 확장되면 결국 출판사에는 추가로 수익이 생기는 셈이 됩니다. 그래서 저희 사업 모델을 잘 이해한 출판사들은 오히려 독서 장려 서비스인 밀리의 서재를 반가워했습니다."

서 대표는 전자책은 종이책의 보완재이지 대체재가 아니라고 설명한다. 그는 앞으로 종이책 시장이 더 크게 성장하기 위해서는 먼저 독서 인구가 늘어야 하는데 전자책이 이를 돕는 역할을 할 것이라고 본다.

"밀리의 서재는 통상적인 출판 업계에 보완제 성격의 새로운 시장을 만들 것입니다. 먼저 독서에 관심을 가져야 책 판매로 이어질 수 있습니다. 전 국민의 70~80%는 아예 책을 보지 않고 관심도 없어요. 이런 사람들이 밀리의 서재로 인해 조금이라도 독서에 관심을 갖게 된다면 출판 업계 역시 함께 성장할 것입니다. 이 역할을 잘해낸다면 밀리의 서재가 진행 중인 비즈니스 역시 커질 수 있겠죠."

서 대표는 밀리의 서재의 다양한 독서 콘텐츠를 통해 사람들이 책과 조금 더 친해질 수 있다면, 그래서 책으로 돌아가 한 자 한 자 꼼꼼히 읽고 더 나아가 종이책을 한번 구매해 보게 된다면 정말 더할 나위 없이 좋을 것 같다고 말한다. 이렇듯 국내 출판 시장에 긍정적인 영향을 미치는 것, 전체적인 시장 확대로 이어지게 하는 것, 이것이 밀리의 서재

독자와 독서의 접점을 늘리기 위해 다양한 마케팅을 시도하는 밀리의 서재 마케팅팀원들

가 궁극적으로 바라는 바다.

밀리의 서재는 '전 국민이 독서하는 그날까지'를 모토로 독서 문화 저변 확대라는 새로운 길을 개척한 국내 유일의 스타트업이다. 서 대표는 자신처럼 스타트업에 도전하고자 하는 많은 이들에게 다음과 같은 조언을 남겼다.

"미국과 우리나라는 스타트업 구조 자체가 다릅니다. 미국에는 아이디어만 좋으면 그걸 실행할 수 있도록 돕는 분업화 체계가 잘돼 있습니다. 예를 들어 페이스북 창업자이자 젊은 CEO인 마크 저커버그가 아이디어를 내도 40~50대가 함께 어울려 일할 수 있는 구조입니다. 하지만 우리나라는 그런 분위기가 아니다 보니 보통 또래끼리 뭉쳐서 의지만으로 스타트업을 시작하는 경우가 많죠. 기발한 아이디어를 내는 데는 20대가 유리하겠지만, 이를 기술적으로 보완하고 사업화하는 실행력을 지닌 것은 30~40대 이상 경험자들입니다. 미국 스타트업의 성공 확률이 높은 이유는 아이디어가 좋은 20대, 실행력이 뛰어난 30~40대가 함께 섞여 일하기 때문입니다. 무조건 CEO가 되기만을 꿈꿔서는 국내 스타트업의 발전을 도모할 수 없습니다. 스타트업에서 구성원으로서 함께 일하는 것도 스타트업의 일부입니다. 이처럼 열린 마인드로 스타트업을 꿈꾼다면 20대는 물론 30대, 40대 여러분 모두 스타트업에서 성공을 이뤄낼 수 있을 것입니다."

- 삼성전자를 박차고 나와 영어교육 시장에 뛰어들다!

- 200만이 선택한 24시간 1:1 영어회화 앱

- 내가 원하는 시간에, 어디서든 원하는 튜터와 영어공부를 할 수 있는 온디맨드 튜터링 기술 특허등록으로 영어교육에 새바람을 불러일으키다!

- 경제력이 교육을 지배하지 않는 시대를 만들다!

경제력이 교육을
지배하지 않는 시대를 만들다

1:1 온디맨드 모바일 영어회화 러닝 플랫폼, 튜터링

학생이 앱을 실행하면 전 세계에서 24시간 대기 중인 전문 튜터와 30초 만에 연결돼 실시간으로 회화 수업이 시작된다. 모바일 화면 내 토픽 카드를 보며 1:1 회화 및 채팅으로 20분 동안 수업이 진행된다. 수업 후에는 학생과 튜터가 서로를 평가 및 리뷰하고, 학생은 결과를 피드백 받아 음성 및 추천 표현을 보며 복습한다. 이것이 바로 200만이 선택한 1:1 온디맨드On-demand(요구만 있으면 언제든지) 영어회화 서비스, 튜터링이다.

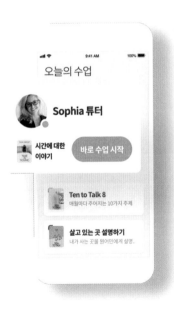

지금은 교육도 온디맨드 시대

2017년 8월 튜터링은 '온디맨드 튜터링 기술(모바일 과외 플랫폼 서버 및 이를 이용한 과외 서비스 제공 방법)'의 특허를 등록하고, 교육 업계 최초로 '온디맨드 러닝On-demand Learning' 비즈니스 모델에 관한 독점 권리를 인정받았다.

튜터링의 첫 번째 핵심특허인 온디맨드 러닝은 인터넷 음성영상 통화기술인 Web RTCReal Time Communication를 활용해 대기 중인 강사와 학생을 실시간으로 연결함으로써 온라인, 모바일에서 수업을 진행하는 방식이다. 튜터링은 이 기술을 바탕으로 예약 기반의 레슨 방식, 제한된 강사 선택, 일방향 강의형 콘텐츠 등 기존의 이러닝 및 전화영어, 화상영어의 한계점을 극복했다.

핵심특허 첫 번째는 바로 쉽고 편하게 내 손 안에서 튜터를 만날 수 있는 온디맨드 튜터링On-demand Tutoring이다. 모바일에 접속하면 24시간 대기 중인 다양한 국가의 튜터를 만날 수 있다. '수업 시작'이라는 버튼을 누르면 Web RTC를 통해 바로 강사와 1:1로 연결돼 수업이 시작된다. 수업이 연결되는 데 걸리는 시간은 평균 30초. 학원 가는 시간에, 예약했다가 매번 바쁜 일정으로 수업을 놓치는 이들도 영어를 가까운 친구로 두기 쉽게 사용 경험을 충분히 고려한 시간이다. 결정적으로 기존 콜센터에 기반해 풀타임으로 튜터를 운영하는 방식에서 벗어나 인터넷을 통한 온디맨드 운영으로 대체하면서 전체 비용을 혁신적으로 절감했다. 이로써 소비자 가격의 거품을 제거하고 튜터에게 더 높은 보수와 상여금을 제공해 질 높은 강의로 이어지는 선순환 시스템을 만들었다.

핵심특허 두 번째는 바로 콘텐츠와 첨삭 화면 공유Screen Share다. 1:1 영어회화에서 가장 중요한 것은 다양한 소재로 말하는 경험이다. 튜터 링은 단순히 화상 채팅을 연결하는 것 이상의 교육 가치를 위해 모바일에 최적화된 콘텐츠를 별도로 개발해 제공한다.

강사와 학생이 토픽카드를 서로 공유하며 실시간 첨삭까지 주고받는다. 튜터와 학생의 교감 정도가 학습 효과를 좌우하므로 튜터가 딱딱하고 복잡한 기존 영어 교재 포맷이 아니라, 심플하면서도 지속적인 대화를 유도하는 콘텐츠 포맷을 발굴해 학생에게 제공한다. 첨삭 화면 공유Screen Share 기능에서는 오프라인 과외에서 책을 펴놓고 옆에서 가르치는 듯한 경험을 모바일에 구현하는 데 중점을 뒀다. 특히 튜터가 글을 작성하면 그대로 학생의 화면에 표기되는 부분까지 특허 권리를 확보했다.

이 외에도 지능형 온디맨드 서비스를 위한 기술도 개발했다. 교육 서비스를 운영하면서 콘텐츠 기반 온디맨드 튜터링을 개발하고 상용화하는 것은 이후 운영 문제에 비하면 매우 적은 부분을 차지한다. 사람과 사람 간의 커뮤니케이션, 까다로운 콘텐츠 품질을 요구하는 교육 서비스를 제어하는 일이다 보니 운영 문제도 그만큼 빈번하게 발생한다. 이에 여러 다양한 운영 문제를 최소화하고자 만든 노하우를 핵심자원으로 하여 추가로 특허를 출원했다.

삼성전자를 퇴사하고 영어교육 시장에 뛰어들다

튜터링을 만든 김미희 대표를 보면 학비 걱정 없이 대학도 잘 들어가고, 남들이 부러워하는 꿈의 직장인 삼성전자에 입사해 탄탄대로만 걸었을 것 같다. 하지만 그는 사실 어린 시절 아버지의 사업 실패로 혹독한 가난을 맛봤다.

"어느 날 학교에서 집에 돌아왔는데, 문이 부서져 있고 여기저기 빨간딱지가 붙어 있었습니다. 어머니는 울고 계시고 그야말로 드라마의 한 장면 같았죠. 그 뒤 단칸방으로 이사하고 중학교, 고등학교까지 국비 지원으로 다녔습니다. 급식도 지원 받을 정도였어요. 그 당시에는 수능 족집게 선생님이 가르치는 노량진 학원에서 수업 듣는 게 중요했는데 돈이 없어서 학원은 꿈도 못 꿨습니다. 그래도 대학에 가고 싶어 친구들에게 학원 수강증을 빌려서 몰래 수업을 들을 정도로 열심히 공부했습니다."

집안 형편이 어려워지자 대학을 포기해야 하나 하는 생각까지 들었지만 그에게는 성공의 꿈이 있었다. 그 꿈을 이루기 위해 열심히 공부했고 한양대 광고홍보학과에 입학했다. 대학교에 들어가서도 돈 걱정은 늘 따라다녔다. 등록금을 벌기 위해 웹사이트를 개발하며 창업에 도전했지만 큰 성과를 거두지는 못했다. 다양한 공모전에도 끊임없이 도전했다. 상을 타는 게 중요한 게 아니라 도전하는 과정 자체가 즐거웠다. 10번 넘게 떨어졌지만 집요함이 남달랐던 그는 계속 도전하고 또 도전했다.

"제가 좀 엉뚱한 면이 있어요. 공모전에 그렇게 많이 떨어졌으면 포기해야 하는데 그게 안 되더라고요. 상에 의의를 둔 게 아니라 도전하는 과정 자체가 재미있어서 계속 실패해도 끊임없이 도전했습니다."

그러다 칠전팔기 끝에 제일기획 공모전 은상, 현대차 글로벌 마케팅 포럼 최우수상 등 광고업계의 이름난 공모전을 휩쓸며 재능을 유감없이 발휘했고, 대학 3학년 때 삼성전자 공채시험에 합격했다. 삼성전자에 입사한 김 대표는 삼성의 미래 전략을 담당하는 디지털 솔루션 센터에 배치 받아 일하다가, 2009년 삼성의 모바일 서비스와 콘텐츠를 담당하던 미디어 솔루션 센터로 옮겨 갤럭시 시리즈의 미디어, 콘텐츠의 UX 설계와 서비스 기획에 참여했다. 이때 이와 관련한 새로운 서비스나 신규 비즈니스 모델을 기획하는 과정에서 여러 사업 아이디어가 나왔는데, 그중 대표적인 것이 바로 튜터링이었다.

2014년 회사를 휴직하고 카이스트에서 MBA 과정을 밟으면서 김 대표는 플랫폼의 양면시장Two Sided Market에 대해 본격적으로 공부를 시작

했다. 현재 전 세계 전반에 걸쳐 일어나고 있는 큰 변화의 흐름인 온디맨드 모바일 서비스를 충분히 분석할 수 있는 기회였다. 그는 당시 튜터링의 모태가 될 온디맨드 모바일 러닝에 대한 시장조사 및 분석, 서비스 오픈 이후 발생할 수 있는 위험 요소 등을 철저히 정리해 문서화했다.

"그동안 많은 비즈니스 모델을 구상했는데, 그중에서 영어회화가 저에게도 절실히 필요한 분야였고 저 스스로 불편함을 느끼고 있었기 때문에 이런 점을 효과적으로 개선하면 성공할 수 있는 사업이라고 생각했습니다."

영어는 10여년간 직장생활을 하는 동안 그에게 가장 큰 콤플렉스였다. 영어학원도 다녀보고, 전화영어도 해보고, 1:1 과외도 했지만 결국 해결할 수 없었다. 회사일이 바쁘다 보니 정해진 시간에 영어수업을 듣기가 쉽지 않았기 때문이다. 그중 그래도 제일 효과적이었던 것이 바로 1:1 과외였고, 여기서 착안한 게 내가 원하는 시간에 앱만 열면 해외 전문 튜터와 1:1 영어회화를 할 수 있는 튜터링 서비스 아이디어였다.

튜터와 학생 모두에게 좋은 선순환 구조를 개발하다!

"전 세계에서 실력 있는 튜터들을 섭외하는 작업은 의외로 수월했어요. 튜터 1,000여명 선발에 놀랍게도 지원자가 1만 5,000명이 넘을 만큼 경쟁률이 치열했죠. 한계비용이나 시스템 구축비용을 절감했기 때문에 튜터들의 임금을 높일 수 있었고, 출퇴근하지 않고 집에서 튜터링 시스템에 접속만 하면 편하게 일할 수 있는 환경을 제공했어요. 그러다 보니 튜터들의 지원이 많았고, 좀 더 높은 급여로 실력 있는 전문 튜터들을 뽑을 수 있었습니다."

튜터링은 인터넷에서 개인과 개인을 직접 연결하는 '피어투피어peer to peer' 커뮤니케이션 방식의 리얼 타임 커뮤니케이션RTC 시스템을 사용해 현지 콜센터 구축 및 유지, 장기 비용을 제로로 만들었다. 이는 중개서버가 따로 있는 것이 아니라 브라우저 간에 통신하는 기술이어서 유선 통화에 비하면 한계비용이 거의 제로에 가깝다. 카카오의 보이스톡과 비슷하지만 여기에 탑재된 것보다 차세대 개념으로서 비용 절감은 물론 퀄리티 부분에서도 많이 개선된 모듈이다.

"한계비용이 제로인 덕분에 튜터들의 임금을 높이고, 학생들의 수업비 역시 50% 절감할 수 있는 선순환 구조를 만들 수 있었습니다. 학생이 조금 더 낮은 비용으로 실력 좋고 전문적인 튜터에게 수준 높은 영어회화 교육을 손쉽게 받을 수 있는 구조를 만든 것이죠."

튜터링은 입사 조건으로 4년제 대학 졸업에 영어교육 경력이 있어야 한다는 것을 내걸었다. 경력이 없는 튜터는 실력에서 현격한 차이가 난다. 그리고 튜터링 자체에서도 튜터의 내부 룰을 엄격하게 정하고, 이를 지키지 않으면 활동 중지 또는 재교육을 받도록 정책을 수립했다.

운영 방식 역시 전문 튜터와의 1:1 수업만을 고집한다. 그 이유는 전문 튜터와의 1:1 수업은 다른 교육 방식 대비 약 18배의 학습 효과를 내기 때문이다. 1:1 회화에서 주 2회, 10분 수업으로는 학습효과를 전혀 낼 수 없다. 그래서 수업 시간 20분, 주 3회 이상을 고수하고 있다.

"커리큘럼 자체도 비즈니스 중급, 고급 단계로 정형화해 나누지 않았습니다. 해외에 나가면 여러 소재에 부딪히면서 영어가 자연스럽게 늘기 마련이므로 비즈니스, 면접, 시험 준비부터 여행, 영화, 음식, 스포츠 등 최대한 삶의 모든 소재를 커버하는 400여 가지의 커리큘럼으로 구성했죠. 이는 업계 최다 종류의 커리큘럼이며 매주 주제가 업데이트됩니다."

튜터들의 특징도 특색 있고 재미있다. 친절하게 수업하고 말투가 부드러운, 학생에게 말할 기회를 주는, 20년 이상 경력의 영어 베테랑 등 특징에 따라 다양하게 구성했다. '입문추천', '재미있게', '에너지 넘치는', '친절한', '캐주얼 수다', '꼼꼼교정', '경험풍부' 등 특징별로 튜터들을 구분해 학생이 원하는 튜터를 고를 수 있도록 했다. 이는 사용자의 관심사나 목적에 맞춰 개인 맞춤 수업을 제공하기 위한 튜터링만의 전략이다. 튜터링이 학생의 레벨과 관심사에 따라 개인별로 자동화된 커리큘럼을 제공하면 학생은 그 커리큘럼을 따라가면서 수업을 받는다.

수업이 끝난 후에도 학생들에게 선호하는 수업 스타일을 물어본다. 개인에 따라 "수업을 천천히 했으면 좋겠어요.", "제 속도에 맞춰서 해주세요.", "발음을 교정해 주세요.", "캐주얼한 토크를 하고 싶어요." 등 원하는 바가 각기 다르기 때문에 수업 후에도 학생의 의견을 반영해 그 스타일에 맞춰 수업을 진행한다.

2016년 튜터링 론칭 초기에는 튜터는 물론 커리큘럼도 이렇게 세분화되고 다양하지 못했다. 단순한 매칭에 커리큘럼도 20여개에 그쳤다. 튜터들도 20~30명이 전부였다. 첫 출발은 이렇듯 비록 단순했지만 지

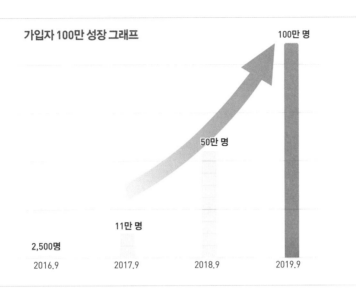

가입자 100만 성장 그래프

100만 명

50만 명

11만 명

2,500명

2016.9   2017.9   2018.9   2019.9

난 2년 반 동안 튜터링은 엄청난 발전을 이뤄냈다. 커리큘럼 400여개에 튜터들도 1,000명이 넘고 회원 수도 제로에 가깝던 것이 85만명으로 늘었고 곧 100만명을 목전에 두고 있다.

라이브한 튜터링 체험 영상으로 유튜브 마케팅을 시작하다!

2016년 설립된 튜터링은 초기에는 마케팅 비용을 거의 쓰지 않았다. 영어교육에 니즈가 큰 학생들이 검색을 통해 직접 찾아왔고, 그런만큼 결제 전환율이 높았다. 무료 체험을 한 회원들의 1/3 이상이 결제했다. 그만큼 튜터링은 과거 영어교육이 지닌 실패 요인들을 잘 헤아렸고 영어의 성공에 목말라하는 학생들의 니즈에 딱 맞아떨어지는 서비스를 제공했다. 이렇게 튜터링은 입소문을 타고 빠르게 성장해 론칭 4~5개월 만에 월 매출 1억 원을 달성했다.

이후 본격적인 성장의 발판을 마련하기 위해 전문 광고대행사가 아닌 그들만의 방식으로 튜터링 홍보 영상을 제작해 유튜브에 올리기 시작했다. 튜터링 서비스는 경험재라서 실제 사용자의 경험을 최대한 보여주고 공유하는 것이 주된 콘셉트였다.

"튜터링 서비스 자체를 글로 설명하기가 가장 어려웠습니다. 그래서 초기에는 마케팅 방법을 찾지 못했어요. 튜터들이 24시간 나를 위해 기다린다? 말도 안 된다는 반응뿐이었죠. 그래서 한 학생이 튜터링을 실제로 체험하는 영상을 유튜브에 올렸습니다. 실제 튜터링으로 수업 받는 모습을 가감 없이 촬영해 그대로 보여줬죠. 이 영상이 뜨거운 반응을 불러일으키면서 이런 방식으로 SNS에 튜터링을 널리 알리게 됐습니다."

튜터링 체험 영상은 전문적인 촬영 기술이나 장비, 장소 등이 필요하지 않아 비용이 거의 들지 않았다. 빈 회의실이나 카페를 빌려서 실제 일반인을 섭외해 튜터링 수업하는 모습을 그대로 촬영했다. 이런 식으로 '튜터링 라이브', '튜터링 인터뷰', '튜터링 Vlog' 등 다양한 콘셉트로 생동감 있게 제작한 튜터링 영상은 점차 "재미있겠다!", "나도 한번 해보고 싶다!"와 같은 긍정적인 반응과 더불어 전체 조회 수가 3,000만 회를 넘을 만큼 인기를 끌었다.

그리고 2018년 12월 국내 톱모델 겸 방송인 한혜진을 모델로 발탁해 TV 광고를 최초로 시작했다. 한혜진이 시크하고 도시적인 분위기 속에서 '이것은(시간, 장소) 개념 없는 공부'라는 도발적인 메시지를 던진

튜터링 TV 광고는 요즘 달라진 영어 공부 트렌드를 대중에게 널리 알리는 기회가 됐고 이로 인해 인지도가 크게 상승했다.

다. 이후 시계 초침 소리에 맞춰 집, 공원, 해변 등의 장소 변화를 통해 공간의 제약이 없다는 것을 직관적으로 전달했다. 튜터링 TV 광고는 한혜진을 메인으로 앞세워 달라진 최신 영어공부 트렌드를 대중에게 널리 알리는 기회가 됐고 이로 인해 인지도 역시 크게 상승했다.

튜터링이 일반 명사다 보니 브랜드를 효과적으로 알리기 위한 캐릭터도 필요했다. 영어공부는 어렵다는 편견을 깨고 친근하게 다가가기 위해 귀여운 해달 캐릭터를 내세웠다.

"영어를 배우고 싶은 열망은 가득하나, 회사나 학교에 다니느라 시간이 없다는 핑계로 영어공부를 미루는 이들을 위한 서비스인 만큼 친근하게 다가갈 수 있는 캐릭터를 찾았죠. 그러다 귀여운 해달이 물 위에 둥둥 떠서 게으름을 피우는 모습을 우연히 보고, 튜터링 이미지와 딱 잘 맞아떨어져서 튜달이(튜터링+해달)라는 캐릭터를 만들었습니다."

튜터링을 연상시키는 튜달이 캐릭터는 브랜드 이미지 제고는 물론 학습을 독려하는 러닝 부스터 역할도 한다.

누구나 튜달이 아이콘만 보면 튜터링이 떠오를 수 있도록 튜달이 캐릭터는 "언제 앱에 들어올 거야?", "언제 공부할 거야?"라고 잔소리하면서 학습을 독려하는 러닝 부스터 역할을 맡았다.

영어교육계의 방탄소년단을 꿈꾸다!

김 대표는 2019년 하반기부터 시작해 2020년에는 본격적으로 글로벌 마케팅을 펼칠 계획이다. 국내에서 1위를 찍고, 그다음으로 전 세계에서 1위를 찍겠다는 포부다.

"튜터링 미션이 '경제력이 교육을 지배하지 않는 시대를 만들다'입니다. 사실 1:1 영어회화는 월 50~60만원씩 내야 들을 수 있는 최고급 교육 중 하나죠. 기존 영어교육에서 1%만 누리는 최고급 교육을 널리 대중화함으로써 회사의 미션 그대로 경제력이 교육을 지배하지 않는 시대를 실현하는 것이 최종 목표입니다."

그는 튜터링 개발부터 론칭, 운영 그리고 지금에 이르기까지 모든 순간이 하나의 꿈같다고 말한다. 초반에 튜터링 베타버전을 론칭하고 테스트한 적이 있다. 정말 중립적으로 의견을 내줄 테스터를 섭외해 튜터링을 체험시켰다. 체험이 끝난 뒤 김 대표를 포함한 직원 6명이 책상에 둘러앉아 집에서 튜터링을 체험한 테스터의 소감을 전화기를 통해 전해 들었다. "서비스를 써보니 어떠셨어요?"라는 질문을 던졌고 5초간 침묵이 이어졌다. 침이 꼴깍 넘어가는 긴장의 순간이었다. 그리고 바로 "와, 엄청난데요. 대박!"이라는 최고의 칭찬을 전해 들었다. 김 대표는 그 순간이야말로 튜터링을 론칭한 뒤 지금까지 잊지 못하는 최고의 순간이라고 말했다. 4~5개월 만에 매출이 월 1억원에서 월 5억원, 월 10억원대로 2년 만에 빠르게 성장하는 데 따른 성취감도 있었지만, 오랜 연구 끝에 내놓은 결과물을 하나씩 검증할 때의 성취감은 매출 볼륨이 따라갈 수 없는 것이었다.

"최근 키즈 영어 쪽도 구상 중입니다. 타깃은 영어 유치원에 보내는 엄마들이 아닙니다. 월 200만원을 지불하면서 영어 유치원에 보내는 엄마들이 아니라, 월 10만원 내외로도 영어 유치원에 버금가는 양질의 커리큘럼을 제공하는 게 목표입니다. 다음 단계로 결국 튜터링이 어학연수를 대체해야 한다고 생각합니다. 어학연수 시장을 살펴보면 평균 2,000만원 이상의 비용이 듭니다. 합리적이고 효과적으로 이 시장을 대체할 수 있는 그런 플랫폼을 만들고 싶습니다. 시간적·경제적으로 힘든 이들이 튜터링 플랫폼에 쉽게 접근해 원하는 만큼, 아니 그 이상으로 영어실력을 얻어갈 수 있는 플랫폼을 만들려고 합니다. 그것이야말로 경제력이 교육을 지배하지 않는 시대를 만드는 데 궁극적으로 기여하는 게 아닐까요."

- 국내 게스트하우스 예약 플랫폼 스타트업으로 성장!
- 콘텐츠 기반 여행 플랫폼 볼로Volo 인수 통해 글로벌 여행 후기 플랫폼의 선두주자로 우뚝 서다!
- 퀄리티 높은 여행 후기 전문 서비스에서 여행 전반을 커버하는 글로벌 여행 플랫폼으로 도약 준비!

밀레니얼 세대 CEO가 만드는
콘텐츠 기반 글로벌 여행 플랫폼

여행 콘텐츠 플랫폼 & 국내 중소형 숙박 종합솔루션, 지냄

지냄은 게스트하우스 및 중소형 숙박 분야 종합 솔루션 사업과 콘텐츠 기반 여행 플랫폼 볼로Volo를 운영하는 5년차 국내 스타트업이다. 국내 약 1,400개 게스트하우스와 제휴해 온라인 숙박 예약 중개 서비스, 게스트하우스 가맹 사업 및 위탁 운영 서비스를 제공하는 온·오프라인 게스트하우스 사업을 기반으로 출발했다.

지냄의 이준호 대표는 미국 노스웨스턴대 경제학과에 재학 중 카투사로 군복무를 마친 뒤 24세 때 첫 숙박 사업에 도전했다.

"대학에 잘 다니다가 갑자기 사업한다고 나섰더니 부모님의 반대가 심했습니다. 하지만 군대에 있을 때부터 마음속에서 창업하려는 열정이 샘솟았고, 제대 후 시기상 그때야말로 절호의 기회라는 판단이 들어

여행의 시작,
지냄.
JIENEM.

지냄은 중소형 숙박업 종합 솔루션 기업입니다.
온라인 기반 예약 시스템, 커머스(비품), 컨설팅, 프랜차이즈 사업까지,
기술의 발전에서 소외된 중소형 숙박업을 지냄의 솔루션으로 혁신합니다.

Scroll down

국내 게스트하우스 예약 플랫폼, 지냄

과감하게 휴학하고 사업을 시작했습니다."

이 대표의 첫 사업 아이템은 셰어하우스였다. 그는 고등학교 재학 당시부터 부동산에 유독 관심이 많았다. 2014년을 즈음해 공유경제가 활성화되는 것을 지켜보며 새로운 주거 공유 형태인 셰어하우스가 큰 주목을 받을 것으로 예상하고, 서울에 셰어하우스를 3군데 오픈하며 열심히 사업을 이끌어나갔다. 그러나 기대와 달리 미처 예상치 못한 변수가 잇따라 발생했다.

"독립적인 생활을 지향하는 밀레니얼 세대의 수요에 맞춰 셰어하우스 같은 플랫폼이 등장하면 크게 주목 받을 것으로 예상했습니다. 하지만 시기적으로 주거 공유 개념 자체가 잘 형성되지 않다 보니 임대업자

들을 이해시키기도 어려웠고, 규모의 경제가 크게 일어나지 않으면 실질적으로 수익과 연결하기가 쉽지 않다는 사실을 깨달았습니다."

가성비 좋은 국내 게스트하우스 예약 플랫폼

그러던 중 홍대를 중심으로 젊은 여행객들을 위한 게스트하우스가 빠르게 늘어나는 모습을 보면서 향후 성장가능성이 높을 것으로 내다봤다. 집 한 채를 임대해 여러 명이 방 한 개에 묵는 공용 침실인 도미토리Dormitory와 이용자들이 함께 쉴 수 있는 라운지를 갖춘 게스트하우스는 가성비를 중시하는 20~30대 여행자들에게 어필하기 좋은 공유 숙박 콘텐츠였다.

"전 세계적으로 2030 여행자들이 가장 선호하는 숙박 형태가 게스트하우스인데, 그 당시 이렇다 할 국내 예약 플랫폼이 없었습니다. 사업 계획서 한 장을 들고 서울, 전주 등 전국을 돌며 게스트하우스 밀집 지역을 찾아가 영업했죠."

이렇듯 직접 발로 뛰며 게스트하우스 업주들과 제휴를 맺은 결과, 현재 지냄과 제휴한 게스트하우스는 1,400여곳에 이른다.

이 대표는 게스트하우스 예약 플랫폼 몬스테이Monstay를 론칭하고 먼저 소비자를 대상으로 한 B2C 사업을 운영했다. 국내 게스트하우스 제휴점을 지속적으로 확보하며 사업 규모를 넓혀나가는 한편으로 AI 엔젤클럽, 한국벤처투자 엔젤매칭펀드 등에서 투자를 유치하는 등 사

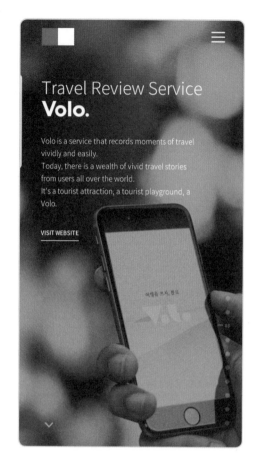

업은 나날이 성장을 거듭했다. 2016년 5월에는 서울시 공유기업으로 선정되기도 했다.

"B2C로 사업을 운영하다가 2017년 7월 글로벌 여가 플랫폼 기업 '야놀자'와 전략적으로 협업하며 B2B로 사업 방향을 바꿨습니다. 이로써 전국 게스트하우스 가맹점 수가 1,000여 개를 넘어섰고 모든 가맹점을 '야놀자'에 공급하게 되었습니다."

'야놀자'의 게스트하우스 상품들은 대부분 지냄과 제휴한 업체들이 제공한다. 숙박 O2O Online to Offline(온라인과 오프라인을 연결한 마케팅) 서비스가 발전하면서 야놀자 또한 빠르게 성장했고, 지냄의 매출 역시 이와 비례해 급격하게 증가했다.

"현재는 게스트하우스 제휴를 늘리는 데 집중하기보다는 퀄리티를 높이는 데 더 공을 들이고 있습니다. 게스트하우스 수가 많다고 해서 잘 팔리는 건 아니기 때문이죠. 요즘 트렌드가 그렇습니다. 얼마나 퀄리티 높은 게스트하우스와 많이 제휴하느냐가 중요합니다."

여행 후기 플랫폼 볼로Volo 인수로 제2의 도약을 준비하다!

 2018년 10월 중소형 숙박 종합솔루션 기업으로 성장한 지냄은 블록체인 기술을 활용해 새로운 여행 플랫폼 서비스를 확대하려는 측면에서 적극적으로 인재를 영입하는 동시에 SK테크엑스로부터 여행 후기서비스 앱인 볼로Volo를 인수했다. 지냄의 볼로 인수는 스타트업의 대기업 서비스 인수라는 점에서 큰 주목을 받았다.

 앞으로 퀄리티 높은 여행 콘텐츠는 그 자체로 경쟁력이 될 것이다. 좋은 콘텐츠를 수집하기 위한 가장 좋은 동기부여는 '보상'이며, 블록체인 서비스 안에서 작동하는 경제적 보상 시스템인 '토큰 이코노미token economy'는 사용자의 활동에 대한 보상을 교환가치 있는 토큰으로 지급해 서비스를 더욱 활성화하는 역할을 한다. 이는 블록체인 서비스와 일반 서비스를 구별 짓는 중요한 특징이기도 하다. 이 대표는 '토큰 이코노미'를 활용해 이용자들에게 보상한다면 한층 더 퀄리티 높은 여행 콘텐츠를 더욱 많이 수집할 수 있을 것으로 본다.

 "지금까지의 여행 콘텐츠 플랫폼은 정보가 파편화되고 신뢰성 또한 부족했던 게 사실입니다. 지냄이 인수한 볼로는 사용자가 직접 작성한 38만개 이상의 여행기와 1,100만장 이상의 여행 사진 등 우수한 퀄리티의 여행 콘텐츠를 보유하고 있는 서비스입니다. 향후 글로벌 사업으로 확장하기 위해 현재 월 사용자 수 및 사용자 데이터를 꾸준히 늘려나갈 예정입니다."

 지냄은 볼로를 인수한 이후 서비스 사용성 개선과 고도화에 집중하고 있다.

볼로를 통해 여행을 다녀온 후 사용자가 요청하면 볼로에 올린 후기들을 책으로도 만들어준다. 가격은 100쪽 분량을 기준으로 평균 2만원 선이다. SNS처럼 개인화 페이지를 생성해 팔로어할 수 있는 구조여서 회원들 간의 자유로운 여행 소통창구 역할도 한다. 이 대표는 앞으로 더욱더 글로벌하고 전문적인 콘텐츠를 만들기 위해 인플루언서 영입에도 중점을 둘 계획이다.

사업도 여행자처럼! 방향 설정은 신중하게, 길은 빠르게!

이준호 대표의 사업 철학은 "선택은 신중하게, 결정이 나면 빠르게 직진한다!"다. 이제까지 사업을 하면서 이 길이 아니다 싶으면 신중하게 고민을 거듭했고, 일단 결정을 내리면 빠르게 방향을 전환해 가장 최적의 길을 걸어왔다.

그는 무작정 사업을 빨리 키워서 우회전, 좌회전을 거듭하며 길을 돌아가는 것보다는 천천히 상황을 잘 살펴 방향 설정을 정확하게 하고, 그런 다음 직선으로 빠르게 치고 나아가는 것이 앞으로 빨리 갈 수 있는 지름길이라고 생각한다.

"돌이켜 생각해 보면 그동안 이룬 성과에 대한 보람을 느낄 겨를도 없이 지금까지 앞만 보고 빠르게 달려왔던 것 같습니다. 사업을 하다 보면 선택의 기로에 설 때가 많죠. 그때마다 성급하게 결정하지 않고,

추억을 담은 여행기

책으로 만들어진 여행기, 함께 읽어요

냄비와 자두의 대만 여행기 Tai...
By. @damb_i

안나푸르나 푸르나 안푸르나
By. ssongjwon

내마음이 몽골몽골
By. yujeong Choi

볼로는 여행 후기 38만개, 사진 1,100만장을 보유하고 있다.

느리지만 신중하게 결정한 뒤 일단 목표가 서면 직선으로 과감하게 치고 나가며 전진하는 것이 결과적으로 가장 빠르고 안전한 길이었다고 생각합니다."

2장

좋아하고 잘할 수 있는 스타일을 셰어하라

06. 셀러들의 니즈를 충족시키며 빠르게 성장 중인 패션 · 뷰티 플랫폼
국내 최초 셀럽마켓 모음앱, 에이블리

07. 키는 작아도 스타일 좋은 옷을 입고 싶은 욕구는 작지 않다
키작녀를 위한 감성 코디, 소녀레시피

08. 혁명적인 '홑겹브라'로 란제리 룩의 판도를 뒤엎다
국내 1호 란제리 셀렉트 숍, 컴온빈센트

09. 제품력 돋보이는 참신한 광고 영상으로 여성들의 공감대를 얻다
여성 위생 용품 브랜드, 청담소녀

에이블리 | 강석훈 | 36세 | 2018년

- 셀러와의 상생 전략이야말로 성공의 지름길!

- 판매 수수료 0%, 무료 홍보 서비스 등으로 플랫폼과 셀러가 함께 성장하다!

- 사진 한 장으로 7개월 만에 4억 매출 달성 가능한 창업 시스템 개발!

셀러들의 니즈를 충족시키며
빠르게 성장 중인 패션 · 뷰티 플랫폼

국내 최초 셀럽마켓 모음앱, 에이블리

2018년 국내 온라인 쇼핑 시장은 111조원 규모로 급성장했다. 그중 모바일 쇼핑이 차지하는 비중은 67.3%, 약 75조원 규모로 이는 제2의 유통 혁명으로 불러도 손색없을 만큼 커다란 변화라고 할 수 있다.

이러한 흐름 속에 1980년부터 2000년대 초반 사이에 출생한 밀레니얼 세대가 새로운 소비 주체로 부상하면서 개인 간의 상거래인 C2C consumer to consumer 커머스가 쇼핑 트렌드를 주도하고 있다.

태어날 때부터 디지털 환경에서 성장한 밀레니얼 세대는 일반적으로 IT기술을 몸으로 체득하고, 직접 대면 소통보다는 SNS 등을 통한 비대면 소통을 선호한다. 집단보다는 개성을 중시하며 세분화된 이들의 소비 취향은 자연스럽게 C2C 커머스 트렌드의 활성화를 가져왔다.

에이블리에 현재 입점한 마켓수는 약 3,500개이고 하루에 들어오는 고객은 약 25만명 정도다.

지금은 C2C 마켓 시대!

이런 트렌드에 발맞춰 론칭 1년 만에 누적 앱 다운로드 수 500만, 인기 마켓의 경우 월 매출액 10억원이라는 기록을 세우며 신규 판매 채널로 급부상한 여성 쇼핑 플랫폼 앱이 있다. 바로 '에이블리'다. 에이블리는 인스타그램, 유튜브 등의 셀럽마켓을 한데 모은 앱으로 1030 여성들에게 폭발적인 인기를 끌고 있다. 현재 입점한 마켓수는 약 3,500개이고 하루에 들어오는 고객은 약 25만명 정도다.

에이블리 강석훈 대표는 다른 쇼핑 플랫폼 앱과 달리 판매 수수료 0원이라는 파격적인 정책을 앞세워 전 국민 누구든 셀러가 될 수 있는 창업 시스템을 선보였다. 그가 이처럼 플랫폼과 셀러의 상생 전략을 시도한 것은 오래전부터 마음속에 품고 있던 '폐지 줍는 할머니가 없는 사회'를 만들기 위한 하나의 방법이었다.

어릴 적 강 대표는 경기도 수원에서 하루하루 열심히 일하며 성실하게 살아가는 부모님 밑에서 자랐다. 중학교에 올라가서는 공부는 뒷전이고 친구들과 어울려 다니며 놀기 바빴다. 그는 이 시기를 가리켜 방황의 시간이었다고 했다. 하지만 마음 한편에는 늘 자신을 믿어주는 부모님이 계셨기에, 중학교 3학년 때 비로소 공부에 전념하기로 마음먹고 면학 분위기가 높기로 유명한 수성고등학교에 진학했다.

"등교 시간이 6시 반이었기 때문에 매일 새벽같이 시내에 있는 학교로 가는 버스를 탔습니다. 그러다 우연히 그 이른 시간부터 나와서 폐지를 수거하는 동네 할머니를 보았는데 마음이 너무 아팠어요. 도대체 왜 저 할머니가 새벽부터 폐지를 주우러 다녀야 하는지 어린 마음에 이해할 수가 없었죠. 그 안타까운 잔상이 저도 모르게 가슴 속에 오래 남아 어떻게 해서든 조금 더 나은 세상, 폐지 줍는 노인들이 없는 사회를 만들고 싶은 마음에 열심히 공부했습니다."

중학교 때까지 공부에 관심이 없던 강 대표는 고등학교 진학 후 저녁 먹을 시간까지 아까워할 정도로 공부에만 전념했다. 기본기가 없었기 때문에 남들보다 두 배 이상은 더 노력해야 했다. 그렇게 잠을 줄이며 열심히 공부한 끝에 연세대학교에 입학했다. 그의 마음속에 오랫동안 자리 잡은 '폐지 줍는 할머니'의 기억은 대학교에 가서도, 사업을 하는 동안에도 늘 따라다니며 많은 영향을 끼쳤다.

"대학교 때 S&Dstructuring and debating라는 동아리에 가입했습니다. 여러 대학교가 연합한 경영 동아리였는데, 경영 케이스와 전략에 대해 논의하고 토론하는 모임이었죠. 마지막 학기 때 자기 꿈을 이야기하는 드림 세션이란 시간을 가졌는데, 그때 역시 폐지 줍는 할머니가 없는 좋은 사회를 만들고 싶다고 발표했습니다. '앞으로는 큰 국가가 아닌 작은 기업이 경제를 점점 주도하게 될 텐데, 만약 내가 창업하면 적어도 그 안에서는 생계 걱정을 하지 않아도 되는 어떤 좋은 시스템을 만들 수 있지 않을까? 만약 그렇다면 이것이 사업에 좋은 동기부여가 되지 않을까?' 하는 내용으로 발표했죠."

도전, 실패, 다시 도전! 사업의 경험을 쌓다

폐지 줍는 할머니가 없는 좋은 사회. 강 대표는 이런 꿈을 지니고 대기업 취업이 아닌 창업을 선택했다. 그는 창업하기 전에 관련된 경험을 먼저 쌓아야 나중에 실제로 창업했을 때 사업을 잘 키워나갈 수 있을 거라고 판단했다.

마침 창업을 앞둔 S&D 동아리 선배가 일주일에 며칠씩만 아르바이트 식으로 함께 일해보지 않겠느냐고 제의를 해 왔다. 좋은 기회라고 생각하고 합류했는데, 문득 정신을 차려 보니 창업 멤버가 돼 있었다.

입사 번호 3번이었다. 그 회사가 지금의 '왓챠'다.

그렇게 약 4년 이상을 왓챠에 젊음과 열정을 쏟았다.

강 대표가 이렇듯 열과 성을 다한 이유는 바로 왓챠가 기존 영화판에 던지고 싶어 했던 새로운 비전과 메시지 때문이었다. 일반적으로 영화 시장은 베스트셀러나 자본이 많이 들어간 콘텐츠 중심으로 돌아간다. 그러나 왓챠는 개인별 취향에 맞춘 시스템을 구축하여 영화를 보는 사람이나 만드는 사람 모두에게 좀 더 균등하고도 공평한 기회를 더 많이 제공하고자 했다. '폐지 줍는 할머니가 없는 사회'를 만들고자 하는 비전과 같은 맥락이었다.

강 대표는 공동창업자로서 왓챠의 초창기 비전 세팅에 큰 영향을 미쳤다. 당시 그가 왓챠 대표와 함께 구체적으로 정리한 비전은 개인화였고, 이에 따라 모든 콘텐츠가 각각 나름의 방식으로 성공할 수 있는 환경을 만들기 위해 열심히 노력했다. 하지만 사업 방향과 운영 방식 등에서 점차 갈등이 생겼고 결국 회사를 그만두게 되었다. 4~5년간 꿈을 가지고 매진했던 일이었던 만큼 개인적으로 많이 힘든 시기였다.

그러다가 2015년 여름, S&D 동아리 선배인 배인환 대표(바비톡, 미팩토리, 비앤케이랩 연속 창업)와 이야기를 나눌 기회가 있었다. 당시 강 대표는 이전에 창업해 본 경험을 바탕으로 '인격적으로 존경할 만한 사람인가', '큰 조직에서 실무를 해본 경험이 있는가', '기본적으로 일을 열심히 하는 사람(워커홀릭)인가'를 믿고 따를 수 있는 리더의 기준으로 정했는데, 배인환 대표는 이 세 가지에 모두 적합한 리더였다. 그는 곧바로 배인환 대표와 함께 일하겠다고 나섰고, 다른 팀원 약 10명과 함께

워크숍을 갔다. 막상 함께 사업하기로 결정하긴 했지만 사실 명확한 사업 아이템은 없었다. 그저 배 대표를 존경할 만한 파트너라고 판단한 뒤 믿고 따라가기로 했을 뿐이다.

워크숍에서는 각자 인생 그래프를 그리며 자기소개를 했다. 가로축이 시간, 세로축이 자기가 평가하는 인생의 흥망성쇠인 인생 그래프를 그리면서 강 대표는 자신의 삶을 다시 되돌아보았다. 다시 한번 '폐지 줍는 할머니가 없는 사회'에 대한 자신의 꿈에 대해 이야기했던 그 시간은 그가 인생을 다시 시작할 수 있도록, 또 한번 새로운 꿈을 꿀 수 있도록 해 준 좋은 터닝 포인트였다.

이후 강 대표는 본격적으로 사업 아이템을 구상했다. 우선 수익이 나는 아이템을 선택해야 사업을 지속할 수 있으므로 2015년 9월 '반할라'라는 여성 의류 쇼핑몰을 론칭했다. 반할라는 일반적인 쇼핑몰이었는데, 생각만큼 매출이나 이익이 나지 않는 반면에 일은 힘들었다. 그러다가 2017년 하반기쯤 배 대표와 진지하게 이 사업을 계속해야 하는지에 대해 이야기를 나눴다. 정상적인 사업 구조라면 규모가 커질수록 프로세스가 쌓여 노동의 강도가 낮아지면서 업무에 여유가 생기고, 신사업과 고도화를 계속 고민할 수 있어야 한다. 하지만 전혀 그렇지 않았다. 매출은 올라가는데 일은 점점 더 힘들어졌다. 건전한 사업 구조는 아니었다.

반할라 쇼핑몰은 2017년 11월까지 운영됐는데 그즈음 경영진은 사업을 접을까, 아예 다른 일로 바꿀까 등 고민이 많았다. 그래도 2년 반 정도 패션 E-커머스 분야에 있으면서 보고 배운 것이 많았던지라, 이를 바탕으로 2017년 10월 경영진 회의에서 신사업에 대한 리포트를 발표했다. 앞으로는 개인과 개인 간의 거래인 C2C가 주목받을 것이므로, 반할라라는 단독 웹 쇼핑몰보다는 다양한 개인과 브랜드가 함께 어울리는 쇼핑 플랫폼 앱으로 방향을 바꾸면 사업이 잘 풀릴 것 같았다. 하지만 경영진의 반응은 썩 좋지 않았다. 다들 쉽지 않을 것 같다며 걱정했고, 객관적으로 볼 때 어느 정도 맞는 말이었다.

방향 전환의 기회가 된 위대한 결정

강 대표는 진지한 시장 조사 및 분석을 바탕으로 모바일 여성 쇼핑 플랫폼 앱에 대한 사업 계획을 다시 한번 강하게 피력했고, 경영진과 팀원들은 마침내 어려운 환경 속에서도 강 대표에게 믿음과 지지를 보냈다. 모든 팀원이 각자의 인생을 걸고 함께 내린 '위대한 결정'이었다.

반할라는 인터넷 웹을 기반으로 한 여성 의류 쇼핑몰이었는데, 그 당시는 의류 쇼핑몰이 웹에서 앱으로 막 넘어가는 시점이었다.

"앞으로는 (검색 사이트나 브라우저를 이용해 매번 찾아서 접속해야 하고 원래 크기로 PC 환경에 최적화된) 웹보다는 (스마트폰 환경에 최적화되어 편의성과 성능이 뛰어난) 모바일 앱이 중심 유통경로가 되고, 그 안에서 1인 마켓들이 소비자와 직접 소통하며 물건을 사고파는 C2C가 대세가 될 거라고 보았습니다. 이들을 한 곳에 모아 놓은 쇼핑 플랫폼 앱이라면 반드시 성공할 거라고 확신했죠."

하지만 시간이 얼마 없었다. 스스로 정한 가설 검증 기간인 3개월 안에 이 계획을 실현해야 했다. 그 시간 안에 가능성을 빠르게 검증하지 못한다면 핵심 전략이 없다는 뜻이고 이는 곧 함께하는 팀원들이 반할라 때처럼 또 긴 시간을 고생해야 한다는 뜻이니, 그런 사업은 계속 진행하지 말자고 다짐했다. 그래서 가장 빠르게 사업의 가능성을 확인할 수 있는 두 가지 해법을 찾았다.

첫 번째 해법은 우선 겉만 앱으로 만들고 속 페이지는 상대적으로 개발 속도가 빠른 웹으로 만드는 것이었다. 작동 성능이 떨어졌지만, 빠른 앱 제작 및 가설 검증을 위한 임시방편적 대응이었다. 그리고 두 번째 해법은 현재 몰 안에 반할라 옷밖에 없는 상황인데 어떻게 쇼핑 플랫폼이라고 할 수 있느냐는 물음에 대한 답을 구하는 것이었다. 강 대표는 당시 인기있던 인플루언서들 수십명에게 반할라 제품을 협찬하고, 그들의 상품 소개를 중심으로 상품 페이지를 디자인했다. 우선 껍데기 앱을 만들고, 속 페이지에는 인플루언서들의 얼굴을 넣어 그들이 각각 상품을 소개하게 하는 전략이었다. 이렇게 하면 사람들이 다양한 판매자가 모인 쇼핑 플랫폼 앱이라고 느낄 것 같았다. 반할라 시절부터 함께해온 모든 팀원이 사활을 걸고 똘똘 뭉쳐서 프로젝트를 진행했다.

마침내 2017년 11월 말, 가설 테스트를 결정한 지 4주 만에 셀럽마켓 모음앱 에이블리가 세상에 나왔다. 핵심만 간단히 구현한 터라 부족한 점이 많았다. 앱 내 버튼을 누르면 빠르게 실행돼야 하는데 내용물이 웹이다 보니 버벅거렸다. 성격이 급한 사용자라면 앱을 삭제할 것 같지만, 국내 최초로 인플루언서들을 모아놓은 C2C 커머스라는 콘

**셀럽공구를
한 곳에**

무료배송은 기본+**100% 본사 정품** 인증!
요즘 핫 한 셀럽의 공구를 모아보세요.

**셀럽마켓&쇼핑몰
편리한 쇼핑**

인기 셀럽마켓, 쇼핑몰을 한 곳에서!
100% 교환/환불 보장으로 편하게 쇼핑하세요.

셉트에 승부를 걸었다. 셀럽마켓, 1인마켓, 세포마켓이라는 단어조차
익숙하지 않은 때였다. 그럼에도 몇 년 동안이나 동고동락하며 어려운
순간마다 믿음과 지지를 보내준 팀원들을 위해서라도 이 사업을 반드
시 성공시켜야 했다.

걱정과 달리 에이블리의 첫 달 매출은 3억 원 정도였다. 다음 달 매출
은 5억 원 정도였다. 비록 껍데기 앱이지만 인플루언서의 소개를 통해
물건 구매가 이뤄지고 있다는 뜻이었다. 가설이 검증되었다고 판단했
다. 그는 임시방편으로 해놓은 두 가지 해법을 본격적으로 구현하는 데
올인했다.

가장 먼저 IT 전문가들이 필요했다. 지금까지는 웹 기반의 플랫폼을 이용했지만, 앞으로는 앱 기반의 플랫폼을 본격적으로 구현해야 했기 때문이다. 그래서 왓챠에서 함께 일했던 믿을 수 있는 동료 김유준(현 에이블리 PO1팀 팀장, 서울대 컴퓨터공학과), 박지형(현 에이블리 PO2팀 팀장, 카이스트 전자과)을 섭외하는 데 공을 들였다. 두 사람은 당시 왓챠를 퇴사하고 다른 스타트업에 다니고 있었다. 두 장짜리 사업 계획서를 만들어 이들을 찾았고 십고초려 끝에 함께 미래를 걸어보기로 했다. 두 사람의 합류로 껍데기가 아닌 진짜 앱을 만드는 작업에 들어갔고, 모든 팀원이 함께 매일 밤을 불태웠다. 두 달의 가설 검증 후 한 달여 만인 2018년 3월 초, 마침내 완전한 에이블리 모바일 앱이 탄생했다. 처음에 정한 석 달의 사업 검증 기간에 맞춰, 가설 테스트부터 앱 론칭까지 모든 것을 마무리한 것이다. 강 대표는 속으로 생각했다. '위대한 결정'을 '위대한 실행'으로 바꾼 진정 '위대한 팀'이라고.

숨 가쁘게 달려왔지만 본 게임은 이제부터 시작이었다. 그 당시 아무도 에이블리를 주요 쇼핑 플랫폼 앱으로 생각하지 않았지만, 강 대표는 그해 안으로 반드시 에이블리를 세 손가락 안에 꼽히는 여성 쇼핑 플랫폼 앱으로 만들겠다고 다짐했다. 사내 월간보고 때마다 이런 다짐을 이야기하면 모두가 반신반의하는 표정이었다. 그러나 그의 야심 찬 포부는 1년 반 만에 현실이 되었다. 누적 다운로드 500만을 돌파하여 여성들이 가장 선호하는 여성 쇼핑 플랫폼으로 자리 잡은 것은 물론, 사용자들의 평점도 에이블리가 가장 높았다. 처음 시작할 당시보다 30배 이상 오른 월 거래액 100억이라는 숫자가 그 사실을 증명했다. 성장 속도

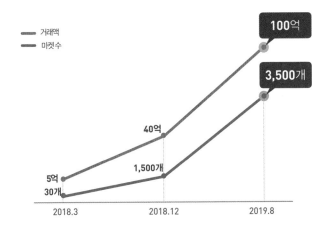

에이블리 월 거래액과 누적 마켓 수 증가 그래프

— 거래액
— 마켓수

100억

3,500개

40억

1,500개

5억
30개

2018.3   2018.12   2019.8

역시 가장 빨랐다. 지그재그 등 1030 여성을 타깃으로 하는 시장에서 에이블리는 경쟁 중인 주요 쇼핑 플랫폼 앱들이 가장 경계하는 대상으로 우뚝 섰다.

셀럽마켓 모음을 내세운 만큼 셀러들을 폭발적으로 모아야 하는 것이 에이블리의 큰 과제였다. 이에 강 대표는 반할라 사업 때부터 공동 창업자들과 팀원들이 지닌 핵심 역량 중 하나인 SNS 바이럴 마케팅을 적극 활용하기로 하고 여기에 집중했다. 페이스북, 인스타그램 등의 SNS와 유튜브 등에 손쉽고 빠른 소규모 1인 창업과 에이블리의 셀러들을 자연스럽게 노출하는 콘텐츠를 전문적으로 만들어 홍보하기 시작했다. 이 콘텐츠는 '쇼핑몰 트렌드'에서 1인 창업자들이 소비자와 소통하며 물건을 판매하는 '마켓 트렌드'로 변화하는 과정과 맞물려 큰 주목

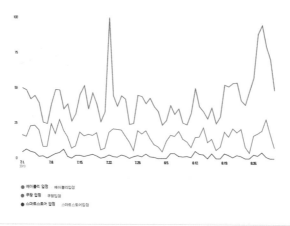

에이블리, 쿠팡, 스마트스토어 입점 관련 네이버 키워드 검색량 비교 그래프

과 호응을 받았고, 셀러와 고객을 효과적으로 모을 수 있었다.

에이블리는 셀러들의 사업을 지원하기 위해 '에이블리 셀러스', '에이블리 파트너스'라는 두 가지 솔루션을 제공했다. 먼저 '에이블리 셀러스'는 이미 외부 마켓을 운영하는 셀러가 에이블리에 입점해서 제품을 판매하는 오픈마켓 솔루션이다. 의류 사업의 수입 구조가 열악함에도 일반 쇼핑 플랫폼들은 셀러에게 10~30%의 수수료를 받고 있다. 그런데 이 정도의 수수료는 셀러가 통상적으로 거둘 수 있는 마진의 거의 전부다 보니, 이는 곧 플랫폼에서는 단순히 쇼핑몰 홍보만 하라는 뜻과 다를 바가 없다. 강 대표는 이런 플랫폼과 셀러의 사업 구조를 건전하지 못하다고 봤다.

판매 수수료 0% 및 1인 창업 솔루션, 셀러와 상생하기 위한 통 큰 결정!

"수수료를 높게 받으면 셀러는 망할 수밖에 없습니다. 셀러가 망하면 플랫폼 역시 망하죠. 이 구조를 근본적으로 개선할 방법은 셀러의 성공을 우선시하는 것입니다. 셀러가 성공해야 플랫폼이 성공합니다. 간단한 핵심인데, 가끔 거꾸로 가는 경우들을 봤습니다. 셀러가 먼저 성공하는 구조로 가려면 첫 번째는 셀러의 매출이 많아야 하죠. 그러려면 홍보가 필수여서 외부 채널을 통해 셀러를 소개하는 마케팅도 많이 하고, 에이블리 메인 배너에 돌아가면서 셀러의 몰들을 소개했습니다. 두 번째는 셀러의 마진(이익)을 높여줘야 합니다. 에이블리는 판매 수수료와 광고비 등 셀러에게 부담이 될 수 있는 모든 비용을 받지 않기로 결정했어요."

덕분에 셀러들은 수수료 부담 없이 온라인 결제PG 수수료만으로도 에이블리에 입점할 수 있다. 이렇게 '에이블리 셀러스'가 되면 수수료 없이도 무료로 상품을 노출할 수 있다. 광고비에 대한 부담도 없앴다. 에이블리에 입점하면 별도로 광고비를 지불하지 않아도 앱 메인/베스트 영역에 노출된다. 각종 기획전, 핫딜 역시 신청을 통해 무료로 할 수 있다. 페이스북, 인스타그램, 네이버 등 다양한 외부 매체 광고 역시 무료로 진행되므로 신규 팬 확보에도 용이하다.

다음으로 '에이블리 파트너스'는 마켓 운영 경험이 없는 이들을 위한 창업 솔루션이다. 에이블리가 제품 발주와 사입에서부터 배송, CS, 결제플랫폼, 판매와 광고까지 등 전반적인 마켓 운영을 맡아서 해준다.

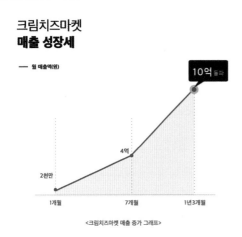

**크림치즈마켓
매출 성장세**

— 월 매출액(원)

10억 돌파

4억

2천만

1개월　　　7개월　　　1년3개월

<크림치즈마켓 매출 증가 그래프>

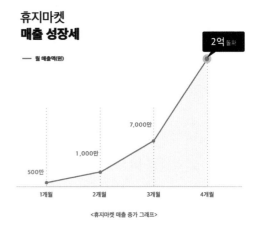

**휴지마켓
매출 성장세**

— 월 매출액(원)

2억 돌파

7,000만

1,000만

500만

1개월　　2개월　　3개월　　4개월

<휴지마켓 매출 증가 그래프>

셀러는 사진만 예쁘게 찍어 에이블리에 올리기만 하면 된다. 입점 셀러와 수익을 셰어하는 모델로 "누구나 클릭 몇 번만으로 1인 창업자가 될 수 있다"라는 최상의 솔루션을 구축한 에이블리만의 창업 솔루션이다. 부담이 되는 큰 창업 자금이나 운영 노하우가 없어도 스타일 감각만 있으면 손쉽게 1인 마켓을 운영할 수 있다는 점에서 많은 창업자들에게 큰 인기를 끌고 있다.

　이런 방식들로 에이블리에 입점해 효과를 본 셀러들의 사례는 많다. 대표적으로 에이블리에 입점해 첫 창업에 성공한 '휴지마켓'은 창업 4개월 만에 매출 2억원을 달성했다. 대학생 신분으로 용돈벌이로 가볍게 시작했다가 지금은 다른 아르바이트는 모두 그만두고 휴지마켓에만 전념하고 있다. '크림치즈마켓'은 입점 1년 3개월 만에 월 매출 10억원을 돌파했다. 충남 서산에서 친구와 함께 소소하게 블로그 마켓을 하다가 에이블리에 입점한 케이스로, 최근에는 강남에 사무실을 오픈할 정도로 사업 규모가 커졌다. '기술마켓'의 셀럽 기술은 에이블리 입점 전에는 인스타그램 팔로어가 900명에 그쳤지만, 입점 후 최근 30만명까지 늘어나는 등 인지도 측면에서도 괄목할 만한 성장을 이뤄냈다.

이처럼 에이블리가 셀러들과 상생하는 방식이 큰 호응을 얻으면서, 셀러들이 모인 주요 온라인 커뮤니티에서는 에이블리에 대한 칭찬이나 응원을 어렵지 않게 찾아볼 수 있다. 보통 '플랫폼'과 '셀러'가 갑과 을의 관계로 대립하는 것과는 굉장히 다른 모양새다. 또한 고객들 사이에서 상생 플랫폼인 에이블리에서 쇼핑하는 것이 '착한 소비'라는 움직임도 조금씩 생기고 있다.

"수수료 0%로 입점할 수 있는 '셀러스'나, 클릭 몇 번으로 바로 창업할 수 있는 '파트너스'는 에이블리 론칭 이후 꾸준한 고민 끝에 나온 결과로 쇼핑 플랫폼 업계에서는 첫 도전입니다. 당장 눈앞의 매출 증대보다 판매자와 고객이 모두 만족할 수 있는 일에 집중해야 오래가는 회사가 될 수 있다고 생각합니다. 앞으로의 목표는 애플 앱스토어와 같은 커머스 플랫폼을 만드는 것입니다. 개발자가 앱을 만들어서 앱스토어에 올리기만 하면 자연스럽게 다운로드와 매출이 발생하는 것처럼, 누구나 부업으로 클릭 몇 번만 하면 마켓을 운영할 수 있는, 다른 한편으로 고객 입장에서는 어떤 앱보다 다양하고 매력적인 셀러와 상품을 쉽게 만날 수 있는 그런 새로운 커머스 생태계를 만드는 것이 에이블리의 꿈입니다."

- 158cm 키 작은 사장, 체형의 단점을 성공 아이템으로 승화시키다!
- 창업 자금 60 만원에서 연매출 120 억원을 달성하기까지!
- 레드오션 안에 블루오션, 치열한 E-커머스 시장에서 키 작은 여성에게 잘 맞는 특화된 옷으로 차별화에 성공!
- 모델이자 대표인 변찬미, 키작녀들의 워너비로 떠오르다!

07

키는 작아도 스타일 좋은 옷을 입고 싶은 욕구는 작지 않다

키작녀를 위한 감성 코디, 소녀레시피

'마약밴딩츄리닝', '찹살떡슬랙스', '국민만능레깅스팬츠' 등 20대를 공략한 재미있는 애칭의 옷들로 유명한 온라인 의류 쇼핑몰 소녀레시피. 이곳이 치열한 국내 의류 쇼핑몰 시장에서 크게 주목받으며 급성장할 수 있었던 이유는 어느 쇼핑몰에나 있는 그저 유행하는 옷들이 아닌, 158cm의 키 작은 여성들을 위해 특화된 디자인의 옷을 판매했기 때문이다.

소녀레시피의 변찬미, 박건태 공동 대표는 고등학교 동창 사이인 열정 가득한 동갑내기 부부다. 변찬미 대표가 20세 때 먼저 지마켓에서 소녀레시피란 의류 쇼핑몰을 시작했고, 박건태 대표가 군대를 제대한 이후 본격적으로 같이 사업을 하게 됐다. 올해로 9년차인 소녀레시피는 초창기 연매출 100만원 미만부터 시작해 4~5년간 고전을 면치 못하다가 2016년 5억, 2017년 30억, 2018년 120억을 거쳐 2019년에는 연매출 200억원을 예상할 만큼 가파른 상승세를 타고 있다.

키 작은 사장이 만든 키작녀를 위한 여성 의류 쇼핑몰!

"제 키가 158cm예요. 그런데 어느 쇼핑몰에도 키 작은 여성들을 위한 옷은 없더라고요. 워낙 옷을 좋아해 쇼핑을 많이 하는데 항상 기장이나 품을 수선해야 입을 수 있었어요. 그 점이 가장 불편했죠. 분명 저처럼 키 작은 여성들이 많을 텐데 말이에요. 이들의 불편을 누구보다도

잘 알고 있었기에 아담하지만 핏이 살아 있어 키가 크고 날씬해 보이는 키작녀 옷을 전문적으로 판매하기 시작했습니다."

소녀레시피는 지마켓에 입점해 4~5년 정도 옷을 판매했다. 그때는 다른 여성 의류 쇼핑몰과 별반 차별점이 없었다. 매출이 많지도 않았을뿐더러 주문이 들어와도 대금을 지급할 기본 자금조차 넉넉하지 못했다. 하지만 변 대표가 이런 어려움에도 굴하지 않고 꿋꿋이 사업을 운영해 나간 건 바로 쇼핑몰 창업이 어릴 적부터 간절

히 바랐던 꿈이기 때문이었다. 고등학교 때부터 대학이 아니라 오로지 여성 의류 쇼핑몰 창업이 그에게는 일순위였다. 마침내 20세 때 부모님 권유로 다니던 대학을 접고 꿈에 그리던 '소녀레시피'란 여성 온라인 의류 쇼핑몰을 열었다.

"대학 때 학교 가는 시간 자체가 너무 아까웠습니다. 책상에 앉아 수업을 들어도 빨리 집에 가서 몸으로 직접 부딪쳐 보며 제 일을 하고 싶다는 생각뿐이었죠. 처음에는 사무실도 없이 제 방에서 일을 시작했어요. 초기에는 매출이라고 할 수도 없을 만큼 수익이 작았지만 원하는 일을 할 수 있다는 것 자체가 행복하고 재미있었습니다."

비록 첫 시작은 미약했지만 워낙 하고 싶었던 일이었던 만큼 힘든 줄도 모르고 일에만 열중했다. 집이 부산이라 버스를 타고 동대문까지 가서 옷을 떼어와 팔았다. 초기 자본금이 60만원밖에 없어 옷을 욕심껏 사지도 못했다. 샘플을 몇 장 떼어와 사진을 찍어 올리고 주문이 들어온 것만 추가로 구입해 판매했다.

"10벌 정도 옷을 골라와 팔았는데 그중 니트 딱 1벌이 대박이 났어요. 가을 시즌이라 니트가 반응이 좋았고 그 니트 하나만 10벌, 20벌, 30벌씩 주문이 늘기 시작했죠. 그렇게 매출이 조금씩이라도 느는 과정이 참 보람되고 재미있었어요."

쇼핑몰은 돈이 나중에 입금되는 시스템이라 물건이 팔려도 주문받은 옷을 사들일 돈이 턱없이 부족했다. 옷을 구입할 돈도, 서울에 올라갈 차비도 없었다. 하지만 자신의 안목으로 고른 옷이 팔리는 것이 신기했고 일에 대한 열정도 더욱 불타올랐다. 돈이 없다고 여기서 포기할 수는 없었다. 가족들에게 돈을 조금씩 빌려 그때그때 간신히 위기를 모면했다.

"니트만 잘 나가다 보니 가을과 겨울에는 그나마 매출이 올랐지만, 봄과 여름에는 매출이 떨어져 성수기와 비수기를 오가며 힘든 시간을 보냈습니다. 그러다 보니 부모님의 반대가 심했어요. 사업을 접고 다시 공부하라는 말씀도 많이 하셨습니다."

하지만 그는 성수기와 비수기를 반복하면서도 어떤 시련에도 휘둘리지 않고 사업을 끈기 있게 이어 나갔다. 그렇게 1~2년을 버티다 보니 그제야 돈이 조금씩 생기기 시작했다.

"4~5년간 지마켓 오픈마켓을 통해 소녀레시피 옷을 팔았습니다. 그런데 광고비가 올라가면서 사업자가 점점 힘들어지는 구조로 바뀌었어요. 개인 사이트를 추가로 오픈해야겠다는 생각이 들었죠. 우리만의 이름을 가지고 사이트를 열기로 결정하고 그 시기에 남편인 박건태 대표와 본격적으로 같이 일하기 시작했습니다."

그렇게 남편과 의기투합해 '소녀레시피'란 개인 의류 쇼핑몰을 오픈했지만 생각보다 잘되지 않았다. 그동안 지마켓에서만 물건을 팔아서 개인 사이트 운영이나 마케팅 자체를 전혀 몰랐기 때문이었다.

"지마켓은 워낙 많은 사람들이 들어오다 보니 그만큼 주문도 많았지만, 개인 온라인 쇼핑몰은 고객들이 사이트가 있는지조차 모르니 매출을 기대할 수 없었어요. 우선 지마켓 고객들을 우리 사이트로 끌어들여야겠다고 판단하고, 지마켓에서 소녀레시피 옷을 구입한 고객님들께 물건을 보내드릴 때 소녀레시피 개인 사이트를 오픈했으니 여기도 한

번 방문을 부탁드린다는 쪽지를 함께 넣어서 보냈습니다."

그렇게 소녀레시피는 지마켓에서 개인 사이트로 고객을 불러 모았고, 회원 수 12만 5,000명에 사이트와 모바일 앱을 합쳐 하루에 300~400명이 신규 회원으로 가입하는 인기 여성 의류 쇼핑몰이 되었다.

키작녀 불만 해소가 성공의 열쇠!

여느 여성 의류 쇼핑몰이나 키 크고 날씬한 사람들을 위한 옷들이 대부분이다. 그러다 보니 키가 작거나 뚱뚱한 사람들은 체형에 맞지 않아 수선해서 입어야 하는 불편함이 있다. 이 부분을 누구보다 잘 아는 사람이 변찬미 대표다.

"제 키가 작은 탓에 옷을 살 때마다 상의와 하의 모두 기장이 길고 품이 커서 대대적으로 수선을 해야만 딱 맞는 핏으로 입을 수 있었어요. 왜 저처럼 작은 체형을 위한 옷은 없는지 항상 그 점이 아쉬웠습니다. 그래서 저 같은 불편을 가진 이들의 수요가 분명히 많이 있을 거라고 믿고, 이들을 위해 특화된 옷을 전문적으로 판매하는 브랜드를 만들기로 했죠."

변 대표의 예상은 그들의 니즈에 딱 부합했고, 본격적인 키작녀 쇼핑몰로 콘셉트를 바꾸니 쇼핑몰 회원 수는 더욱 빠르게 늘어갔다. 특히 소녀레시피에서 자체 제작한 '마약밴딩츄리닝'은 판매 대란이 일어날 정도로 대박을 터트렸다. 찰랑찰랑 흐르는 소재라 언제 어디서나 흐트

소녀레시피는 브랜드 모델이 따로 없다. 변찬미 대표가 모델이다. 사진은 남편인 박건태 공동 대표가 아이폰으로 직접 촬영한다.

러짐 없는 단정한 핏을 선사하고, 허리 부분이 밴딩으로 제작돼 편안하다. 착용감이 좋다 보니 자꾸 손이 가서 매일 입고 싶을 정도라는 의미로 '마약'이란 애칭도 붙었다. 또 키 작은 여성들을 위해 일반 바지보다 기장을 짧게 만들었으며, 허리까지 올라오는 하이웨이스트 디자인으로 다리를 길고 날씬해 보이도록 한 점이 키작녀들에게 큰 호응을 불러일으켰다. 이 외에도 '키작녀 찹쌀떡슬랙스 롱부츠컷 버전', '데일리 만능밴딩 스커트', 어디에나 두루 잘 어울리는 '데일리 니트' 등이 키작녀를 키큰녀로 만들어주면서 줄줄이 인기를 끌었다.

"저희 쇼핑몰은 신규 고객들도 꾸준히 늘고 있지만, 초기에는 상품을 구입해 본 고객들이 재구매하는 경우가 많았어요. 그렇다는 건 제품의 질이 좋고 체형 커버가 만족스럽다는 뜻이잖아요. 이때부터 성공에 대한 확신이 들었고 디자인은 물론 퀄리티 있는 옷 제작에 더욱 집중하게 됐습니다."

소녀레시피는 브랜드 모델이 따로 없다. 키 작은 사장, 변찬미 대표가 자신과 같은 여성들을 위해 만든 브랜드인 만큼 직접 소녀레시피의 대표이자 모델이 되었다. 사진도 남편 박건태 대표가 아이폰 카메라로 촬영한다.

"소녀레시피는 키 작은 소녀들을 위한 핏 좋은 옷을 선보이는 곳이지만, 어떻게 코디해야 키가 크고 날씬해 보이는지 스타일링 노하우도 함께 알려주고 싶었습니다. 그래서 제가 직접 옷을 입고 스타일링해 소녀레시피다운 감성 룩을 선보이고 있어요. 이런 점을 고객들이 많이 좋아해주시는 것 같습니다."

변 대표의 소녀다운 감성은 남편의 카메라에 자연스럽게 담겼고 인위적이지 않은 내추럴함으로 고객의 마음을 사로잡았다. 그야말로 취향저격이었다.

고객들의 리뷰 영상이 SNS에 돌풍을 일으키다!

소녀레시피의 매출은 2018년을 기점으로 급성장했다. 여기에는 SNS 마케팅 역할도 컸다. 하지만 소녀레시피가 적극적인 SNS 홍보로 유명해진 것은 아니다. 키작녀들을 위한 특화된 디자인, 질 좋은 원단, '마약'이라고 불릴 정도로 입으면 입을수록 편안한 착용감 등이 고객들 사이에서 입소문을 타면서 자연스럽게 이름이 널리 알려진 것이다.

소녀레시피 옷을 구매한 고객들은 '소녀레시피 솔직 리얼 후기'와 같

은 리뷰 영상을 찍어 올렸고, 여기에 더해 인기 리뷰 유튜버가 핏, 재질, 컬러 등을 상세히 분석하면서 '인생 바지'라고 극찬했다.

이렇게 SNS의 효과를 경험한 뒤, 소녀레시피는 영상으로 소통하고 영상으로 검색하는 주 고객층인 20대를 위해 영상 제작에서 또 한 번 변화를 시도했다. 쇼핑몰 옷 상세 페이지에 사진이 아니라 변 대표가 실제로 옷을 입고 촬영한 영상을 함께 올린 것이다. 바지가 편한지, 신축성이 얼마나 좋은지, 핏은 어떤지 등 옷에 대한 고객의 질문에 영상으로 재치 있고 똑똑하게 답한 이 영상은 매출 성장에 그야말로 기폭제가 되었다.

20대들이 즐겨 사용하는 SNS 광고도 본격적으로 시작했다. 포털사이트보다는 페이스북, 인스타그램, 지그재그(여성쇼핑몰 모음 앱) 세 곳의 SNS에 집중적으로 마케팅을 진행했다. 이런 식으로 SNS를 통해 처음 성공한 아이템은 핸드메이드 롱코트였다. 키 작은 사람은 롱 코트를 잘 시도하지 않는다. 입고 싶어도 길이가 길다 보니 키가 더 작아 보이기 때문이다. 하지만 소녀레시피는 키 작은 여자들의 기장에 딱 맞게 디자인해 오히려 키를 더 커보이게 하는 롱코트로 2018년 겨울 SNS상에서 대박을 터뜨렸다. 여름 시즌에도 이런 식으로 시원한 팬츠나 수영복 등을 미리 선보여 고객의 기대감과 유입을 이끌었다.

무엇보다 제품을 이미지로 잘 보여줄 수 있도록 사진에도 신경을 많이 썼다. 소녀레시피의 콘셉트는 자연스러운 일상에서의 편안함과 스타일이다. 감성 카페, 감성 스튜디오 등 20대들이 가고 싶어 하는 핫 플레이스에서 소녀레시피만의 감성을 살려 제품 사진을 촬영했다. 사진에는 인위적인 스타일보다는 내추럴한 감성에서 오는 편안함이 잘 담겼고, 소녀레시피는 이를 확실하게 브랜드화했다.

즐기며 버티는 자가 승리한다!

"쇼핑몰을 오픈하고 초반에 워낙 자금이 부족해 이리저리 돈을 수급하느라 많이 어려웠습니다. 그런데 그런 것조차도 힘든 줄 몰랐어요. 제 안목으로 고른 옷을 파는 과정 자체가 즐겁고 재미있었거든요."

처음에는 공동 대표인 부부, 두 사람이 쇼핑몰 전체를 맡아서 운영하다 보니 새벽 4시에 퇴근하는 게 일상이었다. 그리고 집에 가서 잠깐 눈을 붙이고 다시 9시에 출근해 일을 했다. 쇼핑몰 업무 특성상 주말에도 쉴 수 없었다. 아니, 두 사람은 쉬는 것보다 일하는 데서 더욱 활력을 얻었다. 그렇게 주말 없이, 밤낮없이 20대 초중반을 보냈다. 일하는 시간 이외 개인적인 시간을 즐기는 것은 사치라는 생각으로 일에만 빠져 살았다.

"돈을 보고 사업을 시작했으면 아마 지금까지 견디지 못했을 것 같아요. 돈 되는 일이 아니었으니 다른 일을 찾았겠죠. 돈보다는 일에 대한 욕심이 컸습니다. 특히 제가 좋아하는 옷과 관련한 일이었기에 누구보다 자신 있었고 누구보다 재미있게 즐기면서 일할 수 있었습니다."

둘이서 시작한 소녀레시피의 직원은 이제 30명이 되었다. 처음엔 직원을 뽑을 자금이 부족한 만큼 가족들의 도움을 많이 받았다. 이제는 가족들의 노후와 생계를 책임질 수 있을 정도로 크게 성장해 효녀, 효부로 통한다.

고객의 신뢰가 깨지면 한순간에 무너질 수 있는 게 바로 온라인 쇼핑몰이다. 그렇기 때문에 주변에서 지나치게 깐깐하다는 소리를 들을 정도로 퀄리티에 신경을 쓴다. 10여 년을 열심히 쌓아 올린 탑이 한순간에 무너지면 안 되기 때문이다. 그래서 정성껏 고른 옷들도 실밥, 주머니 상태 등 한 장 한 장 일일이 체크해서 배송한다. 하지만 사람이 하는 일이다 보니 성수기 때는 간혹 불량을 놓칠 때가 있다. 좋은 디자인의 옷을 만드는 것도 중요하지만, 이런 작은 부분들도 지속적으로 보완하려고 꾸준히 노력 중이다.

"돈도 중요하지만 일에 대한 열정이 바탕이 되어야 온라인 쇼핑몰 업계에서 살아남을 수 있다고 생각합니다. 보통 사업이 잘 안되면 흥미를 잃는데, 여기에 열정까지 없으면 금세 포기하고 문을 닫게 되는 것 같아요. 목표가 돈이기 때문이죠. 그런데 목표를 성공으로 잡으면 매출이 떨어져도 다시 일어날 수 있는 묘한 힘이 생깁니다. 제가 소녀레시피를 9년이라는 시간 동안 꾸준히 이끌어올 수 있었던 건 바로 돈이 아닌 일에 대한 열정 덕분이었어요. 좋아하는 일을 한다는 것 자체가 행복이었으니까요. 돈만 보고 쫓아갔으면 지금의 이 행복을 느낄 수 없었을 겁니다. 열심히 만든 옷이 대박(돈이 아닌 고객의 반응)을 터트렸을 때의 그 감동과 짜릿함은 지금도 잊을 수 없어요. 그런 노력의 순간이 모여 기쁨이 되고, 이것이야말로 이 일을 하는 원동력이 되는 것 같습니다. 여러분도 돈이 아닌, 좋아하는 일을 찾아 열정을 다하면 분명히 성공은 머지않은 곳에 있을 거라고 생각합니다."

㈜아스트라페 | 김석영 | 39세 | 2015년

- '홑겹브라'라는 애칭의 속옷으로 SNS 입소문 마케팅에 성공!
- 편안함과 패션, 두 마리 토끼를 모두 잡은 '홑겹브라'로 속옷 업계에 혁명을 일으키다!
- 수준 높은 콘텐츠 비주얼과 인플루언서를 내세운 SNS 마케팅, 시장의 흐름을 바꿀 새로운 아이템 선정과 애칭을 활용한 바이럴 마케팅으로 차별화 전략 구사!
- 온라인 쇼핑몰 컨설팅 회사가 만든 속옷 쇼핑몰, 성공의 길을 먼저 입증하고 미래를 제시하다!

08

혁명적인 '홑겹브라'로 란제리 룩의 판도를 뒤엎다

국내 1호 란제리 셀렉트 숍, 컴온빈센트

한국섬유산업연합회에 따르면 국내 속옷 시장 규모는 2016년 2조 4,358억원으로 정점을 찍은 이후 약 2년간 성장이 정체되었다. 하지만 최근 몸매를 보정하지 않고 자신의 몸을 있는 그대로 사랑하는 '자기 몸 긍정주의body positive'라는 세계적 트렌드가 국내 2030 여성에게 확산되면서, 와이어가 없거나 몸을 조이지 않는 편안한 속옷이 국내 속옷 시장에 활기를 불어넣으며 새로운 성장 동력으로 떠올랐다.

이런 트렌드가 가져온 국내 속옷 시장의 큰 변화는 바로 국내 중견 속옷 브랜드들의 세대교체다. 국내 속옷 시장이 '자기 몸 긍정주의'의 영향으로 다시 성장세를 이어가는 반면, 국내 유명 속옷 브랜드들은 이런 흐름에 따라가지 못하는 올드한 이미지와 오프라인 기반의 유통 구조 등으로 최근 수년간 적자와 흑자를 넘나들며 불안정한 실적을 기록하고 있다. 전 세계 여성 속옷 업계 1위인 미국 대표 속옷 브랜드 '빅토리아 시크릿' 역시 이런 트렌드에 역행하는 볼륨업 속옷을 주력 상품으로 고집해 실적이 하락세를 보이고 있는 실정이다.

'홑겹브라'로 국내 속옷 업계의 판도를 바꾸다!

이런 와중에 업계 최초로 국내 2030 여성들에게 편하고 스타일리시한 '홑겹브라' 열풍을 일으키며 E-커머스 속옷 업계를 무섭게 장악한 곳이 있다. 바로 '고흐가 그린 누드'를 모티브로 한 란제리 & 이벤트웨어 편집숍 '컴온빈센트Come on Vincent'다.

누구보다 빠르게 세계적인 트렌드를 캐치한 컴온빈센트의 김석영 대표는 2016년 2월 패드가 없고 은은하게 비치는 시스루 스타일의 와이어 브래지어인 일명 '홑겹브라'를 선보여 첫 출발부터 큰 주목을 끌었다. 그는 자체 제작한 SNS 콘텐츠로 홑겹브라 홍보 및 판매를 적극적으로 활성화했고, 2030 여성들의 니즈에 정확히 부합하는 '홑겹브라'는 속옷 업계의 판도를 바꾼 잇 아이템으로 유명세를 탔다.

"그 당시 국내 동대문 도매 시장에서는 '홑겹브라' 형태의 속옷을 취급하지 않았습니다. 거의 뽕브라 위주였죠. 이런 상황에서 패셔너블한 스타일은 살리면서 편안함은 높인 '홑겹브라'가 SNS를 통해 2030 여성들에게 입소문을 타면서 매출이 늘어났습니다. 그러자 타 경쟁 업체들도 '홑겹브라'로 변화한 속옷 트렌드를 직감했고 그제야 국내 동대문 도매 시장에서도 홑겹브라를 생산하기 시작했습니다."

컴온빈센트는 이 기세에 힘입어 2016년 10월 차기 아이템으로 패드에 와이어조차 없는 로맨틱한 레이스 소재의 브래지어인 '브라렛'을 출시하며 또 한번 화제를 모았다. 컴온빈센트가 연이어 출시한 아이템들은 속옷 업계를 선도하는 핫한 트렌드로 떠올랐고, 뒤이어 브랜드와 E-커머스 경쟁업체들도 동일한 제품을 출시하며 하나의 시장을 형성했다.

컴온빈센트는 업계 최전선에서 트렌드를 빠르게 읽어 내는 기획력을 바탕으로 론칭 1년 만에 월 매출 3억원, 연 매출 30억원을 돌파하며 E-커머스 속옷 업계 1위를 빠르게 장악했다. 지금도 매년 두 자릿수가 넘는 매출 상승세를 기록하며 국내 속옷 시장의 역사를 새롭게 써내려가는 중이다.

SNS에 집중한 차별화 전략 베스트 3

컴온빈센트의 가장 큰 강점은 트렌디한 아이템의 기획력에 있다. 하지만 아무리 아이템이 좋다고 해도 무조건 성공하는 건 아니다. 고객의 결핍에 대한 욕구와 후기 반응에 따른 아이템 기획, 고객이 갖고 싶은 상품에 걸맞은 비주얼 임팩트가 성공을 결정 짓는 중요한 잣대가 된다.

컴온빈센트는 아이템 선정은 물론 마케팅 전략에서도 트렌드를 놓

치지 않았다. 그 당시에는 네이버나 다음 등 대형포털의 키워드,
DADisplay Ad 광고 위주의 E-커머스 마케팅 시장이 대세였는데, 컴온빈
센트는 페이스북과 인스타그램 등 SNS 채널을 적극적으로 활용한 마
케팅을 업계 최초로 시도했다.

"SNS 채널 마케팅은 비주얼이 굉장히 중요합니다. 사용자가 사진을
보고 '좋아요'를 누르고 싶게 만드는 임팩트가 있어야 하기 때문이죠.
이를 위해 국내 속옷 업계에서는 볼 수 없었던 수준 높은 비주얼 콘텐츠
제작에 공을 많이 들였습니다."

컴온빈센트는 가장 먼저, 속옷 업계 최초로 일반 쇼핑몰에서는 시도

하지 않았던 국내 유명 사진작가와의 협업으로 컴온빈센트만의 예술적인 감성이 묻어나는 고급스러운 이미지를 창출했다. 이런 패션 전문 매거진 화보 수준의 비주얼은 2030 여성들의 눈과 마음을 단숨에 사로잡으며 SNS를 통해 빠르게 퍼져 나갔고, 컴온빈센트만의 확고한 고급화 브랜드 정체성을 고객에게 확실히 각인시키는 데 성공했다. 처음부터 다른 회사와 비교 불가능한 수준 높은 콘텐츠로 승부를 보고자 한 차별화 전략이 통한 것이다.

컴온빈센트가 두 번째로 사용한 전략은 마케팅 효율 면에서 파급력이 큰 인플루언서를 활용하는 것이었다.

"2015년경만 해도 '인플루언서 마케팅'이라는 단어조차 없었습니다. 인스타그램이 미국에서 막 꿈틀거리며 부상하기 시작했을 때였는데, 이 트렌드가 곧 국내에도 큰 영향을 끼칠 것이라고 예상했습니다. 그래서 포털 사이트 키워드 광고보다는 쇼핑몰의 얼굴이라고 할 수 있는 메인 모델로 유명 연예인이나 전문 모델이 아니라 막강한 팔로어를 보유한 얼짱 인플루언서를 내세우고 유튜브, 페이스북, 인스타그램 등 SNS 채널별로 성격에 맞게 접근했습니다."

김 대표는 홍보성 짙은 콘텐츠 대신 그들의 일상에 컴온빈센트의 제품을 자연스럽게 녹여 공감과 소통을 불러일으키는 스토리텔링 콘텐츠를 직접 제작하고, 각 타깃별로 세분화해 맞춤형 광고를 진행했다. 특히 미우, 바나나, 락채은 등 인스타그램에서 스타로 불리는 인플루언서들이 컴온빈센트의 속옷 모델이 된 그 자체가 SNS상에서 큰 화제를 불러일으켰다. 컴온빈센트와 함께 성장한 이들 역시 인지도가 높아졌

다. 최고 아티스트들과의 작업으로 나온 컴온빈센트의 비주얼이 많은 포토그래퍼와 모델에게 자신의 이름을 알릴 수 있는 좋은 포트폴리오가 되면서 컴온빈센트는 유명 스타들을 배출하는 등용문으로도 떠올랐다.

"컴온빈센트 모델은 단순히 예뻐서만은 안 됩니다. 여성 고객이 타깃이기 때문에 여자가 봤을 때 '워너비'여야 하죠. 팔로어를 맺고 싶고 그 모델을 따라하고 싶을 만한 임팩트나 카리스마가 있어야 합니다."

컴온빈센트가 세 번째로 사용한 전략은 바이럴 마케팅Viral Marketing (입소문 홍보)이다. 컴온빈센트라는 브랜드의 노출보다는 시그니처 아이템을 널리 알리는 데 힘썼다. 그 아이템이 바로 '홑겹브라'다. 기존 뽕브라와 차원이 다른 편안함과 자연스러운 실루엣을 선사하는 새로운 개념의 속옷인 '홑겹브라'는 많은 여성들에게 회자되면서 SNS 해시태그와 포털 사이트 검색어에서 핫한 키워드로 떠올랐다. 2030 여성들은

'홑겹브라'에 대한 궁금증을 풀기 위해 직접 검색을 시도했으며 트래픽은 자연스럽게 증가했고 '홑겹브라'가 컴온빈센트라는 회사의 제품이라는 걸 인식하게 됐다. 이 부분에서 매출이 급성장했다. 홑겹브라 형태는 이 전에도 있었지만, 고객들의 입맛에 맞도록 이미지를 새롭게 바꿔서 얻은 성과다. 이제 '홑겹브라'는 편안하고 패셔너블한 속옷의 대명사가 됐다. '홑겹브라'를 처음 경험한 소비자들은 이런 식으로 컴온빈센트의 회원이 되었고 덕분에 더욱 크게 발전할 수 있었다.

온라인 쇼핑몰 컨설팅 회사가 능력을 입증하기 위해 만든 쇼핑몰!

국내 속옷 업계의 판도를 바꾸며 빠르게 성장한 컴온빈센트는 온라인 쇼핑몰 전문 컨설팅 회사 ㈜아스트라페가 그들의 컨설팅 능력을 입증하기 위해 만든 프로젝트 쇼핑몰이다.

㈜아스트라페의 김석영 대표는 10년이 넘는 시간 동안 여성의류부터 키즈, 리빙 등 온라인 쇼핑몰을 전문적으로 컨설팅하며 온라인 비즈니스 환경에 대한 다양한 경험과 노하우를 탄탄히 쌓은 전문 경영인이다. '제이드', '육육걸즈', '에바주니', '비츠조명' 등 일매출 1억원 이상의 실적을 올리는 유명 온라인 쇼핑몰들의 물류부터 운영, 마케팅, 기획을 총괄하며 온라인 컨설팅 사업을 성공적으로 이끌어왔다.

대학에서 무역학을 전공한 김 대표는 2006년 첫 직장으로 대기업이 아니라 미래 성장 가능성이 큰 E-커머스 회사였던 여성의류 쇼핑몰 '제이드'를 선택했다. '제이드'는 일매출 1억원에서 250억원까지 급성장한 회사다. 그 당시 스타일난다와 1,2위를 다투는 업체였다. 그가 처음 쇼핑몰에 입사해 맡은 업무는 물류 파트였다. 쇼핑몰의 기본이라 할 수 있을 만큼 단단한 밑바탕이 되는 물류부터 차근차근 경험을 쌓았다.

"온라인 쇼핑몰에서 처음 큰 성과를 냈던 것은 바코드 시스템 개발이 었습니다. 이전에는 쇼핑몰 상품에 바코드를 부착하지 않아서 물류가 주먹구구식으로 이루어졌습니다. 2007년 개발자와 함께 소호몰 바코드 시스템을 개발해 체계화된 물류 프로그램 정착에 힘썼고 그 과정에서 쇼핑몰 매출이 크게 성장했습니다. 직원이 100명에 육박할 정도로 늘어났고 회사 규모가 커지니 물류에서부터 조직, 내부 관리 업무까지 하게 되면서 쇼핑몰의 전반적인 실무 노하우를 많이 얻을 수 있었습니다."

김 대표가 온라인 쇼핑몰 컨설팅의 일인자가 되기 위해 선택한 다음 행보는 광고 대행사였다. 제이드에 있을 때는 클라이언트 입장이었다면, 광고 대행사에서는 대행사 입장에서 광고의 전반적인 노하우를 배웠다. 그곳에서 처음 컨설팅한 곳이 바로 방송인 김준희가 운영하는 여성의류 쇼핑몰 '에바주니'다. 본격적으로 컨설팅 분야에 뛰어든 그는 그동안 갈고닦은 실력으로 에바주니를 성공으로 이끌었고, 여성의류 쪽으로 컨설팅 분야를 특화했다.

이렇게 김 대표는 10년 동안 쇼핑몰 전체적인 광고뿐 아니라 물류, 내부 시스템, 관리, 운영 등 사업 전반에 걸친 부분을 모두 총괄할 수 있는 능력을 차근차근 갖춰나갔다. 특히 의류시장은 상당히 공격적이고

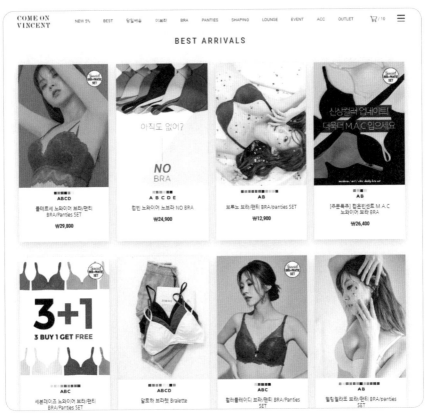

국내 속옷 업계의 판도를 바꾸며 빠르게 성장한 '컴온빈센트'는 온라인 쇼핑몰 전문 컨설팅 회사 ㈜아스트라페가 그들의 컨설팅 능력을 입증하기 위해 만든 프로젝트 쇼핑몰이다.

트렌드가 빠르기 때문에 매일 밤낮없이 연구하고 일하며 컨설팅에만 집중했다. 그리고 분야를 점차 확대해 조명 회사와 같은 인테리어에서부터 뷰티, 유아용품까지 분야를 확장했다.

"그동안 아무리 성과를 많이 냈어도 처음 저희에게 컨설팅을 의뢰하는 소호몰 대표들은 컨설팅 효과에 대한 의문을 갖고 있었어요. 빠르게 변화하는 트렌드에 맞춘 새로운 컨설팅 방향을 제시하는 데 있어서도 이를 증명할 강력한 케이스가 필요했죠. 그래서 시작한 것이 온라인 란제리 편집숍 '컴온빈센트'입니다. 패션, 리빙, 육아 등 다양한 분야의 클라이언트들과 분야가 겹치지 않아야 했기에 속옷 분야를 선택했습니다."

그렇게 ㈜아스트라페의 자사몰 형식으로 시작된 컴온빈센트는 고객사들에 쇼핑몰이 나아갈 방향에 대한 좋은 가이드 역할을 했다. 컴온빈센트는 온라인 컨설팅 전문 회사를 운영하는 김 대표가 클라이언트들에게 증명해야 할 수많은 미션들을 모두 시도해 볼 수 있는 좋은 놀이터였다. 그런 만큼 최초로 시도해 보는 것이 많았고, 사업은 예상했던 방향으로 순조롭게 흘러가 E-커머스 속옷 업계 1위라는 성과도 냈다.

김 대표는 늘씬하고 마른 모델을 내세우는 일반 쇼핑몰과 달리 66사이즈 옷을 취급하며 차별화 전략을 추구한 육육걸즈를 성공으로 이끄는 데 혁혁한 공을 세운 장본인이다. 컴온빈센트 이전부터 인플루언서를 활용한 SNS 마케팅으로 육육걸즈를 키우는 과정에서 인플루언서의 파급력을 이미 경험한 바 있다.

"SNS 마케팅의 중요성을 아무리 강조해도 클라이언트들의 반응은 차가웠습니다. 하지만 저는 향후 네이버 배너나 키워드 광고보다 마케팅 효율적인 면에서 SNS 마케팅이 더 효과적일 거라고 확신했습니다. 육육걸즈를 성장시키면서 앞으로 SNS가 더 발전할 것이므로 매출 볼륨도 높일 수 있을 거라고 확신했고, 이를 입증해야 하는 것이 컴온빈센트의 미션이었습니다."

그 미션을 완수하기 위한 컴온빈센트의 도전이자 시도가 바로 수준 높은 콘텐츠 비주얼과 인플루언서를 내세운 SNS 마케팅, 시장의 흐름을 바꿀 새로운 아이템 선정과 애칭을 활용한 바이럴 마케팅 등이다.

"진정한 노력은 배신하지 않는다."라는 말이 있다. 김 대표의 성공은 그런 끊임없는 노력에서부터 나왔다. 최근 일과 휴식이 균형을 이루는 삶, '워라밸Work and Life Balance'이 시대의 중요한 키워드로 떠오르고 있지만 그의 성공에는 아직까지 워라밸이 존재하지 않는다. 그는 성공의 요인을 남보다 오래 하고, 남보다 많이 한 것이라고 이야기한다. 좋은 기회가 찾아오더라도 실력이 받쳐주지 않으면 그저 스쳐 지나갈 뿐이다. 김 대표는 더욱 빠르게 변화하는 쇼핑몰 트렌드에 맞춰 제2, 제3의 컴온빈센트를 만들어내며, 글로벌 브랜드라는 비전을 향해 끊임없이 달려가고 있다.

"컴온빈센트가 속옷 업계의 콘텐츠 수준을 많이 높였다고 생각합니다. 앞으로 고객들이 컴온빈센트를 더 가까이에서 즐길 수 있도록 오프라인 매장과 쇼케이스 등 다양한 프로모션도 계획하고 있습니다. 더 나아가 색조 화장품 론칭도 열심히 준비하고 있습니다. 앞으로 컴온빈센트를 속옷뿐 아니라 여성들이 마음껏 뛰어놀 수 있는 플랫폼으로 더 발전시키는 것이 목표입니다."

청담주식회사 | 서동현 | 40세 | 2018년

- 지속가능한 여성 용품 토털 플랫폼이 되기 위해 생리에 대한 사회적 인식을 바꾸는 캠페인 영상 제작!
- '깨끗하고 맑게 웃는 여성'이라는 브랜드 이름답게 안전하고 가치 있는 여성용품 개발에 힘써!
- 여성들의 워너비이자 이슈메이커 설리와의 협업으로 더욱 대중적인 홍보 활동 전개!

09

제품력 돋보이는 참신한 광고 영상으로
여성들의 공감을 얻다

여성 위생 용품 브랜드, 청담소녀

'청담소녀'는 모든 여성을 존중하는 마음으로 안전하고 가치 있는 상품을 제공해 높은 만족도와 신뢰를 주는 데 목표를 두는 여성위생용품 전문 회사다. 100% 대나무 성분을 함유한 탑시트 커버로 만든 약 1mm 두께의 슬림 패드가 특징인 '청담소녀 생리대'가 메인 제품이며, 'PUT YOUR PAD UP!' 캠페인을 통해 생리와 생리대가 부끄러운 것이 아니라 자연스러운 것이라는 인식을 재고하며 여성들에게서 큰 호응을 끌어냈다.

론칭 1년 만에 SNS에서 라이징 스타로 주목받은 청담소녀의 모든 제품은 각종 유독성 물질 테스트를 통과했으며, 민감한 피부도 안심하고 사용할 수 있다. 청담소녀는 생리대 외에도 위생 팬티와 같은 생리

관련 제품을 비롯해 구강과 스킨케어 제품도 출시하는 등 입지를 넓혀 가고 있다.

청담소녀의 첫 시작은 대나무다. 청담주식회사 서동현 대표는 지인에게서 대나무를 바탕으로 한 비즈니스 제안을 받고, 항균력이 우수한 대나무의 장점을 접목하여 민감한 피부도 안심하고 사용할 수 있는 생리대를 연구하게 됐다.

"대나무는 세계에서 가장 빠르게 자라는 풀입니다. 성장속도는 하루 최대 60cm로 싹이 난 뒤 약 4~5년 뒤 최고 40m까지 자라는 것으로 알려져 있습니다. 일반 나무는 20~30년에 걸쳐 자라고 한 번 베어내면 성장이 멈추는 데 비해, 대나무는 풀이라서 베어내도 금방 다시 자라난다는 강점이 있습니다. 이 외에도 자체 항균 기능이 있어 친환경 소재로 제격이죠. 이런 대나무로 무엇을 만들면 좋을까 고민하다 생리대를 개발하게 되었습니다."

기존 생리대 업계에 친환경 바람을 일으키다!

청담소녀 생리대는 살이 닿는 탑시트 커버를 대나무에서 추출한 100% 식물성 섬유로 제작하여 민감한 피부도 자극 없이 안전하게 사용할 수 있다. 은은한 피톤치드 향을 내는 편백 성분(피톤치드와 키토산이 함유된 천연염료 조성물 제조법으로 특허받은 업체로부터 원료를 공급받아 생산함)은 청량감은 물론 냄새 제거에도 탁월하다. 여기에 안전 샘 방지, 고

청담소녀 생리대는 시작부터 타깃에 집중하는 SNS 마케팅을 통해 빠르게 유명세를 탔고, 높은 품질력을 입증해 재구매율 또한 높았다.

흡수 시트, 에어레이드 부직포, 통기성 백시트까지 5단계 집중 케어로 생리혈이 샐 걱정을 줄였으며, 1mm 두께의 초슬림이라 피부에 부드럽게 밀착돼 가볍고 편안한 착용감을 선사한다. 이 외에도 라돈, 토론 등 방사능 원자재는 물론 광물원료를 일절 사용하지 않으며 포름알데히드, 형광증백제, 인공색소, 연소 표백제 등 유해물질 역시 전혀 없어서 안전하다. 식약처와 공인기관을 통해 안정성을 검증받았다.

이렇듯 안전한 성분으로 만든 생리대인 만큼 제조공정에서도 한 번 더 안전을 챙겼다. UV자외선램프가 장착된 카메라, 영상 판독기를 이용한 정밀검사로 이물질, 세균, 금속물질을 철저히 모니터링하며 위생 관리에 신경 쓰고, 24시간 자동화 모니터링 시스템으로 오염 및 불량 제품을 실시간으로 검출해 우수한 품질의 제품만을 생산한다.

이 외에도 피부보다 더 민감한 Y존을 위한 순한 여성청결제 '소중한 Y 클렌저'와 대나무 추출물이 들어간 '소중한 Y 미스트', 간편한 구강케어를 위한 '청담소녀 거품치약', 생리 전후 피부트러블 집중 케어하는 마스크 '오늘도 수고水高 마스크 팩', 4중 구조 초정밀 필터로 제작한 'CDD 4중 마스크 KF94', 이너웨어 브랜드 '더잠'과 함께 선보인 속옷 '편안한 달 프로젝트' 등 여성 건강과 뷰티 관리를 위한 다양한 제품 라인을 갖추고 있다.

"2017년 10월에 처음 출시된 청담소녀 생리대는 생리대 독성 물질 파동으로 여성의 안전에 대한 관심이 고조되었을 때 론칭해 출시하자마자 큰 주목을 받았습니다. 하지만 아무리 좋은 시기라고 해도 제품의 질이 좋지 않다거나 더 많은 사람들에게 브랜드를 알릴 마케팅 능력이 없었다면 이렇게 찾아온 기회를 잡지 못했겠죠."

건강과 안전을 동시에 챙기고 싶어 하는 여성들의 니즈를 잘 파악한 청담소녀 생리대는 시작부터 타깃에 집중하는 SNS 마케팅을 통해 빠르게 유명세를 탔고, 높은 품질력을 입증해 재구매율 또한 높았다.

경영학을 전공한 청담소녀 서동현 대표는 28세인 대학교 4학년 때 IT회사를 세우며 창업의 길로 나섰다. 평소 게임을 좋아하던 것을 사업 아이템으로 발전시켜 게임 프로그램을 만드는 회사를 차렸다. 그러나 게임에 대한 사용자들의 반응은 좋았지만 사업을 처음 하다 보니 인터넷 결제 툴이나 회원 모집 부분에서 미흡한 부분이 있었고, 2년 정도 사업을 이끌어가다가 결국 문을 닫았다.

경영학도 출신 남자 대표가 만든 여성 용품!

이후 인터넷 커뮤니티 비즈니스를 꾸준히 시도하며 패션 분야에 뛰어들어 여성 가방 브랜드 '폴스 부띠크 PAULS BOUTIQUE'를 론칭했다. 폴스 부띠크는 '재미없는 가방을 들기에는 삶이 너무 짧다 Life is too short to wear boring bags'라는 슬로건을 내세우는 영국 런던 브랜드로, 실용적이고 트렌디한 디자인의 백으로 많은 여성들에게 많은 사랑을 받으며 지금도 여전히 승승장구 중이다.

서 대표가 여성 특화 브랜드인 청담소녀를 자신 있게 시작할 수 있었던 건 바로 폴스 부띠크를 운영하면서 여성들의 니즈를 철저히 분석하는 경험을 쌓았기 때문이다. 그는 그간의 비즈니스 노하우를 청담소녀에 모두 접목시켰다.

"청담소녀는 이중적 의미를 지니고 있는 이름입니다. 우선 단어 그대로 깨끗하고 맑은 미소를 짓는 여성이라는 뜻도 있고, 이런 여성들이 사용하는 건강하고 안전한 여성용품을 선보이겠다는 포부도 담겨 있죠. 또 명품 브랜드숍이 밀집해 많은 이들이 선망하는 청담동 지역이 연상되는 이름이기도 합니다. 이렇게 이름 자체에서 고급스럽고 세련된 느낌이 들고 누구나 한번 들으면 기억하기 좋아서 청담이란 이름을 사용하게 되었습니다."

청담소녀는 론칭 초기부터 페이스북과 인스타그램에서 SNS 광고를 진행했다. TV 광고와 같은 매스미디어는 억 단위가 넘는 마케팅 비용이 들어가기 때문에 이에 따른 실패 비용 역시 크다. 이에 반해 SNS 광고는 가격 대비 마케팅 효과가 큰 채널이고, 소비자에게 제품이 어떻게 어필하는지 테스트할 수 있다. 또 반응에 따라 마케팅 방법을 자유롭게 바꿀 수 있다는 장점도 있다.

"SNS 광고는 일반 TV 광고와는 성격이 다릅니다. TV 광고처럼 높은 비용 투자로 얻어낼 수 있는 완벽하고 수준 높은 비주얼은 오히려 유저들의 공감대 형성을 방해할 수 있다고 판단했습니다. 청담소녀가 원하는 진정성 있는 메시지로 친근하게 다가갈 수 있는 스토리텔링 영상 콘텐츠에 집중한 것도 바로 그런 점 때문입니다."

더욱이 생리대는 다른 제품과 달리 영상으로 제품의 특징을 표현하기 어려운 품목이고, 광고 심의 기준도 따라야 한다. 이에 서 대표는 과장하지 않으면서도 제품의 장점을 한눈에 잘 담아낼 수 있도록 쉽고 재미있는 실험 영상을 제작했다.

청담소녀는 론칭 초기부터 페이스북과 인스타그램에서 SNS 광고를 진행했다.

우선 대나무 성분이 함유된 탑 시트커버의 안전성을 영상으로 표현하기 위해 일반적인 생리대의 부직포 탑 시트커버와 청담소녀의 탑 시트커버를 동시에 불로 태우는 실험 영상을 찍었다. 일반 부직포 탑 시트커버는 화학물질로 인해 연소가 잘되지 않고 그을음을 내면서 탔고, 청담소녀 탑 시트커버는 빠르게 연소되며 그을음이 없는 것이 영상으로 바로 입증됐다. 완벽한 흡수력 또한 실험 영상으로 제작했다. 생리혈과 비슷한 색과 점도의 용액을 청담소녀 생리대에 직접 붓고, 아기 기저귀에 사용하는 고흡수 시트가 많은 양의 생리혈을 완벽하게 흡수하는 과정을 촬영했다. 또 일정한 시간이 지난 뒤 하얀 휴지로 청담소녀 탑 시트커버를 닦아 색이 묻어나지 않을 만큼 흡수력이 뛰어나다는 것도 담아냈다. 안전 샘 방지선으로 생리혈이 밖으로 새지 않는다는 것까지 눈으로 쉽게 확인할 수 있도록 실험을 통해 영상에 생생하게 담아

냈다.

이러한 제품 강점을 살린 영상 외에도 '생리대는 숨길 필요가 없다', '엄마가 초경을 앞둔 딸에게 주는 작은 선물', '(남자친구도 알아야 할)생리를 생소해하지 마', '생리백서' 등 월경에 대한 인식을 바꾸고 동시에 건강 정보도 알려주는 스토리텔링 영상을 제작해 높은 조회 수를 기록하며 인지도를 차근차근 쌓아나갔다. 이러한 접근 방식은 SNS 채널이기 때문에 가능했고, 안전하고 건강한 라이프스타일을 추구하는 여성들의 니즈에 딱 부합하는 것이었다.

이슈메이커 설리와의 컬래버로 또 다른 이슈를 만들다!

서 대표는 어느 정도 인지도를 쌓은 뒤 청담소녀를 더욱 대중적으로 알리기 위한 인플루언서 마케팅의 일환으로 전 인기 여자 아이돌 그룹 FX의 설리와 협업을 추진했다. 설리는 자신의 인스타그램에 브래지어를 착용하지 않은 노브라 사진을 올리며 많은 화제를 모은 스타다. 그녀의 작은 일상 하나하나가 늘 포털사이트 검색어 상위권을 차지하며 많은 관심을 받는 이슈로 떠오르곤 한다.

'깨끗하고 맑게 웃는 여성'이라는 뜻의 청담소녀가 설리와 협업한 데는 이유가 있다. 설리는 예쁜 외모로 많은 여성들의 워너비 스타로 손꼽힌다. 그러나 그보다 더 중요한 건 그녀가 최근 사회적 이슈로 떠오르고 있는 여권신장과 함께 자신만의 생각과 의견을 자유롭고 당당하

제품의 광고 영상 외에도 여성의 건강과 행복을 추구하는 청담소녀의 철학을 담은 캠페인 영상을 지속적으로 제작하고 알리는 데 많은 공을 들인다.

게 표현하는 모습으로 여성들의 주목을 끄는 이슈메이커이기 때문이다. 그런 그녀와의 협업은 여성들도 자신의 생각을 당당하게 표출할 수 있다는 사회적 메시지를 함께 표현할 수 있다는 점에서 브랜드 메시지와도 부합한다. 특히 설리가 지닌 영향력과 파급력도 간과할 수 없다.

"여성이 브래지어를 착용하지 않는 이른바 '노브라'가 연일 갑론을박의 대상이 되고 있습니다. 노브라는 북미와 유럽을 중심으로 퍼져나가고 있는 페미니즘 운동의 하나로 국내에는 그 중심에 설리가 있죠. 이와 같이 매달 여성들이 겪는 생리 역시 숨길 필요 없는 자연스러운 생리 현상이지만, 아직도 많은 여성들이 생리를 부끄럽고 감춰야 하는 것으로 인식하고 있습니다. 이런 부분에서 청담소녀와 설리가 같은 길을 걷고 있다고 판단했고, 많은 사람의 주목을 받는 설리와 함께하면 청담소녀를 한층 더 효과적으로 알릴 수 있을 거라고 생각했습니다."

이슈를 몰고 다니는 스타는 브랜드를 알리는 좋은 모델이 된다. 이슈가 없는 모델은 아무리 이미지가 좋아도 광고 효과가 그만큼 떨어진다. 서 대표는 이를 위해 네이버 V라이브 '진리상점'에서 설리와 함께 건강한 생리대를 만드는 과정을 촬영했고 이 영상은 곧 TV를 통해 방영될 예정이다.

서 대표는 모든 사업에는 장인정신이 필요하다고 강조한다. 한 분야에서 장인이 되어야 따르는 팬이 늘어나고, 이것이 곧 지속가능한 기업의 성장을 이뤄낼 수 있다는 것이다. SNS로 풀자면 팔로어가 많은 인플루언서가 장인이다. 이런 인플루언서는 팔로어가 원하는 특정 분야를 지식이나 비주얼 등 여러 가지 형태로 잘 다듬어 보여준다. 한 분야의 전문가로서 지식의 깊이를 쌓으며 집중하고 이를 남에게 잘 전달하는 사람은 자연적으로 팔로어가 증가하며, 이것이 바로 그 사람의 사업 아이템으로 이어질 수 있다.

브랜드에서 인플루언서 마케팅이란 품질이 좋은 재화를 더 많은 사람들에게 알리기 위한 효과적인 도구 중 하나다. 그러나 기본적으로 본질이 좋지 않으면 그 어떤 핫한 인플루언서와 함께하더라도 그 효과는 일시적일 뿐이다. 설리 역시 청담소녀의 제품을 돋보이게 하는 한 명의 인플루언서이고 제품의 품질에는 자신 있었기에 김 대표는 과감히 유명인을 활용한 인플루언서 마케팅을 진행했다.

"마케팅은 어떤 식으로든 변화가 가능합니다. 시대의 흐름에 따라 계속 방향을 틀고 새로운 것을 시도해야 하는 것이 마케팅이죠. 결국 사업의 본질은 지속적인 개발로 제품의 품질을 높이는 데 있습니다. 그래야 소비자의 신뢰를 쌓고 지속가능한 브랜드로 발전시킬 수 있다고 생각합니다.”

가격은 일반 생리대에 비해 비싸지만 무엇보다 품질 좋은 생리대를 만드는 데 집중한 것도 모두 이 때문이다. 이후에 여성 토털 브랜드로 성장하려는 비전을 실현하려면 우선 기본 메인 제품으로 승부를 봐야 한다.

“제품을 개발할 때 세상에 없던 걸 만들기보다는 여성들에게 얼마나 더 좋은 제품을 생산할 수 있는지에 무게중심을 두었습니다. 결국은 모든 게 비용문제와 관련되죠. 좋은 제품을 생산하기 위해서는 비용이 많이 들고 그만큼 소비자의 부담도 커지지만, 그래도 우선 모든 부분을 좋게 만들고 가격은 나중에 생각하기로 하고 청담소녀 생리대를 개발했습니다. 추후에 규모의 경제(생산요소 투입량의 증대에 따른 생산비절약 또는 수익향상의 이익)를 구축하면 가격을 낮출 수 있을 거라고 판단했죠.”

중형 16개가 든 청담소녀 생리대의 가격은 6,700원으로 일반 생리대보다 비싼 편이다. 하지만 그만큼 원료나 제작 과정에 집중해 퀄리티를 높이는 데 힘썼다. 앞으로 더 많은 여성들에게 좋은 생리대를 제공하기 위해 구독 서비스로 가격을 낮추려는 계획을 준비 중이다. 서 대표는 매달 여성에게 꼭 필요한, 건강하고 안전한 청담소녀의 용품을 정기적으로 배송하는 구독 서비스를 미래의 성장동력으로 보고 있다.

여성용품 토털 플랫폼으로 지속가능한 브랜드를 만들다!

서 대표는 당장의 매출이 아닌 긴 호흡으로 밑바탕을 탄탄하게 다지며 회사를 운영 중이다. 이를 위해 제품의 광고 영상 외에도 여성의 건강과 행복을 추구하는 청담소녀의 철학을 담은 캠페인 영상을 지속적으로 제작하고 알리는 데 많은 공을 들인다.

"자신의 몸을 있는 그대로 받아들이는 '자기 몸 긍정주의'나 '러브 유 어셀프 love yourself' 등이 세계적으로 확산되고 있습니다. 자기 자신을 사랑하고 아끼는 여성들 역시 증가하는 추세입니다. 청담소녀 역시 이와 같은 철학을 추구하는 회사로서 지속가능한 경영을 위해 국내 여성들의 몸에 대한 인식을 바꾸는 데 힘쓰고 있습니다."

결국 제품의 질이 브랜드를 만들고, 그 브랜드의 철학을 사람들이 인식하면 팬(소비자)은 자연스럽게 증가한다. 이 팬들에 의해 회사는 꾸준히 성장할 수 있다. 건강과 안전에 대한 고집은 유지하면서 가격 부담은 줄이는 것이 청담소녀가 앞으로 풀어야 할 숙제다.

"제 삶의 모토는 '행복하게 살자'입니다. 저는 모든 사람이 행복을 추구한다고 생각합니다. 일도 행복하기 위해서 하는 거죠. 회사를 운영하려면 돈도 중요하지만, 돈이 첫 번째 목적은 아닙니다. 우선 직원들의 행복한 삶이 보장되지 않으면 궁극적으로 회사가 추구하는 이익을 절대 달성하지 못합니다. 아무리 회사가 잘나가도 지속적이지 못하다면 의미가 없죠."

김 대표는 제품 개발과 캠페인 홍보 외에도 지속가능한 브랜드를 만들기 위해 직원들의 행복을 우선시한다. 회사가 먼저 직원을 믿고 자율적으로 일할 수 있는 기회를 제공하여 회사와 직원 사이에 신뢰를 쌓는다. 또 빠르게 변화하는 트렌드에 조금 더 유연하고 효과적으로 대응할 수 있도록 수평적 조직문화를 만들어가고 있으며, 탄력근무제도 시행하고 있다. 직원이 즐겁게 일해야 SNS에 적합한 콘텐츠와 재미있는 아이디어들이 나오기 때문에 자율성을 강조한 창의적인 근무 환경을 조성하기 위해 힘쓴다.

"결국 회사의 미래는 직원의 행복이 좌우하는 것 같습니다. 강압적인 회식 역시 스트레스죠. 회식 대신 자연스럽게 직원들과 부서들 사이에서 커뮤니케이션이 일어나도록 유도하고 자발적으로 모임을 가질 수 있도록 지원하고 있습니다."

일은 호기심과 배우고 싶은 의지를 가지고 자발적으로 해야 한다. 그 반대가 되면 그저 스트레스일 뿐이다. 요즘 밀레니얼 세대 직원들에게는 꼰대의 잔소리보다는 그저 믿고 최대한 간섭하지 않는 것이 더 효과적이다. 선의로 하는 조언도 그들에게는 기성세대의 고리타분한 이야기로 들릴 수 있기 때문이다. 실제 이런 문제로 퇴사하는 직원들이 상당히 많다.

"긴 호흡으로 브랜드의 가치를 지키면서 나아갈 때 한 걸음, 한 걸음 앞으로 전진할 수 있습니다. 평가 위주로 사업하다 보면 걸음이 꼬이죠. 그럼 한 걸음도 못 나가고 오락가락하다가 망할 확률이 높습니다. 앞으로 청담소녀를 꾸준히 발전시켜 믿고 사용해도 좋은 토털 여성용품 브랜드로 키우는 것이 꿈입니다. 그 비전을 위해 튼튼한 집을 짓는다는 생각으로 기초부터 탄탄하게 쌓으며, 여성들의 행복하고 안전한 삶을 위해 꾸준히 노력할 것입니다."

3장

레드오션 큐레이팅으로
블루오션을 창출하다

10. 고객이 '무조건' 안심하고 인테리어 할 수 있는 서비스에 올인하다
인테리어 비교 견적 중개 플랫폼, 집닥

11. 보험에 대한 불만으로 가득 찬 소비자의 경험을 바꾸다
인슈어테크 스타트업, 디레몬

12. 병원 이벤트로 비즈니스 모델 찾아 재창업에 성공하다
국내 최대 모바일 의료 플랫폼, 굿닥

13. 신개념 미술품 거래 시스템 개발로 폐쇄적인 미술계에 돌풍을 일으키다
미술품 분할 소유권 거래 플랫폼, 프로라타 아트

14. 공대 출신 CEO, 창업 자금 500만원으로 전 국민의 꽃 일상화를 실현하다
국내 최초 꽃 구독 서비스, 꾸까

집닥 | 박성민 | 45세 | 2015년

- 10억 빚더미 신용불량자에서 월 거래액 140억원대 회사 CEO로 인생역전!

- 인테리어 견적 및 중개수수료 0%, AS 3년 확장, 집닥맨 안심 서비스 등 고객 불만 ZERO 프로젝트로 인테리어 업계를 빠르게 장악하다!

- 매출 수익 증대보다는 무조건 '고객 만족' 우선 서비스로 쌓은 탄탄한 신뢰가 사업 성공 전략!

- "하면 된다! 될 때까지 한다!"라는 인생철학으로 눈썹과 머리에 원형탈모가 생길 정도로 일에 몰두하다!

10

고객이 '무조건' 안심하고
인테리어 할 수 있는 서비스 제공에 올인하다

인테리어 비교 견적 중개 플랫폼, 집닥

'국민소득 1만불 시대에는 차를, 2만불 시대에는 집을, 3만불 시대에는 인테리어를 바꾼다'는 속설이 있다. 차를 사고 집도 넓히는 경제적 안정을 이룬 뒤 가구와 생활소품을 바꾸는 라이프 스타일 시장이 성장한다는 의미다. 실제 해외 선진국의 사례를 보면 국민소득 3만불 시대에 이르러서야 '가족', '삶의 질', '자기만족' 등의 요소가 중요한 소비 기준으로 등장했다.

이런 추세에 발맞춰 최근 떠오르고 있는 곳이 바로 인테리어 중개 플랫폼 '집닥'이다. 집닥의 박성민 대표는 천상 일꾼으로 19세부터 공사장에서 막일을 시작했다.

"건축업을 하시는 아버지를 따라다니며 고3때부터 대학을 포기하고 기술을 배웠습니다. 처음에는 새벽같이 공사장으로 나가 몸 쓰는 일부터 했죠. 그러다 기술자들에게 공구 사용법을 배웠고 현장에서 다진 경험을 토대로 스무 살 때부터 고향인 부산에서 인테리어 사업을 시작했습니다."

100억대 부도, 인생 밑바닥에서 막노동으로 다시 일어서다!

하지만 새벽부터 현장에 나가 고된 일을 하는 건 무척 힘든 일이었다. 좀 더 발전된 일을 하고 싶어 인테리어 역경매 회사를 차렸고 사업은 승승장구했다. 그렇게 경험을 쌓은 뒤 아파트 분양대행사, 시행사로 사업을 넓혀나갔다. 그런데 열정만 가지고 뛰어든 사업에서 100억대 부도라는 인생의 큰 시련을 맞았다. 도심 최고의 실버타운을 만들겠다는 그의 꿈은 산산이 무너졌고 하루아침에 신용불량자 신세가 됐다. 집이건 차건 팔 수 있는 건 모조리 팔았다. 하지만 그렇게 빚을 갚아도 10억원의 빚이 남아 있었다.

"너무 힘들어 극단적인 행동도 많이 했습니다. 약도 먹고 차도 들이박고 심지어 자살까지 시도했죠. 그런데 죽는 것도 제 맘대로 안 되더라고요. 문득 '죽는 것도 마음대로 안 되니 나는 무엇을 해도 안 죽겠다!' 라는 생각이 들었습니다."

가장으로서도 큰 죄책감이 밀려왔다. 가족을 위해서라도 더 이상 삶을 포기할 수는 없었다. "다시 한번 살아보자!"라고 다짐하고 여동생이 건네준 500만원을 들고 아무 연고 없는 서울로 무작정 올라왔다. 우선 월세방 하나를 잡았다. 보증금 500만원에 월세 50만의 반지하 방이었다. 거기서 네 식구가 살았다. 건강도, 정신도 모두 안 좋았지만 당장 오늘 하루를 살아내는 게 급했다. 막노동도 하고 지하철 청소도 하며 바닥부터 다시 시작했다.

"그 당시 먼 미래보다는 지금 당장 오늘을 사는 게 더 중요했습니다. 집사람도 직장에 다니며 열심히 하루를 버텨냈죠. 그렇게 해도 끝이 보이지 않아 참 많이 울었습니다. 열심히 살았는데 왜 이렇게 됐을까. 조금 더 배려하고 용서하고 모두가 함께 가는 선택을 했어야 했는데 결과적으로 내가 지나치게 이기적이었구나 하는 후회가 밀려왔습니다."

그는 이를 계기로 사업에서 가장 중요한 건 '사람'이라는 걸 가슴 깊이 깨달았다. 혼자만의 성공이 아닌 모두가 상생할 수 있는 '사람'이 중심인 사업에서 이루는 성공이야말로 진정한 성공이라는 사실을 그때 몸소 체험했다.

사람, IT, 인테리어, 가장 자신있는 세 가지 키워드 조합해 '집닥' 론칭!

20세라는 비교적 이른 나이에 인테리어 사업을 시작한 박성민 대표는 어릴 적부터 컴퓨터만 붙들고 사는 컴퓨터 마니아였다. 컴퓨터가 있는 동아리 방에 가기 위해 새벽 6시 전교에서 가장 먼저 등교할 정도였다. 멀쩡한 컴퓨터를 일부러 고장 내 뜯어 보면서 하드웨어 개념을 혼

집닥의 가장 큰 성공비결은 고객이 무조건 안심하고 인테리어 시공을 진행할 수 있는 서비스 제공에 올인한 점이다.

자 터득했고, 소프트웨어 공부도 열심히 했다. 그야말로 친구들 사이에서 알아주는 컴퓨터 선생님이었다. 하지만 현실은 달랐다. 인테리어업을 하시던 부모님은 컴퓨터보다는 건축 기술을 배우기를 원하셨으나 컴퓨터가 아니면 대학에 갈 의미가 없었다. 그래서 대학을 포기하고 아버지를 따라 인테리어 현장 일을 시작했다.

앞서 언급했듯 사업에 실패한 뒤 서울에 올라와 막노동을 하면서도 재기하려는 그의 열정은 여전히 식지 않았다. 실패의 쓴맛을 본 박 대표는 뭐라도 다시 시작하려면 처음부터 잘 배워야겠다고 생각했고, 한 통신회사에서 운영하는 무료 아카데미에서 앱을 공부했다.

"공사장에서 일하면서도 항상 머릿속으로는 새로운 아이템을 구상했죠. 그러다 2015년 저의 비전을 알아봐주는 분에게서 1,000만원을 투자받는 아주 좋은 기회를 만났습니다. 그렇게 사업을 기획하고 마케팅을 공부하며 시작한 것이 바로 집닥입니다."

예전에 사업할 때는 '고객'이라는 대상을 잘 몰랐다. 고객은 단지 사업하는 데 돈을 지불하는 사람일 뿐이었다. 하지만 100억대 부도라는 사업 실패를 통해 박 대표는 '사람'의 중요성을 뼈저리게 느꼈고, 자신이 좋아하는 분야인 'IT', 오랜 경험이 바탕이 된 '인테리어' 이 세 가지 키워드를 접목해 고객이 안심하고 무료로 인테리어 견적 서비스를 받을 수 있는 인테리어 비교견적·중개서비스 집닥을 론칭했다.

"집 전체를 바꾸는 인테리어 시공은 평생 한두 번 할까 말까 하는 큰 일입니다. 비용도 많이 들어 부담스럽고 시간과 공이 많이 들어가는 작업이죠. 그런데 그동안 일부 인테리어 업자들의 부정한 행위로 고객들이 피해를 보는 경우가 많았습니다. 이런 시장을 올바르게 변화시키고 고객, 즉 사람이 중심인 인테리어를 제공해 신뢰를 회복하는 것이 집닥의 목표이자 숙제였죠."

박 대표는 집닥을 통해 고객에게는 견적 문의의 어려움과 하자 보수에 대한 부담 해소 그리고 안전한 절차를 통한 비용 지불이라는 서비스를, 인테리어 업체에는 지속적인 고객 연결과 마케팅 부담 해소 그리고 분쟁으로 인한 공사 문제 해결 등의 제도를 제공했다.

집닥의 서비스 운영 방식은 다음과 같다. 우선 고객이 집닥의 웹이나 앱으로 견적을 신청하면 전문 상담원이 1차 전화 상담을 통해 시공 일정과 공사 예산, 임대 계약 여부 등을 확인한다. 그런 다음 가장 최적화된 업체 2~3곳의 무료 상담 서비스를 제공한다. 고객이 업체를 선정하면 표준 계약서를 통해 안전한 계약과 시공, 관리를 제공한다.

집닥의 가장 큰 성공비결은 고객이 무조건 안심하고 인테리어 시공을 진행할 수 있는 서비스 제공에 올인한 점이다. 이를 위해 기존 대다수 업계에서 1년으로 잡던 애프터서비스 AS 기간을 3년으로 대폭 늘렸고, 안심 집닥맨 제도를 도입해 인테리어 공사를 진행하는 동안 현장에 집닥맨이 출동해 진행 상황을 점검하고, 공사 현장에서 발생할 수 있는 다양한 상황을 중재하는 현장 방문 서비스도 실시했다. 공사 의뢰부터 완료까지 전문 상담인력이 1:1로 집중 관리하는 안심 1:1 전담제도와 시공단계별로 공사대금을 지불하는 안전결제 시스템인 안심예치제도 실행 중이다.

"무조건 고객 중심의 서비스를 만들기 위해 노력했습니다. 집닥의 사명도 고객 행복입니다. 인테리어 업체들과의 관계도 중요하지만, 고객이 있어야 인테리어 업체들이 있고, 고객이 있어야 집닥이 존재하기 때문입니다."

하면 된다! 될 때까지 하면 무조건 된다!

고객과 인테리어 업체들을 연결하는 서비스는 집닥 전에도 많았다. 하지만 대부분이 웹에서 앱으로 넘어가는 시기에 흐름을 잘 따라가지 못해 점점 도태된 반면에, 집닥은 이를 성장의 발판으로 삼아 웹과 앱을 함께 론칭하면서 매월 8,000건이 넘는 견적을 신청받을 만큼 성장

집닥 5대 안심 패키지

안심집닥맨
시작부터 마무리까지 안심하고
공사를 진행할 수 있도록 현장관리자가
집닥맨 서비스를 지원합니다

안심품질재시공
안심하고 공사를 마무리 지을 수
있도록 불만족한 상황 발생 시
재시공을 통해 해결해 드립니다

안심예치제
시공단계별로 공사대금을 지불하는
안전결제 시스템입니다

안심 A/S
공사후에도 대폭 확대된
3년 하자보수 깐을 제공합니다

집닥

안심1:1 전담제
시공단계별로 공사대금을 지불하는
안전결제 시스템입니다

했다.

2018년에는 집닥의 성장 가능성을 인정받아 알토스벤처스, 카카오 인베스트먼트, 캡스톤파트너스, KDB산업은행으로부터 50억원을 투자받았다. 이때부터 급물살을 타며 몸집을 키운 집닥은 2019년 7월 기준 월 거래액 140억원, 누적 견적 15만건, 누적 파트너 업체 수 2000곳, 누적 거래액 2,200억원을 돌파하며 대한민국 대표 인테리어 중개 서비스 1위 플랫폼으로 우뚝 섰다. 2015년 7월에 창립한 이래 4년여 만에 세운 기록이자 2016년 말 42억원이었던 누적거래액 대비 50배가량 증가한 규모다.

박 대표는 사업이 이렇게 급속도로 성장할 수 있었던 비결을 서비스

숫자로 보는 집닥

이용 경험이 있는 고객들의 만족도와 반응을 지속적으로 조사·분석하며 서비스를 개선해 온 덕분이라고 말한다. 철저한 고객 중심 사업은 그가 어떤 시련과 고난에도 흔들리지 않게 해주는 든든한 버팀목이 되었고, 그가 구현해낸 긍정적인 서비스들은 기존 인테리어 시장 분위기 자체를 크게 변화시켰다.

"인테리어 시장이 더욱 발전하려면 인테리어 시공업자들의 마인드부터 바꿔야 한다고 생각합니다. 일부 인테리어 시공업자의 얄팍한 상술과 계약 위반 등으로 인해 고객이 피해를 보는 경우가 많습니다. 집닥은 여기서부터 출발했습니다. 인테리어 업체들이 고객과의 계약에 책임을 지고 성실히 의무를 다하는 것, 고객이 안심하고 인테리어 시공을 진행할 수 있는 안전한 환경을 선도하는 것이 집닥의 목표이자 존재 이유입니다."

박 대표는 집닥 론칭 당시 페이스북, 인스타그램, 유튜브, 카카오스토리 등 다양한 채널을 통해 홍보하는 데 힘썼다. SNS가 한창 떠오르고 있는 시점에 흐름을 잘 타서 누적 고객이 점점 늘어났고, 그들의 시공 사례가 집닥 웹은 물론 SNS와 각종 인테리어 관련 매거진을 통해 널리 퍼졌다. 론칭 초반에 좋은 인테리어 시공 사례가 빠르게 여러 차례 나온 것 역시 고객을 더 많이 확보할 수 있는 좋은 매개체가 됐다. 또 신뢰감을 주는 배우 차승원을 전속 모델로 내세운 CF도 집닥을 널리 알리는 데 한몫했다.

집닥은 2018년 말부터 서울 경기 등 수도권, 영·호남, 대전 등을 아우르는 전국 영업망을 구축하고, 국내 어디서든 원하면 인테리어를 할 수 있는 환경을 만들며 공격적으로 회사를 키워가고 있다. 일반 개인을 대상으로 한 인테리어 시장에서 점유율이 높아지면서 2019년부터는 본격적으로 기업 간 거래(B2B) 시장에도 도전했다. 최근에는 비즈니스 센터 운영사인 르호봇 비즈니스 인큐베이터와 프리미엄 독서실 작심을 운영하는 아이엔지스토리 등과 가맹점 인테리어 업무 협약도 맺었다.

이러한 집닥의 성공은 박 대표가 하루도 쉬지 않고 끊임없이 자신의 분야를 공부하며, 눈썹과 머리가 원형탈모까지 올 정도로 힘든 하루하루를 쌓아서 만들어낸 결과다. 그는 사업을 운영하면서도 경영, 부동산 등 필요한 각종 수업을 빠짐없이 찾아다니며 시간을 쪼개서 배우고 또 배운다.

"개인적으로는 앞으로 저처럼 사업에 실패해서 힘들고 아픈 사람들에게 용기와 희망을 주는 일을 하고 싶습니다. 무엇이든 해야만 한다면, 될 때까지 하세요. 그러면 세상에 못 이룰 것이 없습니다. 방법은 단순합니다. 해야 되는 일이 있을 때 보통은 어떻게 하면 더 잘할까 고민하느라 에너지를 많이 씁니다. 리스크에 대한 걱정과 두려움이 앞선 나머지 그 부분에 힘을 많이 쓰죠. 그러지 말고 뭔가 결정을 내리면 잘될 때까지 하면 되고, 안 되면 다른 방법으로 될 때까지 시도하면 됩니다. 그러면 언젠가는 목표한 꿈을 반드시 이룰 수 있을 것입니다."

한때 극단적인 선택까지 하며 삶을 포기하려고 했던 집닥의 박성민 대표. 그가 힘들어하는 이 시대 모든 이들을 위해 자신의 열정을 식지 않게 해주었던 시를 하나 추천했다. 바로 시인 박노해의 '인디언의 기우제'다.

인디언의 기우제

박노해

대지에 가뭄이 들고

생명이 타들어 갈 때

인디언들은 기우제를 지낸다

인디언들이 기우제를 지내면

반드시 기적처럼 비가 내린다

비가 올 때까지 기우제를 지내니까

나의 기도는 반드시 이루어져 왔다

이루어질 때까지 기도해서가 아니라

기도 중에 내 헛된 바람은 사라져 버렸으니까

지금 나에게는 간절한 바람이 있고

나는 그것 하나를 위해 온몸으로 기도 중이다

나의 기도는 반드시 이루어질 것이다

왜냐면, 그건 나 하나의 기도가 아니기에

나는 기도가 이루어질 때까지 하루하루 꾸준히

내 목숨을 다하도록 밀어나갈 테니까

디레몬 | 명기준 | 41세 | 2016년

- 인터넷 생명보험을 최초로 개척한 KDB생명 출신 대표! 소비자, 보험사 양쪽의 고충을 잘 알았던 것이 성공의 열쇠!
- 인슈어테크 고도화로 보험 정보 비대칭성을 해소하여 보험시장의 긍정적 혁신을 주도!
- 앞선 마이데이터 사업자로서 소비자와 금융기관 양측의 더 큰 부가가치 창출에 기여하다!

11

보험에 대한 불만으로 가득 찬
소비자의 경험을 바꾸다

인슈어테크 스타트업, 디레몬

레몬 마켓lemon market이란 판매자와 구매자 간의 정보 비대칭으로 인한 불신 때문에 경제적으로 모두 피해를 보는 시장 상황을 빗댄 경제학 용어다. 시고 맛없는 레몬만 있는 시장처럼 저급품만 유통되는 구조를 일컫는다.

보험 산업은 정보 비대칭이 심한 대표적인 레몬 마켓이다. 국내 최초 통합보험관리 솔루션을 제공하는 인슈어테크InsurTech(보험Insurance과 기술Technology의 합성어) 스타트업 디레몬d.LEMON의 명기준 대표는 보험이 본질적으로 소비자의 신뢰를 회복하면 보험에 대한 부정적인 인식이 사라져 보험사와 소비자가 모두 상생할 수 있는 구조가 마련될 거라고 봤다. 그래서 정보 비대칭이 심한 보험의 레몬 마켓을 파괴한다는 뜻으

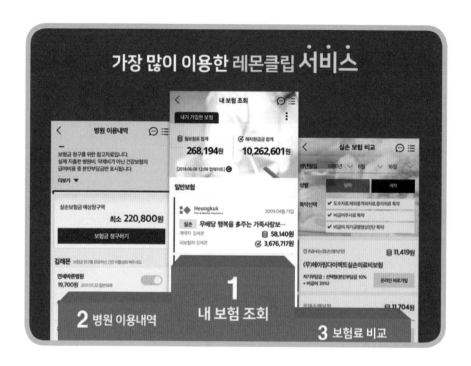

로 lemon에 'destroy(파괴)'의 d를 붙인 디레몬d.LEMON이란 사명으로 회사를 설립했다. 그리고 이를 실현하기 위해 소비자들이 어려워하거나 불만을 가질 만한 문제를 해결해 주는 '레몬클립'과 보험설계사들의 업무 효율을 높이기 위한 솔루션 '레몬브릿지'의 두 가지 앱을 만들었다.

렌터카 신사업, 보험사 거쳐 인슈어테크 CEO 되다!

소비자 불신이 심한 보험 업계에 혁신을 일으키겠다며 자신 있게 출사표를 던진 디레몬의 명 대표가 처음 몸담은 곳은 보험 업계가 아니다. 그의 첫 직장은 SK에너지였다. 2004년부터 2011년까지 회사 내 신규 사업팀에서 카셰어링, 렌터카 비즈니스 등을 기획하고 운영했다. 비록 회사 내 작은 신규 사업팀이었지만 조직이 작다 보니 기획과 실행, 마케팅까지 다양한 직무를 맡을 수 있었고 20억원에서 시작해 500억 원이라는 매출을 일구며 사업이 커가는 과정에 직접 참여할 수 있었다. 이후에도 사업은 점차 성장해 조 단위의 매출을 이뤄냈으며 이렇게 하나의 비즈니스가 성장하는 단계에 함께할 수 있었던 경험은 그가 창업에 도전할 수 있는 큰 자산이 되었다.

"자동차 렌터카 비즈니스를 하면서 자동차 금융을 처음 접했는데 생각보다 흥미로웠습니다. 자동차 마케팅 서비스를 진행하는 동안 보험사와 관계를 맺으면서 금융에 관심을 갖게 됐죠. 이직을 고민할 때 은행과 증권사는 딱딱한 이미지에 아무것도 모르니 엄두가 나지 않았지만, 보험은 렌터카 비즈니스를 하면서 접해본 경험이 있어 도전해 볼 만했어요. 하지만 사실 생명보험과 손해보험도 구분할 줄 모를 정도로 보험에 대해 아는 게 전무했습니다."

2011년 7월 명 대표는 KDB생명으로 이직해 보험 업계에 첫발을 내디뎠다. 비록 분야는 다르지만 7년간 새로운 비즈니스를 기획하고 운영해 온 경력을 인정받아 회사 내에 그를 중심으로 한 TF팀이 새롭게 구성됐다. 보험 상품을 개발하고, 심사하는 직원들과 함께 국내 최초로 인터넷 생명보험 사업 프로젝트를 시도했다. 그 이후 큰 보험사들이 뒤따라 온라인 생명보험 상품들을 출시했다. 하지만 3년간 인터넷 생명보험 사업을 키우기 위해 쏟아부은 그의 열정과 노력은 눈에 띄는 성과로 나타나지 않았다. 온라인 생명보험 시장은 그의 바람처럼 쉽게 커지지 않았고, 네이버와 카카오 같은 대형 플랫폼들과 조인트 벤처를 기획했지만 회사 매각 이슈가 불거지며 무산됐다.

소비자 불만 속에 보험의 새로운 혁신을 찾다!

명 대표는 보험사에 근무하면서 보험의 본질은 무엇인지, 소비자가 어떤 불만을 가지고 있는지에 대해 자세히 알게 되었다. 그는 먼저 보험시장의 소비자 접점부터 풀기 시작했다. 그가 정리한 소비자가 보험을 대하는 단계는 총 4단계다. 첫 번째는 소비자가 보험을 접하는 순간이다. 보험 설계사에게 권유받든, 스스로 탐색하든 처음에는 '탐색과 권유'의 단계를 거친다. 두 번째 단계는 '가입'이다. 세 번째는 10년, 20년간 장기간 보험료를 내며 '유지'하는 단계이고, 네 번째 단계는 보험을 유지하는 과정에서 발생하는 '보험금 청구'다.

이 네 가지 과정 안에서 소비자들의 불만사항이 무엇인지 하나하나 분석하여 해결한 것이 바로 '레몬클립' 서비스다. '레몬클립'은 사용자가 가입한 보험의 종류를 통합 조회한 뒤 보장 내용과 보험료 납부 내역, 보험료 청구 등을 지원하는 서비스로 인기를 끌었다. 출시 1년여 만인 2018년 1월 10만 다운로드를 기록한 데 이어 2019년 4월 말 기준 디레몬의 앱은 130만 다운로드를 달성하며 빠른 성장을 보였다.

레몬클립에서는 40개 민간 보험사(생명·손해보험)는 물론 우체국, 새

보험 리모델링,

해지보다 유지나 추가 가입이 유리한 경우도 많기 때문에
레몬클립과 같이 이해관계 없이 객관적 분석이 가능한 제 3자에게
의뢰하는 것이 좋습니다.

레몬클립 보험 리모델링 결과

(본인) 변경 전		변경 후	
변액유니버셜종신보험	67,000원 해지		
종신보험	33,000원 유지	종신보험	33,000원
질병보험	29,000원 유지	질병보험	29,000원
실손보험	58,000원 유지	실손보험	58,000원
	187,000원		120,000원

(남편) 변경 전		변경 후	
변액유니버셜종신보험	102,000원 해지	정기보험	25,000원
질병보험	44,000원 해지	종합보험	67,000원
실손보험	30,000원 유지	실손보험	30,000원
	176,000원		122,000원

(부부) 변경 전	363,000원	변경 후	242,000원

= 부부 월 보험료 121,000원 절약!

소비자들의 불만사항이 무엇인지 하나하나 분석하여 해결한 것이 바로 '레몬클립' 서비스다.

마을금고, 신협, 수협 등 공제조합에 가입한 보험까지 조회할 수 있다. 조회 가능한 항목도 보험 보장내역, 보험기간, 납입보험료, 해지환급금, 납입 기간 등 상세하다. 조회 데이터를 기반으로 중복되는 보장 상품을 알려주고, 부족한 보장내역이 포함된 상품을 비교·추천해 합리적인 보험 소비가 가능하도록 돕는다.

'클라이언트 방식'을 검색엔진 기술로 채택해 이용자가 휴대폰으로 모든 조회를 할 수 있다. 공인인증서나 주민등록번호 등 민감한 개인정보 유출 위험도 없다. 이 밖에도 병원 치료 시 보험금 청구가 가능한 금액을 자동으로 알려주는 알람 서비스를 실손 보험 활용에도 적극적으로 도움을 주고 있다. 궁극적으로는 보험금 청구부터 지급까지 자동화할 수 있는 여건을 만들기 위해 보험사들과 협의 중이다.

레몬클립이 디레몬과 소비자를 연결하는 앱이라면, 명 대표는 소비자, 디레몬, 여기에 보험사까지 연결할 수 있다면 더 많은 일이 가능할 것으로 생각하고 이 셋을 연결한 '레몬브릿지'를 그다음으로 출시했다.

"이미 가구당 보험가입률이 100%에 육박합니다. 그 때문에 요즘 보험 환경은 보험설계사가 소비자가 어떤 보험에 가입했는지 먼저 파악하고 넘치거나 부족한 부분을 다시 리모델링하는 식으로 이루어집니다. 하지만 소비자 입장에서는 보험증권조차 어디에 있는지 모를 정도로 자신이 어떤 보험에 들었는지 파악하기 어렵습니다. 보험 설계를 다시 하고 싶어도 할 수 없는 상황인 거죠. 하지만 레몬브릿지 앱을 사용하면 소비자가 어떤 보험에 들었는지 바로 체크할 수 있는데, 이 기능은 보험사에서도 필요로 할 거라고 생각했습니다."

고객의 보험계약정보와 보험사의 자체 보장분석시스템을 자동으로 연계하여 월납입보험료, 숨은 보험금, 해지환급금, 보험기간, 보장내역 등 고객이 보유한 모든 보험에 대해 최신 정보를 실시간으로 통합조회해 주는 레몬브릿지는 보장분석 입력 자동화 프로세스를 통해 설계사들의 업무 효율성을 대폭 향상시킨 솔루션이다.

40여개 보험사의 비정형화된 보험 데이터를 보험사가 원하는 형태로 가공해 표준화하고 정제하는 노하우를 기반으로, 데이터 수집의 보안성과 안정성까지 뛰어난 것으로 알려지면서 삼성생명, 한화생명, 교보생명, 오렌지라이프, 신한생명, 동양생명, KDB생명, 한화손해보험 등 국내 1위부터 8위까지의 생명보험사는 물론 손해보험사까지 레몬브릿지 서비스를 도입해 보험시장에서 디레몬의 독보적인 기술력과 영향력을 입증받았다.

"금융은 보안이 생명이기에 어떤 금융사도 위험 부담이 큰 핀테크 앱과 API Application Programing Interface(응용프로그램 인터페이스)를 통해 전산을 연결해 데이터를 송신하지 않습니다. 디레몬만이 유일하게 국내 메이저 보험회사 8곳의 플랫폼과 API로 연결돼서 서로 데이터를 주고받고 있죠. 이것이야말로 디레몬의 엄청난 자부심입니다."

최근 디레몬은 기존 자동보장분석을 통한 설계사들의 영업지원에 국한됐던 서비스 영역을 확장하여 건강검진데이터 연동 가입심사 자동화, 연금 통합 조회, 보험금 청구 간소화, 보험계약대출 등의 기능을 추가했다. 이로써 언더라이팅(심사), 고객관리, 은퇴설계, 자산관리 등 보험회사 업무 전반에 레몬브릿지 솔루션을 보다 폭넓게 활용할 수 있는 기반을 마련했다.

우선 건강검진 데이터 연동을 통해 언더라이팅(보험계약 인수심사)을 지원한다. 청약 고객의 언더라이팅 시 진단 대상 고객의 경우 방문진단이나 대용진단 없이 건강보험공단 검진데이터를 자동으로 수집해 제공함으로써 설계사 및 고객의 불편함을 해소하는 동시에 진단비용 절감 효과를 기대할 수 있다. 또 연금 통합 조회 기능도 추가해 은퇴설계도 가능하다.

국민연금은 물론 퇴직연금, 개인연금의 총납부액, 연금수령 개시일, 예상 월수령연금액 등을 보여주고 준비한 연금자산 대비 부족한 노후자금 규모, 이를 보완하기 위해 나에게 필요한 연금(저축)보험 상품도 추천해준다.

보험 빅데이터 & 오픈 API 품은
레몬브릿지

자동보장분석으로 영업지원은 물론 언더라이팅,
은퇴자산관리, 보험계약대출 기능까지 모두 담았습니다.

||||||||||||||||

보험금 청구 서비스도 보다 간소화했다. 기존에는 준비한 청구서류를 모두 사진으로 찍어 FAX로 전송하면 각 보험사에서 사고내용, 진단명 등을 수기로 입력해 오거나 난독으로 인한 중복확인이 필요하여 이로 인한 업무의 비효율성이 컸다. 하지만 이를 API 형태의 데이터로 전송, 입력을 자동화함으로써 청구자 및 보험사의 불편을 해소하고 편의성을 극대화했다. 보험계약(약관)대출의 경우 각사의 오픈 API를 통해 보험상품별 대출가능금액과 대출금리를 한눈에 볼 수 있으며, 필요한 경우 '레몬브릿지' 내에서 바로 대출신청까지 원스톱으로 가능하다. 각 보험회사별 자체 콜센터나 온라인 사이트, 앱 등을 통해 보험 소비자가 스스로 대출가능 금액과 금리에 대한 정보를 수집해 비교해야만 했던 번거로움을 없앴다.

"디레몬은 보험상품, 보험사 업무 프로세스 등에서 보험사와 보험소비자 양측 모두에게 긍정적인 변화가 무엇인지 분명하게 알고 있습니다. 그 방향성대로 영업지원 솔루션에 그치지 않고 보험의 전 영역을 아우르는 보험 전문 데이터 비즈니스를 펼쳐, 보험사의 업무 효율성 강화를 위한 자동화 및 간소화에 중추적인 역할을 할 수 있도록 서비스 고도화를 지속적으로 추구할 예정입니다."

금융위원회가 추진하는 '마이데이터' 사업은 사업자가 원하는 이용자에게 금융·의료 등 개인정보를 종합·분석해 보여주는 사업으로, 개인정보 주체가 보다 능동적으로 자신의 개인정보를 활용할 수 있도록 하는 데 목적을 두고 있다. 디레몬은 정부가 제시하는 마이데이터 사업을 선도하는 기업으로서 기존 금융기관들만 파편적으로 보유하고 있던 소비자 정보를 금융소비자를 중심으로 모아서 소비자와 금융기관 양측 모두 더 큰 부가가치를 창출할 수 있도록 양측을 연결해 주는 대표적인 서비스로도 주목을 받았다.

"앞으로는 가입자를 늘리기보다 보험 데이터를 기반으로 탄생한 레몬브릿지로 보험사들과 지속적인 협업을 통해 소비자와 보험사에 차별화된 가치를 제공할 수 있도록 고도화된 서비스를 만드는 것이 더 중요하다고 생각합니다. 앞으로 보험 가입부터 청구까지 프로세스를 모두 만족시킬 수 있는 기능, 보험금 청구를 신속하게 하거나 미청구 보험금을 쉽게 찾을 수 있는 기능 등 원천기술과 비즈니스 모델을 접목해 새로운 형태의 보험시장을 열 것입니다."

㈜케어랩스 | 박경득 | 37세 | 2012년

- 위기마저 기회로 바꾸는 역전의 사나이, 날마다 혼자서 건물을 타며 병원 상대로 영업해 굿닥을 다시 일으켜 세우다!
- 사업은 무조건 비즈니스 모델 유무가 관건, 냉정한 현실 직시로 재창업에 성공!
- 국민 건강 증진에 기여하는 의료 데이터 비즈니스로 제2의 도약을 꿈꾸다!

12

병원 이벤트로 비즈니스 모델 찾아 재창업에 성공하다

국내 최대 모바일 의료 플랫폼, 굿닥

'굿닥'은 누적 앱 다운로드 310만회, 월간 활성 앱 사용자MAU 100만 명, 누적 병원 찾기 3000만명이라는 기록을 보유한 국내 최대 모바일 의료 플랫폼이다. 겉보기에는 최근 모바일 혁신과 맞물려 의료시장이라는 틈새 전략을 잘 파악해 승승장구한 것처럼 보이지만, 사실은 박경득 대표의 칠전팔기, 넘어져도 다시 일어서는 불굴의 정신이 고스란히 담긴 열정의 산물이다.

박 대표는 대학에서 광고홍보학을 전공하고 2010년 네이버에 취직해 평범한 직장인이 되었다. 네이버 검색 광고 파트에서 근무하던 그는 우연히 소셜커머스 티켓몬스터 사이트 등록에 관련된 업무를 맡게 됐다. 티켓몬스터 설립자 중 한 명과 1~2주 간격으로 업무와 관련한 통화를 하던 그는 당시 빠르게 성장하는 티켓몬스터의 모습에 큰 자극을 받았다.

"어릴 적 공무원인 아버지 밑에서 자랐습니다. 그래서인지 고정된 수입에 매일 쳇바퀴 돌아가듯 똑같은 삶이 아닌, 열정을 가지고 새로운 일에 도전하고 싶은 창업의 꿈이 마음 한구석에 자리하고 있었죠. 그렇게 회사에 다니면서 일반 사원 입장에서 티켓몬스터가 커가는 과정을 보니 창업에 대한 열망이 더욱 커져갔습니다. 그때가 20대 후반이었는데 지금 아니면 창업을 못 할 것 같은 조바심에 입사 1년 만에 무작정 사표를 내고 모바일 서비스 사업에 뛰어들었습니다."

창업을 꿈꾼 평범한 직장인

사실 박 대표는 대학을 다닐 때부터 일반 회사에 취업하는 게 아니라 창업을 하기 위해 꾸준히 노력해 왔다. 사스와 같은 바이러스가 유행하던 시절에는 전염을 예방할 수 있는 일회용 키보드 스킨을 직접 만들어 엔씨소프트에 찾아가는 열정도 보였다. 비록 제품 특허 출원에는 실패했지만 그렇게 창업의 꿈을 조금씩 키워나갔다.

네이버에서 퇴사한 그는 마음 맞는 친구들을 모아 1년 넘게 작은 오피스텔에서 라면만 먹으며 밤새워 일했다. 그 당시 미국에는 로컬 상점 리뷰 서비스가 있었는데, 이 사업을 벤치마킹하여 모바일 서비스를 만들었다. 하지만 일은 뜻대로 되지 않았다. 회사를 나오기 전 창업 자금

국내 NO.1 모바일 의료 플랫폼 굿닥

누적 앱 다운로드자	월간 앱 사용자	누적 병원찾기
310만	**100만**	**3,000만**

| 내 주변 병원 / 약국 검색 | 굿닥 캐스트 [헬스케어 컨텐츠] | 병원 이벤트 모아보기 |

굿닥은 의사와 환자를 연결하는 미국의 플랫폼 '작닥ZocDoc'을 한국 버전으로 벤치마킹한 것이다.

을 마련하기 위해 열심히 끌어모았던 직장인 대출도 바닥을 보이기 시작했고, 빚만 계속 쌓여갔다.

패기 있기 시작한 박 대표의 첫 창업은 14개월 만에 실패로 끝났다. 성공을 위해 1년여를 열심히 달려왔지만 꿈은 한순간에 눈앞에서 사라져버렸다. 그의 인생은 바닥으로 곤두박질쳤고, 그 충격으로 수전증까지 생겼으며 매일 술로 하루를 버텨야 했다.

그렇게 첫 창업에서 쓴맛을 봤지만 박 대표는 포기하지 않고 다시 일어섰다. 경험부족이 실패의 원인이라고 생각하고, 밑바닥부터 다시 배우고자 스타트업 인큐베이팅 전문 회사인 패스트트랙아시아 산하의 굿닥 프로젝트팀에 합류했다.

2012년 3월에 설립된 굿닥의 첫 창업자는 스타트업 인큐베이팅 전문 회사 '패스트트랙아시아'에서 진행한 CEO 오디션에서 1등을 차지한 임진석 대표다. 패스트트랙아시아는 스타트업 열풍의 아이콘으로 유명한 티켓몬스터 창업자 신현성 대표, 엔젤 투자자 노정석 대표, 스톤브릿지 캐피탈에서 심사를 담당했던 박지웅 대표 등 성공 경험을 가진 기업가들이 그들의 사례를 통해 스타트업을 육성하고자 설립한 스타트업 인큐베이팅 전문 회사다. 서바이벌 형식으로 진행된 스타트업 CEO 선발에서 임진석 대표는 600 대 1의 치열한 경쟁을 뚫고 1등을 차지했다. 그가 맡은 패스트트랙아시아의 첫 스타트업 프로젝트가 바로 굿닥이었다.

칠전팔기의 강인한 오뚝이 정신!

굿닥은 처음부터 설립자들이 의료에 관심이 많아서 시작한 사업은 아니었다. 한국 시장에 비어있는 사업 카테고리와 수익성을 고려하니 의료 분야가 발전가능성이 컸고, 네이버 검색 광고에서도 의료 광고가 15~20%로 매출에서 큰 비중을 차지하는 것에 근거해 시작됐다.

굿닥은 의사와 환자를 연결하는 미국의 플랫폼 '작닥 ZocDoc'을 한국 버전으로 벤치마킹한 것이다. 그런데 한국은 의사 단위의 시스템이 아닌 데다 예약 서비스 자체가 없던 국내 의료 환경은 굿닥의 취지와 맞지 않았다. 또 기본적으로 비즈니스 모델이 필요한데 그게 해결이 안 됐다. 결국 두 번째 도전도 실패로 돌아갔다. 1년 반 정도 열심히 노력했지만 투자금이 끊기면서 2013년 6월 굿닥의 전 직원은 퇴사할 수밖에 없었다.

이렇게 두 번의 실패를 경험했음에도 넘어지면 다시 일어서는 오뚝이 같은 박 대표의 승부사 기질은 여전했다. 비록 굿닥의 첫 도전은 실패였지만 여기서 많은 것을 배운 그는 다시 새로운 사업을 구상했다.

"회사를 그만두고 제주도에 내려가서 미래에 대해 많은 고민을 했습니다. 고민 끝에 중고차 서비스 사업을 해야겠다고 생각하고 사업계획서를 들고서 조언을 얻고자 임진석 대표를 찾아갔죠. 한참 사업 얘기를 하다가 자연스럽게 굿닥으로 화제가 넘어갔는데, 조금만 더 하면 성공할 것 같은 아쉬움이 저희 둘 모두에게 남아 있었어요. 그래서 그 자리에서 임진석 대표와 저 둘이서 굿닥을 다시 시작하기로 결정했습니다."

그렇게 서로 의기투합해 굿닥을 새롭게 일으키기로 결정한 뒤, 일주일 만에 굿닥은 디지털 서비스 기업 옐로모바일에 합류했다. 당시 옐로모바일은 분야별 모바일 서비스 간 협업을 통한 통합형 모바일 플랫폼을 구축하려는 측면에서 굿닥을 인수하기로 결정했다. 이를 계기로 임진석 대표는 옐로모바일의 CSOChief Security Officer(보안 담당 최고 책임자)로 취임했고, 박경득 대표는 굿닥을 옐로모바일 안에서 재창업했다. 2013년 6월 문 닫았던 굿닥을 1개월 만에 혼자서 꿋꿋하게 다시 시작한 것이다.

낮에는 병원 영업, 밤에는 광고 제작!

두 번의 실패를 거듭한 박 대표에게 드디어 다시 일어설 수 있는 새로운 기회가 찾아왔다. 연이은 사업 실패에서 얻은 수많은 경험은 그에게 귀중한 사업 밑천이 됐다. 사업의 서비스 개발도 중요하지만, 가장 먼저 수익을 낼 수 있는 비즈니스 모델을 찾는 것이 굿닥을 되살리기 위한 첫 번째 과제였다.

"최근 스타트업을 책으로 배운 사람들이 많습니다. 스타트업 도그마에 빠진 사람들이죠. 구글, 아마존, 티켓몬스터 등의 성공 사례는 현실에서는 극히 일부예요. 사업은 무조건 비즈니스 모델로 돈을 벌어야 하고, 그다음으로 좋은 서비스를 만드는 게 순서입니다. 두 번의 실패를 통해 책에서 배운 스타트업과 현실은 천지 차이라는 것을 몸소 깨달았어요. 그래서 허황된 이상 대신 현실을 직시하며 열심히 일할 직원 채용에 힘을 쏟았습니다."

그는 매출 목표부터 설정했다. 월매출 1억 원 달성이 목표였다. 비즈니스 모델이 없어 수익을 내지 못했던 굿닥의 실패 경험을 토대로 기술 개발보다 매출 증대, 병원의 광고 영업에 온 힘을 쏟았다. 하루 24시간을 분 단위로 쪼개 낮에는 직접 발품을 팔며 굿닥에 입점할 병원들을 찾아가 영업했고, 밤에는 회사로 돌아와 광고 제작과 같은 업무를 하며 열심히 돈을 벌었다.

보통 병원 마케팅은 인터넷 검색 광고를 통해 손님을 병원으로 끌어모으는 방식으로 진행된다. 손님의 데이터베이스를 병원에 넘기는 형식인데, 이런 오프라인 웹 마케팅 방식을 앱 마케팅에 처음 접목시킨 것도 굿닥의 성공을 이끈 원동력이 됐다.

굿닥 앱 역시 네이버 검색 광고처럼 광고비를 먼저 충전받고 클릭당 차감되는 시스템을 적용했다. 이 시기에 광고가 모바일 시장 쪽으로 무게중심을 옮기면서 굿닥에 관심을 갖는 병원들이 점차 늘어났고, 박 대표는 계속해서 혼자 병원 영업을 다니며 첫 달 200만~300만원이었던 매출을 1,000만원으로 점차 늘려나갔다. 인건비의 무서움 역시 실패에서 얻은 경험이었다. 그래서 7개월 동안 직원을 뽑지 않고 혼자 일했다. 인건비를 들이는 대신 페이스북 광고 마케팅비에 투자하는 쪽이 훨씬 더 효과적이었다. 옐로모바일 안 각 부서에 굿닥의 디자인, 기술 개발 부분을 조금씩 부탁했다. 그렇게 1,000만원, 2,000만원, 3,000만원으로 매출이 다달이 올라갔고, 매출이 1,000만원씩 오를 때마다 직원 1명을 충당하며 업무의 범위를 넓혀 나갔다.

"먼저 돈을 벌어야 직원을 뽑을 수 있고, 직원을 뽑아야 기술을 개발할 수 있습니다. 대부분의 스타트업은 외부 자금을 투자받아서 사업을 진행하는데, 이전에 투자금을 받아 실패한 경험이 있어서 투자금은 1원도 받지 않았습니다. 조금 느리더라도 순수하게 굿닥이 벌어들인 돈으로만 사업을 키워야 제대로 성장할 수 있다는 확신 때문이었죠."

이렇게 점차 매출이 늘어나면서 서비스 기술 개발도 순차적으로 늘려나가 약국 찾기, 병원 이벤트 및 광고, 건강 콘텐츠 부분을 추가하며 굿닥 앱을 되살릴 수 있었다.

매일 건물을 타며 맨땅에 헤딩!

굿닥의 매출은 병원들의 선수금으로 이뤄진다. 광고 클릭을 위한 충전비용이다. 이 비용을 많이 벌어야 매출이 난다. 하지만 초반에는 대부분의 병원이 굿닥의 존재를 몰랐다.

영업 경험이 전무했던 박 대표는 '맨땅에 헤딩'하는 식으로 병원이란 병원은 무작정 찾아다녔다. 출근해서 병원 밀집 지역인 강남, 신사, 압구정 지역별로 하루에 돌아다녀야 할 병원 리스트를 나눴고, 20~30곳의 병원을 직접 발로 뛰며 오프라인 영업을 했다.

그의 맨땅에 헤딩 영업 방법은 일명 '건물 타기'. 빌딩 꼭대기에 있는 병원부터 시작해 밑으로 내려오며 모든 병원을 방문해 차례차례 영업하는 방식이었다. 보통 병원은 하루에도 각종 영업 사원들이 찾기 때문에 10곳 중 9곳은 무조건 문전박대다. 30곳을 돌아다녀야 1곳 만나줄까 말까. 그러나 무조건 많이 찾아가서 굿닥 서비스를 알려야 병원에서 연락할 확률이 높고, 100곳을 다니느냐 1000곳을 다니느냐에 따라 영업이 성사될 가능성이 달라지므로 무조건 발품을 많이 팔았다.

"병원마다 찾아가 굿닥 광고 제안서를 건넸습니다. 영업 사원들이 하도 많이 오니까 문전박대가 보통이지만, 광고에 관심 있는 병원에서는 마케팅팀을 만날 수 있었죠. 그들도 요즘 광고 트렌드가 필요한 정보다 보니 제안서를 주면 나중에 꼭 전화가 왔습니다. 그러면 약속 시간을 잡고 다시 찾아가 광고를 성사시켰습니다."

지역별로 이렇게 하루에 20~30개 병원에 굿닥의 제안서를 보냈다.

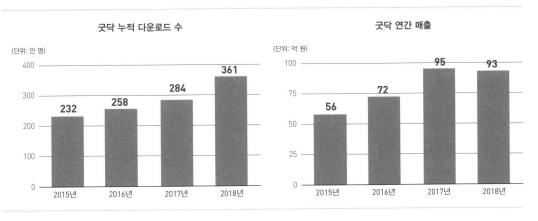

굿닥 누적 다운로드 수

(단위: 만 명)

- 2015년: 232
- 2016년: 258
- 2017년: 284
- 2018년: 361

굿닥 연간 매출

(단위: 억 원)

- 2015년: 56
- 2016년: 72
- 2017년: 95
- 2018년: 93

하루에 최대 30곳을 돌았고, 영업에 실패한 병원은 한 달 뒤에 또 갔다. 그런 식으로 한 병원에 약 10번도 넘게 찾아간 적도 많다.

"굿닥은 광고비가 그달에 바로 소진되는 게 아니라 클릭당 깎이는 구조라서 일단 50만 원 먼저 충전해서 테스트해 보라고 제안했습니다. 효과가 없으면 환불해주겠다고 약속까지 했죠. 웹보다는 모바일 시장으로 광고가 넘어가는 시점이라 자신 있었거든요. 그렇게 하나둘 병원들이 점차 굿닥에 입점해 광고를 시작했고, 모바일상에서 광고 효과가 빠르게 나면서 점차 매출이 늘어 다시 서비스를 개발할 수 있었습니다."

2013년 당시만 해도 페이스북 광고 역시 초창기였기 때문에 광고 효율이 좋았다. 무조건 페이스북으로만 광고를 했다. 이렇게 굿닥은 병원 이벤트 카테고리를 제작하며 다시 일어설 수 있는 새로운 비즈니스 모델을 찾았고 회사도 안정됐다.

굿닥에서 제공하는 각 병원들의 할인 이벤트는 병원에 관심 없는 사람들에게는 그저 하나의 광고일지라도, 병원을 찾는 사람들에게는 중요한 정보다. 현재 1,600개의 병원 이벤트를 갖췄으며, 사용자들은 가격을 비교하며 자신에게 맞고 비용이 가장 저렴한 병원을 손쉽게 찾을 수 있다. 이렇게 굿닥은 새로운 의료법과 시술에 대한 정보도 얻고 원하는 관심 분야의 후기까지 모아서 볼 수 있는 국내 제1의 모바일 의료 플랫폼으로 거듭났다.

굿닥 병원 접수 서비스로 사업 확대!

박 대표는 성형외과, 피부과 등 비급여 의료정보 분석 서비스와 의료 마케팅으로 수익모델을 만들고 이를 전국 병원과 약국 정보, 건강 정보를 제공하는 플랫폼 서비스에 투자하는 방식으로 재창업에 성공했다.

최근에는 사업을 좀 더 확장해 네이버와 손잡고 병원예약 서비스를 선보이며, 태블릿PC를 통한 병원 접수 시스템, 모바일 처방전과 약제비 결제, 굿닥을 통한 자동 실손보험청구 등 원스톱 서비스를 구축하며 헬스케어 빅데이터 사업에 몰두하고 있다.

"굿닥 앱으로 병원을 검색하는 단계에서부터 시작하여 병원 예약 그리고 병원에 도착한 뒤 굿닥의 병원 접수 태블릿을 이용해 핸드폰 번호만으로 손쉽게 진료 접수를 하는 것까지 새로운 서비스를 운영하고 있습니다. 여기서 끝이 아닙니다. 병원 진료 후에는 앱에서 진료 기록을 관리할 수 있고 처방전도 전자 처방전으로 제공받을 수 있도록 서비스를 꾸준히 개발 중입니다."

원하는 약국에 전자 처방전을 보내고 결제도 미리 해서 대기 없이 바로 약만 찾아올 수 있는 간편 서비스도 준비 중이다. 앱으로 약의 유의사항을 쉽게 알아보고 병원 보험 청구도 가능하도록 서비스를 업그레이드할 계획도 세우고 있다. 크게는 굿닥이라는 하나의 앱에서 각 개인의 건강관리까지 가능하도록 하는 것이 목표다.

이런 굿닥의 태블릿이 설치된 병원은 약 1,600곳이며 매월 약 50만 건 이상 접수가 이뤄지고 있다. 2019년에는 4,000곳 이상의 병원에서 굿닥 태블릿 접수 서비스를 이용할 수 있을 것으로 예상한다.

"굿닥이 지향하는 헬스케어 서비스는 환자가 중심이 되는 의료정보 네트워크 인프라를 구축하는 것입니다. 국내 의료정보 체계는 전 국민이 가입돼 있는 국민건강보험을 중심으로 이루어져서 개인 의료 데이터를 정부가 통제하는 구조입니다. 굿닥이 선보이는 솔루션을 통해 환자가 중심이 되는 정보체계를 만들고자 합니다."

굿닥은 보수적인 국내 의료시장이 환자를 위하는 차원에서 의료 데이터를 개방하도록 꾸준한 노력을 기울이고 있다. 병원 전산을 모바일로 연동할 수 있는 환경을 만드는 것이 향후 과제다.

굿닥은 정부가 추진 중인 정보 주체 중심의 데이터 활용사업인 마이데이터와 방향을 같이하여, 개인의 의료 정보를 개인이 소유하는 데 필요한 서비스를 구축하기 위해 다양하게 노력하고 있다. 보수적인 국내 의료시장에서도 이미 많은 병원들이 환자 개인을 위한 의료 데이터 개방의 필요성을 인정하는 추세다. 향후 국내의 선진화된 의료 환경 조성에 굿닥이 큰 역할을 할 것으로 기대된다.

　"사업하면서 목표했던 월 1억원 매출을 달성했을 때는 정말 하늘을 날 듯 기뻤고, 투자금이 끊겨 직원들이 뿔뿔이 흩어졌을 때는 큰 시련도 맛봤습니다. '썩은 자는 유흥가로, 애국자는 일터로'란 사명처럼 그저 앞만 보고 달려온 것 같습니다. 스트레스로 인해 수전증과 공황장애를 얻었지만 그 시간은 무엇과도 바꿀 수 없어요. 앞으로는 사회적 기업으로, 모바일 의료시장에 혁신을 가져다줄 서비스를 만들어 국민 건강에 기여하고 싶습니다. 또 개인적으로는 창업을 꿈꾸는 이들에게 제가 그동안 겪었던 실패나 성공 사례를 알려줌으로써 스타트업의 인큐베이팅에도 도움을 주고 싶습니다."

■ 굿닥 병원 접수 서비스란?

병원 데스크에 설치된 태블릿을 통해 핸드폰 번호 입력만으로 손쉽게 접수할 수 있는 서비스다. 병원 입장에서는 차트와 연동함으로써 접수 데스크 업무를 간소화할 수 있고, 모바일 병원 페이지를 통한 실시간 대기시간 안내로 환자 응대 또한 간편하게 해결할 수 있다. 또 알림톡을 통한 유의사항 발송 서비스로 환자 관리를 전산화할 수 있으며, 체계적인 내원 환자 관리도 가능한 것이 장점이다.

병원을 찾는 환자 입장에서는 막연한 대기 시간에 대한 불만을 해소 할 수 있다. 환자는 카카오톡을 통해 실시간으로 대기 시간 및 대기 인원을 확인할 수 있다. 대기시간에는 모바일 홈페이지(알림톡)를 통해 공지사항 및 병원·시술 정보를 확인할 수 있다.

■ 굿닥 접수 서비스 이용 병원 직원 후기

"환자가 입력한 정보가 바로 차트와 연동되니 직원들이 데스크에서 받는 스트레스가 줄었어요."

"확실히 접수도 빠르고 편해요. 그리고 매번 접수 장부를 만들지 않아도 돼서 간편해요."

"특히 무료로 제공되는 모바일 홈페이지가 맘에 들었어요. 병원을 알릴 수 있는 새로운 창구가 생겨서 적극적으로 활용할 예정입니다."

■ 내원 환자 이용 후기

"알림톡 기능 덕분에 접수하고 대기시간이 자유로워졌어요. 대기하는 동안 다른 일을 볼 수 있어서 편해요."

"언제 내 진료 순서가 올지 몰라서 무작정 기다리느라 지루했는데, 내 앞에 몇 명이 있고 얼마나 기다려야 하는지 바로 확인할 수 있어서 좋아요."

"원장님 휴진일을 모바일에서 공지사항으로 바로 확인하고 진료 시간에 맞춰 병원을 찾을 수 있는 점이 마음에 들어요."

프로라타 아트 ┃ 박종진 ┃ 36세 ┃ 2018년

- 금융, 미술, IT 전문가가 모여 만든 새로운 아트 거래 시스템!
- 기존 미술시장의 문제점 개선으로 출발, 아트펀드 및 공동구매의 단점을 극복!
- 개인이 아닌 다수가 함께 누리는 명작 공동분할거래 시스템을 세계 최초로 선보이다!

13

신개념 미술품 거래 시스템 개발로 폐쇄적인 미술계에 돌풍을 일으키다

미술품 분할 소유권 거래 플랫폼, 프로라타 아트

예술경영지원센터에서 발간한 2018년 미술시장 실태조사(2017년 기준)에 따르면, 국내 미술시장의 거래액은 대략 5,000억원 수준이었다. 우리나라 경제 규모에 비하면 굉장히 미미한 수준이다. 지난 10년간 추이를 살펴봐도 국내 미술시장이 오랫동안 정체돼 왔음을 알 수 있다. 다시 말하면, 그동안 자본이 외부에서 새로 유입되지 않고 미술시장 안의 일부 컬렉터들 사이에서만 계속 돌고 돈 것이다.

최근 예술시장의 높은 진입 장벽, 정체되고 비합리적인 시장 구조, 불투명한 거래 등 폐쇄적인 국내 미술시장의 생태계를 긍정적으로 변화시킬 새로운 바람이 불고 있다. 일부 부유층의 전유물로 인식됐던 미술품을 소수가 아닌 다수가 공동 분할해 함께 향유할 수 있는 새로운 거

래 방식이 등장한 것이다. 그 첫 포문을 연 회사가 바로 '프로라타 PRO/
RATA 아트'다.

프로라타 아트는 '비례해 나눈다'는 뜻의 금융·법률 용어로, 미술품
분할 소유권을 발행하고, 이 소유권을 개인 간에 자유롭게 거래할 수
있는 아트 플랫폼이다. 음지에 있는 작품을 양지로 최대한 많이 꺼내
더 많은 사람들과 함께 작품의 영감을 나누겠다는 취지에서 시작했다.

미술품 소유의 새로운 패러다임을 제시하다!

수십억 원대의 그림을 한 명이 독점하는 것에 비해, 프로라타 아트 플
랫폼에 등재된 그림은 수백 명이 함께 나눠 소유할 수 있어 더 많은 사람
들이 그림의 본연의 가치인 감상의 기회를 누릴 수 있다. 이렇듯 예술
작품의 문화적, 금전적인 가치를 의미 있게 나누는 분할소유권 발행 아
이디어는 프로라타 아트를 설립한 박종진 대표에게서 나왔다.

"기존 아트펀드와 미술품 공동구매에는 정해진 만기일에 따른 시장
가격 하락과 투자하더라도 작품을 감상하지 못하거나, 어떤 작품인지
알 수 없는 것 등 여러 가지 고질적인 문제가 있습니다. 프로라타 아트
는 이를 개선하기 위해 예술품 소유권을 나눠 발행하고, 분할소유권 소
유자들이 작품을 감상할 수 있도록 최적의 환경을 제공하며, 만기 기한
없이 언제든지 소유권을 매각할 수 있는 새로운 거래 방식을 선보였습
니다."

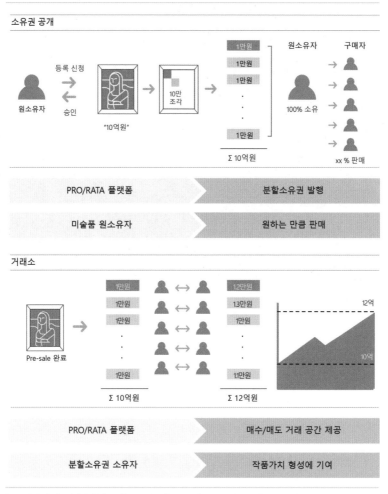

'프로라타 아트'는 '비례해 나눈다'는 뜻의 금융·법률 용어로, 미술품 분할 소유권을 발행하고 발행된 소유권을 개인 간에 자유롭게 거래할 수 있는 아트 플랫폼이다.

지금까지 미술시장은 높은 가격과 불투명한 거래구조 때문에 충분한 경제력과 정보력이 없으면 쉽사리 진입하기 어려웠다. 새로운 자본유입이 적으니 성장이 정체될 수밖에 없었고 당연히 트렌드나 IT기술

호림아트센터 M층에 자리한 뷰잉룸

의 변화도 따라가지 못했다.

프로라타 아트는 이런 기존 미술시장의 문제점 분석부터 시작했다. 미술시장이 미술품을 하나의 자산으로 인식하는 시장이 아니라 여러 자본이 모일 수 있는 시장이 된다면 비합리적인 시장구조와 불투명한 거래 관습들이 개선될 것으로 보았다. 이를 위해 고가 미술품의 분할소유권을 발행하고 그 소유권들이 개인 간에 자유롭고 안전하고 투명하게 거래될 수 있도록 거래 공간을 제공했다.

또 미술의 본질적인 가치인 감상의 즐거움에도 집중했다. 프로라타 아트 플랫폼에 등록된 그림은 분할소유권 소유자를 위해 준비된 프로라타 아트 뷰잉룸에 일정 기간 전시되므로 작품 감상에 온전히 집중할 수 있다. 호림아트센터 M층에 자리한 뷰잉룸에서는 작가가 작품을 만들며 들었던 음악, 즐겼던 음료 등이 함께 제공되며, 작품에 대한 심층적인 해설을 더해 기존 전시 형식보다 작품 자체에 대한 깊은 이해와 감상을 돕는다. 이후에는 더 많은 사람들이 즐길 수 있도록 대중적인 갤러리에 공개, 전시된다. 프로라타 아트는 감상 가치 상승에 집중한 이런 활동을 통해 분할소유권 소유자들이 문화적, 금적적인 풍요를 동시에 누릴 수 있도록 했다.

미술 문외한, 경영컨설팅 전문가 갤러리 사업에 도전하다!

프로라타 아트의 박종진 대표는 미국 브라운 대학에서 경영학을 전공하고 에이 티 커니A.T.Kearney, 노무라Nomura 등의 전략컨설팅 회사에서 경영컨설턴트로 일했다. 미술과 전혀 연관이 없는 일이었다. 그러다가 2015년 회사를 퇴직하고 독일 베를린에서 첫 사업에 도전했는데 그 아이템이 바로 미술품을 거래하는 갤러리였다.

"하나의 미술품에 대해 갤러리에서 받는 평균 수수료율은 약 50%입니다. 간단히 말해, 1억원짜리 그림을 판매하면 5,000만원은 제 몫인 거죠. 아무것도 모르는 시절이었으니 생산이나 제조와 같이 따로 품을 팔지 않아도 공간만 마련되면 좋은 작품을 들여와 절반을 가져갈 수 있다는 단순한 생각에서 사업을 시작했습니다. 결과는 처참했습니다."

그때 당시 갤러리 사업은 그에게는 마냥 노다지였다. 아무런 지식도 없이 그저 높은 수수료율만 보고는 좋은 사업이라고 판단하고 무작정 뛰어들었다. 하지만 갤러리 수수료가 50%만큼 높게 책정됐다는 건 그만큼 판매 빈도가 낮아 난도가 높다는 뜻이라는 것을 그때는 알지 못했다. 기본 정보 없이 열의만 가득했고 결국 1년 동안 1점의 작품도 팔지 못했다. 처음부터 높은 수수료 욕심에 가격대가 높은 작품을 선택한 것이 실패의 원인이었다. 실패 이후 그는 다시는 미술 쪽에 발을 들이지 않겠다고 다짐했다.

갤러리 사업 실패로 인생의 쓴맛을 경험했지만 그렇다고 100% 진 게임은 아니었다. 사업을 준비하면서 자연스럽게 다양한 미술 분야에서 쌓은 인맥을 통해 그의 인생에는 새로운 네트워크가 구축됐다.

"독일에서 갤러리 사업을 그만두고 2016년 한국으로 들어왔습니다. 그 당시 블록체인이 한참 떠오를 때라 새로운 시대의 흐름인 만큼 호기심을 갖고 있던 차에 지인이 블록체인 관련 액셀러레이팅accelerating(창업 초기 기업이 빨리 성장 궤도에 오를 수 있도록 경영컨설팅을 제공하는 것) 회사를 차렸습니다. 그 회사에 들어가서 처음 맡은 업무가 프로라타 아트의 전신이 된 프로젝트였습니다."

마침 그가 근무하던 회사가 위치한 호림아트센터에는 미술품경매사인 서울옥션의 자회사 '서울옥션블루'와 '알펜루트자산운용'이라는 금융회사가 함께 있었다. 그렇게 미술과 금융 두 회사에서 그는 또 다른 미술 사업에 대한 영감을 얻었고 이는 다시 한번 미술 사업에 도전하는 계기가 됐다.

"처음에는 음지에 있는 많은 고가의 미술품을 양지로 꺼내 사람들이 더 많이 즐길 수 있도록 하면 그것만으로도 사회적으로 큰 의미가 있을

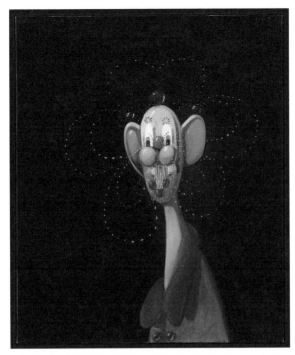

프로라타 아트가 선보인 첫 작품은 최근 미국에서 떠오르는 현대 미술 작가 '조지 콘도'의 〈The Antipodal Explorer〉(1996)였다.

거라는 생각으로 시작했습니다. 바로 독립 법인을 세우고 본격적으로 이 프로젝트를 함께할 동료들을 모으면서 사업을 준비했죠."

그는 모든 인맥을 총동원해 학교와 전 직장 그리고 갤러리 사업을 하며 알게 된 금융, 미술, IT전문가들을 하나둘 모았다. 초기에 받은 투자금이 조금 있었지만 사업 자금은 턱없이 부족했다. 합류한 직원들이 십시일반으로 돈을 모아 우선 회사를 설립했고 점차 사업의 윤곽이 보이면서 자산운용사로부터 추가로 펀딩을 받을 수 있었다. 2019년 1월 그렇게 모은 돈으로 프로라타 아트의 첫 번째 프로젝트를 론칭했다.

프로라타 아트가 선보인 첫 작품은 최근 미국에서 떠오르는 현대 미술 작가 '조지 콘도'의 〈The Antipodal Explorer〉(1996)였다. 조지 콘도는 앤디 워홀의 사단인 더팩토리 일원으로 바스키아 등 당대 최고의 아티스트들과 인연이 깊다. 또한 가수 지드래곤, 카니예 웨스트 등 많은 국내외 탑 아티스트들에게 사랑을 받는 작가로도 유명하다. 테이트 모던, 모마, 메트로폴리탄 뮤지엄 등 세계적인 미술관에 작품이 소장되어 있다.

그의 작품 중에서도 학계와 상업계 양쪽에서 모두 큰 호평을 받은 〈The Antipodal Explorer〉라는 작품은 시기적으로 또 심미적으로 큰 중요성을 지녀서 오픈하자마자 미술계와 대중에게 큰 주목을 받고 있다.

그렇게 진행한 첫 프로젝트의 반응은 꽤나 긍정적이었다. 17억원 상당의 조지 콘도 작품은 분할 소유권 형식으로 판매되었고 일부는 조기 완판됐다. 프로라타 아트는 기업공개IPO와 유사한 방식의 소유권 공개 기간에 이 작품의 소유권을 1,000조각으로 나눠 한 조각당 170만원에 총 490조각을 판매했다. 명작의 소유권을 주식처럼 분할 발행하는 형식이다. 소유권 공개 기간이 지나면 보유한 소유권을 프로라타 아트 플랫폼 내 거래소를 통해 자유롭게 거래할 수 있다. 거래소의 최소 거래 단위는 소유권 공개와 다른 0.01조각으로, 1만 7,000원에서 시작해 주식거래와 비슷한 방식으로 개인들의 수요와 공급에 따라 가격이 변동한다. 판매·거래 이력은 퍼블릭 블록체인에 기록함으로써 무결성을 확보했다.

"국내 미술계가 워낙 폐쇄적이다 보니 새로운 것이 들어오면 일단 배척하는 기조가 강합니다. 작품을 여러 사람이 함께 나누어 향유한다는 취지 없이 그저 비즈니스 모델로만 보면 이제까지 미술계에 없던 이단 아인데, 예상과 달리 미술계에서도 반응이 좋았어요. 먼저 손 내밀어주신 분들도 많았습니다."

그렇게 프로라타 아트의 첫 프로젝트는 성공적으로 신호탄을 쏘아 올렸다. 프로라타 아트는 기존 채널 대비 낮은 수수료로 미술품 투자자들에게 극대화된 판매 차익을 제공한다. 다른 미술품 거래소는 매수와 매도에 모두 약 15~25%의 수수료를 부과한다. 하지만 프로라타 아트는 매도할 때만 1/10 수준인 2.5%의 수수료를 부과한다.

이러한 소유권 분할 형식은 미술품 담보대출의 대안으로도 활용할 수 있다. 금리 연 12% 이상의 부채부담 없이 자금 유동성 확보가 가능하고 LTV_{Loan To Value Ratio}(담보인정비율)가 40~50% 수준인 미술품 담보대출 대비 자금조달에 유리하다.

첫 번째 조지 콘도 프로젝트에서 전 조각을 완판하며 큰 화제를 몰고 온 프로라타 아트는 이어서 2019년 4월 두 번째 작품으로 미술계의 악동으로 불리는 뱅크시의 〈Smiling Copper〉를 소개했다.

국내 최초 오리지널 작품으로 소개된 이 작품은 스트리트 아티스트인 뱅크시의 일반적인 작품과 달리 전시에 용이한 작품이라는 점에서 의미가 남다르다. 뱅크시는 반자본주의, 반전, 반권위주의, 반소비주의 메시지를 전하기 위해 끊임없이 파격적인 퍼포먼스를 펼쳐 세계적으로 큰 반향을 불러일으킨 작가다. 2018년 10월 소더비에서 자신의 작품이 15억원에 낙찰되는 순간 액자 속에 숨겨놨던 파쇄기를 가동해 전 세계적으로 화제를 모은 바 있다.

노란 스마일 얼굴을 한 영국 무장 경찰을 그린 이 작품은 1980년대 후반에서 1990년대 초반 초기 클럽 문화라고 할 수 있는 애시드 하우스 문화의 상징인 노란 스마일 얼굴에 이 문화를 탄압하던 경찰을 결합해 뱅크시 특유의 메시지 전달 방법인 대조를 통해 풍자한 작품이다. 뱅크시의 작품 소유권은 프리 세일 기간에 6억원 상당이 분할 판매됐다. 마켓으로 옮겨가면 최소 0.1조각부터 11만 6,000원대에 구매할 수 있다.

2019년 4월 두 번째 작품으로 미술계의 악동이라고 불리는 뱅크시의 〈Smiling Copper〉를 소개했다.

현재 프로라타 아트가 선정하는 그림의 기준은 한국에서 보기 힘든 작품들 위주다. 그동안 국내 전시가 없었던 해외 유명 작가의 작품으로 이목을 끌겠다는 전략이다. 그렇기에 어떤 작품을 선정하느냐가 중요한 관건이고, 상당히 많은 고민과 연구가 필요하다.

"지금은 해외 작품에 조금 더 치중하고 있습니다. 한국 작가의 작품은 비교적 쉽게 접할 수 있기 때문이죠. 집에도 걸어놓을 수 있는 작품을 굳이 프로라타 아트에서 소유하며 보지는 않을 거잖아요. 그래서 조금은 생소하고 의미 있는 작품을 선정하려고 합니다."

앞으로 프로라타 아트의 플랫폼이 활성화되면 컬렉터들의 작품을 선보일 계획이다. 그러면 커다란 자본을 들이지 않고도 누구보다 더 빠르게 컬렉션을 가질 수 있다. 컬렉션이 많아진다는 것은 그동안 접하지 못한 작품을 더 많이 제공한다는 뜻이므로, 그만큼 미술시장이 활성화 되는 것이고 그것이 바로 프로라타 아트가 그리는 미래의 그림이다.

빠른 해외 진출로 사업 규모를 확대하다!

지금 프로라타 아트는 브랜드 정체성을 확고히 다잡아가는 중이다. 그 때문에 SNS 마케팅 부분에서도 신중을 기하고 있다. 분할 소유가 가능하다고 해서 명작을 1만원에 소유하라고 강조하는 마케팅은 오히려 그림의 가치가 떨어뜨린다.

"거실에 놓고 혼자 보는 미술품. 거기서도 예술품의 가치는 조금씩 자라겠지만 프로라타와 함께 나누면 더 빨리, 더 크게 성장할 수 있습니다. 프로라타 아트에서는 그동안 잠자고 있던 컬렉터의 미술품을 하나의 시장으로 다시 태어나게 합니다. 이제 어떤 특정한 전문가나 이익 집단에서 부르는 숫자로만 미술품을 판단할 필요가 없습니다. 얼마나 많은 사람들이 관심을 가지고 원하느냐가 미술품의 새로운 가치를 결정하게 될 것입니다. 그리고 그 새로운 길을 프로라타 아트가 만들어가고 있습니다."

미술품 투자자 입장에서도 미술 작품을 직접 가져보는 것은 단순히 전시회에서 감상하는 것과는 차원이 다른 경험을 제공한다. 미술품을 소유함으로써 작품에 한층 더 공감하고 빠져들게 되기 때문이다. 모든 콜렉터가 그렇게 시작했다.

또 이전까지 젊은 소비층의 자본은 그동안 미술시장에 결코 들어오지 못했다. 하지만 프로라타 아트를 통해 분할로 소유하면 거래액이 만 원 단위이기 때문에 그들의 돈도 미술시장에 유입이 가능하다. 앞으로는 30~40대뿐 아니라 20대도 이 시장에 관심을 갖고 들어올 것으로 예상하고 있다.

이렇게 새로운 자본이 유입되고 어릴 때부터 미술품 팬이 되면 계속 예술에 관심을 갖게 될 것이고, 국내 미술시장은 더욱 크게 성장할 수 있을 것이다.

"프로라타 아트의 새로운 미술품 거래 시스템이 국내에 정착되면 가족이 함께 미술관에 가서 작품을 보고 나오면서 아이들에게 기프트 숍에서 엽서와 같은 기념품을 사주는 대신, 감상한 작품 중 제일 마음에 드는 작품을 조각으로 구입해 소유하는 경험을 어릴 때부터 할 수 있으리라고 기대합니다. 그러면 국내 미술시장은 더욱 단단한 뿌리를 내리며 성장할 것입니다."

프로라타 아트는 공동분할 미술품 거래 시스템을 국내에 빠르게 안착시키고, 2019년 내에 곧바로 해외 시장으로 진출할 계획이다. 가깝게는 일본, 홍콩에도 거점을 만들어 글로벌하게 범위를 넓혀갈 것이다. 이를 위해 프로라타 아트는 애초 조직 구성원을 글로벌한 역량을 갖춘 인재들로 구성했다. 해외 거점을 늘려 궁극적으로는 해외 투자자들과 거래소를 운영하는 것이 목표다.

이런 공동분할거래 시스템을 만든 건 프로라타 아트가 세계 최초다. 최근 알펜루트자산운용이 30억원을 투자하며 더 큰 성장의 길로 빠르게 나아가는 중이다.

"순수 미술의 본질에 충실하며 플랫폼 거래를 활성화하는 것이 당면한 첫 번째 과제입니다. 미술작품의 근본적인 가치는 어둠 속에 보관될 때보다 더 많은 사람들에게 더 많이 전시될 때 빛을 발합니다. 그 목적으로 제작되었기 때문입니다. 프로라타 아트는 이러한 미술작품 본연의 가치가 산정 시 더 많이 인정되는 세상을 원합니다. 국내뿐 아니라 해외 미술시장은 이런 변화를 통해 새로운 가치를 창조하고 나 혼자만이 아닌, 모두가 함께 예술을 즐길 수 있는 공유와 소통, 거래의 장으로 발전할 것입니다. 그 길을 프로라타 아트가 단단하고 빠르게 개척하고 싶습니다."

- 매월 1만 9,900원이면 2주에 1번씩 전국으로 꽃 정기 배송!

- 국내에 일상적인 꽃 문화를 정착시켜 침체된 화훼업계에 새로운 바람을 불어넣다!

- 누구나 꽃 하면 떠올리는 국내 대표 플라워 브랜드 성장 꿈꿔!

14

공대 출신 CEO, 창업 자금 500만원으로
전 국민의 꽃 일상화를 실현하다

국내 최초 꽃 구독 서비스, 꾸까

최근 뜨고 있는 구독 경제subscription economy는 신문처럼 매달 구독료를 내고 필요한 물건이나 서비스를 받아 쓰는 경제 활동을 말한다. 구독 서비스는 넷플릭스와 같은 영화에서부터 고가의 명품 자동차나 의류와 같은 물건뿐 아니라 생수, 커피와 같은 식음료, 반려동물의 사료와 그림 그리고 꽃까지 다양한 분야로 확대되고 있는 추세다.

공대 출신 CEO가 만든 꽃 구독 서비스

이 중 국내 최초로 월정액 꽃 구독 서비스를 통해 '일상에서 꽃을 즐

꾸까는 자체 온라인몰 외에 광화문, 이태원, 잠실 롯데타워 세 곳에 오프라인 지점을 운영 중이다. 사진은 잠실점

기는 문화'를 만들겠다고 선언하며 침체된 국내 화훼업계에 새바람을 불어넣고 있는 꽃 브랜드가 있다. 바로 핀란드어로 꽃을 뜻하는 '꾸까 kukka'다. 꽃은 보통 여자들의 영역이라고 생각하기 쉽지만 꾸까를 만든 것은 예상외로 공대 출신 남자인 박춘화 대표다.

"유럽에는 꽃을 특별한 날 사는 선물이 아니라 일상의 한 부분으로서 즐기는 문화가 잘 형성돼 있습니다. 빵집처럼 이른 아침 마트에 가면 신선한 꽃이 한가득 쌓여 있다가 저녁이 되면 다 빠지는 모습이 인상적이었죠. 우리나라에도 이렇게 일상에서 꽃을 즐기는 문화를 만들고 싶은 마음에, 꽃을 즐기는 행복한 경험을 정기적으로 배송하는 서비스 꾸까를 론칭했습니다."

그는 2009년 화장품 기업 아모레퍼시픽 경영부서에서 근무하다가 2011년 독일 스타트업 인큐베이터 회사인 로켓인터넷으로 이직했다.

대기업에 다니는 평범한 직장인이 아니라 새롭고 재미있는 일에 도전하고 싶었고, 그런 고민 끝에 독일의 스타트업 인큐베이터 회사인 로켓인터넷 한국 지사에 입사했다.

"새로 이직한 로켓인터넷 회사에서 제가 맡은 역할은 한 브랜드를 이끄는 '사업가'였습니다. 당시 사업 아이템이 글로시박스라는 화장품 정기구독 서비스였는데, 그때 꾸까의 모태가 된 정기구독 서비스를 처음 접했습니다."

하루아침에 국내 화장품 대기업 직원에서 글로시박스라는 화장품 정기구독 서비스 회사의 CEO가 된 그는 자리가 사람을 만든다는 말에 걸맞게 더 큰 책임감으로 열심히 사업을 이끌어나갔다. 정기구독 서비스라는 인식 자체가 형성되지 않은 시기였음에도 론칭 석 달 만에 구독자가 1만 명을 넘어서며 글로시박스는 성공의 길을 걷는 듯했다. 하지만 그 인기는 오래가지 못했다. 구독자가 점차 줄면서 회사 사정은 어려워졌고 독일 본사의 지원마저 끊겼다. 그는 물론 직원들도 월급을 못 받는 최악의 상황에 빠졌고 결국 회사는 4년 만에 문을 닫았다.

"직책은 CEO였지만 제 회사는 아니었는데도 첫 사업이다 보니 어떻게든 살려보고 싶어 제 돈까지 직원들 월급으로 써가며 아등바등 힘들게 버텼습니다. 결국 회사가 문을 닫고 나니 제 통장에는 딱 1,000만 원이 남아 있었어요. 다시 회사에 들어갈까, 아니면 이 돈으로 사업을 시작할까 많은 고민 속에 머리도 식힐 겸 괌으로 여행을 떠났는데, 거기서 제 이름을 걸고 가치 있는 일을 해보고 싶다는 제 인생에서 가장 큰 선택을 했습니다."

2014년 2월 괌 여행에서 돌아온 그는 다시 한번 자신의 이름을 걸고 사업에 도전해 보기로 결심했다. 그리고 그 아이템으로 꽃을 선택하고 한 달 반 정도 준비한 끝에 두 달 뒤인 4월 '꾸까'를 론칭했다.

소통의 창구, 페이스북으로 구독자를 모으다!

박 대표가 단순히 화장품 정기구독 서비스 사업을 운영한 경험에 꽃을 대입한 것은 아니다. 어떤 사업 아이템을 선택할지 고민하던 차에 화훼업계를 살펴보게 됐는데 다른 산업과 달리 변한 것이 거의 없었다. 1980년대나 2000년대나 똑같았다. 동네 꽃집은 여전히 동네 꽃집이고 가장 먼저 떠오르는 꽃집 브랜드가 하나도 없었다. 이런 화훼산업의 구조가 언제까지 갈지 궁금해하다가, 화장품 정기구독 서비스 사업을 한 경험을 바탕으로 이 업계를 바라보면 재미있겠다는 생각이 들었다. 꽃 사업을 하겠다고 선언하긴 했지만 사실 화훼업계를 전혀 몰랐고 꽃 시장도, 플로리스트란 직업도 사업을 시작하면서 처음 알았다. 거의 무지몽매한 상태에서 시작했던 것이다. 그래도 망하지는 않겠다고 생각한 근거는 기존에 사업을 운영하면서 겪었던 많은 경험들에 있었다.

"처음에는 공동 창업자와 서로 500만원씩 내서 1,000만원으로 사업을 시작했습니다. 작업장 하나만 구해도 보증금이 2,000만원이 들어가는 상황이니 턱없이 부족한 금액이었죠. 정기구독 서비스로 꽃을 팔아야겠다고 생각한 것도 이 때문이었습니다. 꽃을 사거나 작업장을 빌릴

자금이 없으니 먼저 구독자를 모으고 그 비용으로 사업을 운영하면 승산이 있을 거라고 봤습니다."

당시 E-커머스 쪽으로 발을 뻗지 않았던 보수적인 화훼업계의 환경은 그에게 유리하게 작용했다. 2014년 당시 중개몰은 있었지만 어느 곳도 온라인으로 꽃을 직접 팔지 않았고 비슷한 길을 가는 경쟁사조차 없었다. 그는 공대 출신답게 홈페이지 제작에서부터 브랜드·패키지 디자인, 마케팅까지 일인다역이 가능해 초기 창업비용을 많이 절약할 수 있었다.

마케팅에도 돈을 들이지 않았다. 어차피 꽃을 안 사는 사람에게 꽃을 사라고 어필하는 건 쓸데없는 일이었다. 꾸까라는 브랜드를 앞세우기보다 페이스북을 통해 꽃이 주는 행복이 어떤 것인지, 꽃으로 인해 우리 삶에 어떤 변화가 오는지 등에 철학적으로 접근하며 '꽃을 일상에서 즐기는 문화'를 널리 알리기 위해 노력했다. 그가 꾸까를 시작하게 된 계기와 꾸까라는 브랜드가 만들어지기까지 전 사업 과정을 글과 사진으로 상세히 기록하며 열심히 팔로어를 모았다.

박 대표는 이전에 사업하면서 사업가별로 지닌 역량이 다르기 때문에 사업 방식에도 각기 차별성이 있다는 것을 깨달았다. 그가 가장 잘할 수 있는 것은 사람들과 글로 소통하며 하나의 문화와 브랜드를 만들어가는 것이었고, 그는 이 장점을 백퍼센트 활용했다. 그렇게 한 달 정도 페이스북에 사업 준비 과정을 진실성 있게 모두 공개한 결과 잠재 고객을 모으는 데 성공해 꾸까 론칭 당시에는 팔로어가 3만 명으로 늘어났다.

마침내 론칭 당일인 4월 15일 그는 꽃 150박스를 준비해 페이스북 팔로어 3만 명 중 50명에게 꽃을 주는 이벤트를 진행했고 1분 만에 마감이 될 정도로 반응이 좋았다. 나머지 100개 중 20개는 언론사 기자, 30개는 인플루언서 그리고 나머지 50개는 여직원이 많은 회사에 다니는 지인들에게 보냈다. 단, 무조건 회사에서 꽃을 받아야 한다는 조건을 내걸었다.

"여직원이 많은 회사에 다니는 지인들에게 꽃을 보냈더니 누구한테 받았느냐며 많이들 궁금해했다고 하더군요. 이런 반응이야말로 꾸까가 계획한 의도였습니다. 특별한 날이 아니더라도 일상에서 꽃을 받는 기쁨, 그런 경험을 하는 모습을 많은 분에게 보여주고 싶었습니다."

론칭 2주일 뒤 1만 9,900원을 내고 한 달에 두 번 꽃을 정기 배송받는 1차 꾸까 구독권 판매를 시작했다. 1차로 준비한 400개의 꽃 구독권이

10분 만에 모두 팔렸고 2차에는 구독권 600개가 빠르게 매진되는 등 두 달 만에 1,000개의 구독권을 모으며 승승장구했다.

커피가 일상이 됐듯, 꽃도 일상으로 만들다!

유럽의 선진국은 물론 일본도 1인당 꽃 소비액이 12만~13만원에 달하는데, 국내 소비액은 그 10분의 1에 불과한 1만 3,000원 수준이다. 일본에서도 1990년대에 국민소득이 성장하며 꽃 소비액이 급격히 늘어난 것처럼 우리나라에서도 향후 5~10년간 꽃 소비액이 늘어날 것으로 예상된다.

"1999년 스타벅스가 처음 우리나라에 들어오고 2005년경 '된장녀, 밥 한 끼 값으로 커피 한잔 마신다'는 내용의 뉴스가 헤드라인을 장식했습니다. 하지만 점차 커피 산업이 발전하면서 커피를 마시는 게 일상이 되었고, 커피 공화국이라고 불릴 정도로 커피 마시는 인구가 늘었습니다. 꽃도 이와 같은 길을 걸을 거라고 확신합니다. 지금으로부터 5~10년이 지난 후에는 선물용이 아니라 나와 가족을 위해 꽃 한 다발 사서 식사 자리에 꽂아두는 일이 자연스러워질 것입니다."

박 대표는 꽃의 일상화를 위해 그동안 꽃이 E-커머스 산업이 되지 못한 원인을 하나씩 해결해 나갔다. 먼저 배송 서비스다. 그동안 꽃을 받는 방식은 직접 꽃집에 가서 꽃을 사거나 최대한 상하지 않도록 퀵 서비스를 이용하는 것의 두 가지였다. 그는 전국 어디서든 같은 품질의 커피를 마시듯 어디서나 즐길 수 있도록 동일한 품질의 신선한 꽃을 제공하는 기업이 되어야 한다는 신념으로, 업계 최초로 우체국 택배를 이용해 전국에 꽃을 신속하고 안전하게 배송하는 시스템을 구축했다.

"꽃으로 수익을 내는 장사를 하겠다는 개념보다 하나의 꽃 기업이 되고자 하는 큰 그림을 그리고 시작했습니다. 화훼업계에서 과연 기업이 가능할까가 큰 과제였는데, 그걸 하나씩 증명해내고 싶습니다. 보통 술집에 가서 소주를 시킬 때 참이슬이나 처음처럼을 고르지, 어떤 소주를 고를지 인터넷에 검색하지는 않습니다. 그런데 꽃을 살 때는 인터넷을 검색하죠. 왜냐하면 잘 모르니까요. 이런 형태의 소비재 산업은 꽃 외에는 없습니다. 앞으로는 꽃을 살 때 꾸까라는 브랜드만 보고도 믿고 구입할 수 있는 국내 대표 꽃 기업을 만들고 싶습니다."

그는 사업의 성장 흐름에 따라 꾸준하게 사업 모델을 변화시켜 왔다. 먼저 꽃 문화를 널리 전파하고, 마켓이나 플라워 클래스 등을 통해 꽃을 경험하는 기회를 늘리고 구독자를 모으는 데 힘썼다. 한 단계 더 큰 발전을 위해 두 번째 전략도 철저히 준비 중이다. 바로 꽃 작업의 기계화다.

"단순히 매월 성장하며 많은 수익을 남기는 꾸까가 아니라, 꽃 회사인데 해외 진출도 하고 매장도 전국에 1,000~2,000개 정도 오픈하고, 전문적인 꽃 작업 기계 설비로 일정한 품질의 꽃을 하루에 1만~2만개 자동으로 생산해내는 기업을 목표로 하고 있습니다. 보통 꽃 작업을 대부분 수작업이라고 생각하지만 사람이 직접 필요한 과정은 전체의 30%밖에 되지 않습니다. 저는 전문 플로리스트가 꽃을 디자인해 사이

국내 최초 월정액 꽃 구독 서비스 꾸까의 온라인 몰

즈를 맞추면 꽃을 다듬고 포장해서 내보내는 일련의 과정을 다 기계가 대신해야 한다고 생각합니다. 플로리스트가 원활하게 꽃을 디자인하는 데 더 집중할 수 있도록 환경을 조성하고, 나머지는 안정적으로 시간당 꽃 생산량을 계산할 수 있을 정도의 프로세스를 구축해야 합니다."

그가 그린 꽃 작업의 기계화에는 많은 투자비용이 들어간다. 하지만 국내 화훼산업의 발전을 위해서는 반드시 필요한 과정이다.

꾸까는 자체 온라인몰 외에 광화문, 이태원, 잠실 롯데타워 세 곳에

사람들이 정서적으로 힘들 때나 꽃이 있어야 한다고 생각할 때 매월 계절에 맞는 꽃을 새로운 감각으로 소개하는
것이 꾸까의 접근 방식이다.

오프라인 지점을 운영 중이다. 주요 서비스는 월정액 꽃 정기구독이지
만 꽃이 필요한 순간을 위한 전국 꽃 배송과 꽃 농장에서 공수한 신선한
꽃을 오프라인에서 판매하는 파머스 마켓도 운영한다. 그리고 베네피
트, 배스킨라빈스, 킷캣, 모나미 등 다양한 브랜드와 30여 차례에 걸쳐
협업한 한정판도 출시하는 등 일상에서 다양하게 꽃을 즐기는 새로운
방법을 제시하고 있다. 기업 간의 거래도 활발히 진행 중이다. BMW,
삼성전자, 로레알, 카르띠에, 몽블랑 등 기업의 다양한 수요에 맞는 꽃
을 제공해 기업용 꽃 시장을 합리적으로 개선하기 위한 활동도 전개하
고 있다.

　박 대표가 생각하는 구독 서비스의 개념은 두 가지다. 실제 생활에서
지속적으로 구매가 필요한 생필품 서비스가 하나의 축이고, 삶의 질을
높여주는 그림이나 화장품, 꽃 등 큐레이션이 필요한 서비스가 나머지
하나의 축이다. 꾸까의 정기구독 서비스는 후자에 속한다. 사람들이 정

서적으로 힘들 때나 꽃이 있어야 한다고 생각할 때 매월 계절에 맞는 꽃을 새로운 감각으로 소개한다는 것이 꾸까의 접근 방식이다.

그도 처음에는 '왜 꽃 문화까지 정착시켜가며 꽃 사업을 해야 할까'라는 생각을 잠시 해보았다. 하지만 꾸까가 오프라인으로 진행한 플라워 마켓을 통해 국내에서도 예전에 비하면 기대 이상으로 꽃 문화가 많이 발전했다는 것을 확실히 느꼈다.

"꾸까가 점차 성장하면서 사람들이 꽃에 전보다 관심을 많이 보이는 게 느껴졌지만 실감이 나지는 않았습니다. 영국 런던에 콜롬비아 로드라는 곳이 있는데, 거기서는 일요일마다 알록달록한 꽃들이 끝없이 펼쳐지는 플라워마켓이 열립니다. 사람들이 큰 화분에 꽃을 잔뜩 사서 가지고 다니는 모습이 너무 행복해 보였습니다. 국내에도 이런 모습과 문화를 전파하고 싶어 꽃을 3,000단 정도 준비해 꾸까 광화문점에서 팔았죠. 콜롬비아 플라워마켓처럼 꽃을 산처럼 쌓아놓았는데 6시간 만에 이 꽃이 다 팔렸어요. 손님들이 30분 정도 줄을 서서 들어와 꽃을 사는 모습을 보고 이때 정말 국내에도 꽃을 즐기는 문화가 생겼다는 걸 피부로 느꼈습니다."

그는 성공적이었던 첫 플라워마켓 이후에도 네덜란드에서 튤립을 직수입해 튤립 페스티벌을 진행했고, 현대백화점 신도림점에서도 같은 방식으로 플라워마켓을 열었다. 20초에 한 번씩 결제할 정도로 반응이 뜨거웠다.

이를 통해 꾸까를 기업으로 만들고자 하는 박 대표의 비전은 더욱 명확해졌다. 그는 이제 꽃 문화를 만드는 사람으로서 큰 책임감을 느낀다

꾸까는 영국 런던의 플라워마켓을 벤치마킹한 광화문점 플라워마켓에서 준비한 꽃 3,000단을 완판해 화제를 모았다.

고 말한다. 처음에 사업적으로 접근한 건 사실이지만 이렇게 빨리 꽃 문화가 정착될 줄은 그 자신도 몰랐다. 그가 꿈꾼, 그가 그토록 바라온 꽃의 일상화는 점차 현실이 되어가고 있다.

"우리나라를 대표할 꽃 브랜드로 대중에게 인식되는 그날까지 꾸까를 열심히 성장시킬 것입니다. 그래서 꽃 하면 꾸까, 꾸까 하면 꽃이 자연스럽게 연상되는 그런 브랜드로 자리 잡고 싶습니다."

박 대표는 문화를 바꿀 수 있는 건 글밖에 없다고 강조한다. 그는 글이 주는 힘을 믿는다. 페이스북에 진실하게 쓴 그의 글이 결국 사람들의 마음을 움직였고, 그런 사람들이 점차 늘면서 꽃 문화가 국내에 싹을 틔웠기 때문이다.

"사업을 하다 보면 어려운 순간이 끊임없이 찾아옵니다. 포기하고 싶을 때가 한두 번이 아니고 스트레스도 생각보다 훨씬 큽니다. 저 역시 정신과에 찾아갔다면 공황장애 진단을 받았을 정도로 스트레스를 많이 받았습니다. 그런데 이런 고민과 모험 없이 안정적으로 수익을 얻고 싶어 하는 분들도 많습니다. 막상 해보면 그리 멋있는 일이 아니어서 바닥부터 긁는 삶을 살게 될 수도 있지만, 이는 내가 이루고자 하는 가치를 얻기 위한 하나의 과정일 뿐입니다. 망해도 괜찮다고 생각하고 배포 있게 밀고 나가야 합니다. 돈을 잃어도 '이거 했으면 됐어!'라고 생각할 줄 아는 마인드를 가져야 합니다. 창업가들은 수면제를 많이 먹습니다. 고민이 많아 잠을 못 자기 때문이죠. 하지만 그 시간이 지나고 나면 자신은 물론 회사도 한 단계 성장해 있을 겁니다. 이런 사업가의 삶을 자연스럽게 받아들일 수 있는 자세와 태도를 지닌다면 분명 원하는 바를 꼭 이룰 수 있을 거라고 믿습니다."

4장

압도적인 비주얼로
'보는 맛'을 사로잡다

15. SNS에 올린 1분짜리 짤막한 레시피 영상으로 푸드 PB커머스를 장악하다
전 세계 2,600만이 즐기는 No. 1 푸드 컴퍼니, 쿠캣

16. 트렌드에 맞춘 발 빠른 전략과 독서 경영으로 600억 기업을 만들다
건강바이오 전문 기업, 휴럼

17. 광고비 0원, 유명세보다는 제품력으로 닭가슴살 시장을 석권하다
닭가슴살 브랜드, 허닭

18. 카이스트 공학 석사 출신, 피자계의 맥도날드를 향해 힘차게 비상하다
국내 최초 1인 화덕피자 프랜차이즈, 고피자

19. 배포 큰 농사꾼 아들이 농민과의 상생을 위해 만든 푸드 플랫폼
스페셜티 푸드 컴퍼니, 식탁이 있는 삶

㈜쿠캣 | 이문주 | 33세 | 2015년

- 누구보다 빨리, 새롭게, 전문적인 푸드 콘텐츠 영상으로 모바일 영상 시장에 승부수를 띄우다!
- 사업의 큰 디딤돌 역할을 한 '오늘 뭐 먹지?' 페이스북 채널로 460만 명의 사용자를 확보한 후 창업!
- 위기 때마다 빛을 발한 사업 설명 '5분 스피치'! 아니다 싶으면 발 빠르게 방향 전환!
- 확보한 사용자들을 대상으로 한 PB 커머스 사업으로 소위 대박을 치다!

15

SNS에 올린 1분짜리 짤막한 레시피 영상으로 푸드 PB커머스를 장악하다

전 세계 2,600만이 즐기는 No.1 푸드 컴퍼니, 쿠캣

전 세계에 구독자 2,600만명을 보유한 국내 최대 온라인 푸드 콘텐츠 채널 '쿠캣'의 이문주 대표. 앳된 외모에 달변가다운 말솜씨를 겸비한 그는 자신의 성공 비결을 '하고 싶은 일은 무조건 해보자'는 뚝심이라고 말한다.

청주에서 공부 잘하기로 소문난 모범생이었던 그는 대학에 들어가면 '하고 싶은 일은 다 해보겠다'는 생각으로 재수 끝에 고려대학교 심리학과에 입학했다. 학과 공부에 관심을 두기보다는 뮤지컬 배우의 길을 가고자 단편영화도 찍고, 아카펠라와 영화 OST까지 도전하며 바쁘게 버킷리스트를 지워나갔다. 하지만 아무리 노력해도 일정 수준 이상을 넘지 못한다는 한계를 절감했다. 그는 남들이 취업 전선에 뛰어들 때 벤처 기업을 운영하는 선배 회사에서 인턴을 하며 창업에 눈을 떴다. 새로운 일을 기획하고 조직을 갖춰서 목표를 향해 나가는 창업 과정이 그에게는 새로운 재미였다.

뮤지컬 배우에서 '모두의 지도' 대표로

2013년 말 대학교 4학년이었던 이 대표는 창업경진대회에 나가 '모두의 지도'로 상금을 받고, 정부 지원 스타트업으로 발탁되면서 학생 창업을 시작했다. 모두의 지도는 구글 맵 서비스를 기반으로 사용자가 원하는 조건을 입력하면 내 주변 장소 중에서 그에 적합한 곳을 찾아주는 앱이다. 일종의 집단지성 서비스인데, 그 당시 통계학을 복수 전공할 만큼 그는 빅데이터에 관심이 많았다.

그의 새로운 아이디어는 고려대학교 학생 절반 정도가 이용할 만큼 큰 인기와 주목을 받았다. 이에 탄력을 얻어 투자를 유치하면서 안암동에서부터 이대, 신촌, 이태원 등으로 지역을 넓혀갔다. 하지만 서비스는 새로웠으나 수익을 낼 수 있는 비즈니스 모델이 부족했다. 많은 사람들이 '모두의 지도' 앱을 이용했지만 돈이 벌리는 구조는 아니었다.

그러다 한 대기업이 투자를 약속했다. 부랴부랴 법인을 만들고 직원들에게 월급도 줬다. 하지만 회사 내부에 문제가 생겼다며 그 대기업이 투자를 차일피일 미루는 가운데 몇 개월이 흘렀고, 회사 사정이 어려워지자 인턴 1명을 제외하고 10명의 직원들이 모두 회사를 떠났다. 그나마 모아놓은 돈도 바닥이 났다. 개발자 베이스의 회사인데 개발자가 다 나갔으니 돈도 잃고 사람도 잃은 깡통 회사가 됐다.

위기를 기회로 만든 완벽한 '5분 피칭'

인턴으로 일하던 후배 1명만 남은 상황에서도 이 대표는 성공의 끈을 놓지 않았다. 마지막으로 한번 더 도전해보고 싶어 엔젤투자자들이 모이는 '고벤처포럼'에 나갔다. 참가자에게는 투자자들 앞에서 자신의 사업에 대해 일목요연하게 알리는 '5분 피칭(투자 설명)' 기회가 주어진다. 회사의 미래가 걸린 그 5분이 그에게는 무엇보다도 절실한 순간이었다. 이를 위해 수천 번 연습하고 녹음만 200번을 넘게 했다. 그리고 예상 질문과 답도 A4 두 장으로 정리해 달달 외웠다.

그의 패기 넘치는 '5분 피칭'은 성공적이었다. 고벤처포럼의 고영하 대표는 그런 그를 보고 사업 아이템이 좋은지는 잘 모르겠지만 말재주가 있다고 칭찬하며, IT솔루션 전문업체인 ㈜씨앤티테크 전화성 대표를 소개해 주었다. 얼마 후 전 대표를 만나 고벤처포럼과 마찬가지로 사업 계획에 대한 '5분 피칭'을 자신 있게 선보였고, 그 자리에서 바로 5,000만원을 투자받았다.

"학생 창업이다 보니 어리고 잘 몰랐습니다. 투자를 받고 이번에는

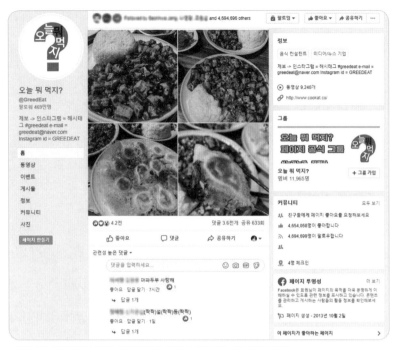

구독자 약 250만명을 보유한 페이스북 음식 콘텐츠 서비스 '오늘 뭐 먹지?' 페이지

기필코 성공하리라 다짐했는데, 여전히 돈을 벌 수 있는 안정적인 비즈니스 모델이 없었습니다. 기업의 본질은 지속가능한 성장이고, 지속가능한 비즈니스 모델이 있어야 하는데 그게 없었죠. 그렇게 고민하던 중 전화성 대표가 '오늘 뭐 먹지?'란 푸드 채널을 운영하는 '그리드 잇' 윤치훈 대표를 소개해 주셨습니다."

파워 블로거 출신인 윤 대표는 페이스북 구독자 약 250만명을 보유한 음식 콘텐츠 서비스를 운영 중이었다. 모두의 지도는 기획력과 추진력, 실행력이 강하고 '오늘 뭐 먹지?' 페이스북 채널을 운영하는 그리드 잇은 마케팅 파워가 있어 사람을 모으는 능력이 뛰어났다. 주변에서는 이 두 곳이 합병하면 잘될 것이라는 의견이 지배적이었다. 6개월 뒤인 2015년 6월 이 두 곳이 합병하면서 그는 그리드 잇(쿠캣 전 사명)의 대표가 됐다.

그리고 다시 투자자를 찾다가 고려대학교 교수님에게서 미국에서 벤처 캐피탈을 운영하는 투자자를 소개받았다. 강남역 커피빈의 조그만 테이블에서도 그의 완벽한 5분 피칭은 빛을 발했다. 그 결과 두 회사가 합병해 사업을 시작할 수 있는 초기 자금인 5억원의 투자 유치에 성공했다. 그의 준비된 5분 피칭은 마치 위기를 기회로 바꿔주는 열쇠와도 같았다.

전문성 강화한 푸드 콘텐츠 영상으로 가장 먼저, 빠르게 출발!

"그 당시 회사가 나아가야 할 방향에 대해 고민이 많았습니다. 이미 250만 명의 구독자를 보유한 '오늘 뭐 먹지?' 페이스북 채널을 압도적으로 키우고, 그 사용자들에게 메시지를 줄 수 있도록 페이스북 기반의 제대로 된 푸드 콘텐츠 방송국이 되면 좋겠다고 생각했습니다."

그때는 모바일과 통신 기술이 발달하면서 사람들이 점점 페이스북으로 영상을 보기 시작한 시점이어서 페이스북의 무게중심이 사진과 글에서 영상으로 옮겨지고 있었다. 이 대표는 앞으로는 영상 콘텐츠를 페이스북이나 유튜브로 보게 될 것이니 그들이 기존 방송국의 역할을 대체하면 될 거라고 예상했다.

이 대표는 20~30대를 대상으로 한 본격적인 푸드 콘텐츠 회사가 되기로 마음먹고 회사 이름을 ㈜쿠캣Cookat으로 지었다. 그동안 '오늘 뭐 먹지?' 채널의 레시피 영상은 사용자들이 제공하거나 핸드폰으로 간단하게 촬영하는 아마추어 수준이 대부분이었다. 전문 푸드 방송국이 되기로 한 이상 새로운 콘셉트가 필요했다. 연구 끝에 미국 유명 매체 버즈피드BuzzFeed사에서 만든 '테이스티Tasty' 채널을 벤치마킹하기로 했다.

테이스티 레시피 영상은 부감(위에서 피사체를 내려다보며 촬영하는 것) 형태로 한 요리를 만드는 과정을 찍은 1분짜리 짤막한 영상이다. 한 앵글로 빠르게 레시피 영상을 보여주는 재미와 집중도 높은 구성을 앞세워 전 세계적으로 폭발적인 인기를 끌었다. 정보성도 좋아 공유 속도도 빨랐다. 이 대표는 한식 기반의 아시아 음식을 주제로 이 기법을 활용해 촬영하면 좋은 푸드 콘텐츠를 만들 수 있을 거라고 직감했다.

우선 카메라 세 대를 샀다. 하지만 부감 형태의 감각적이고 빠른 레시피 영상을 만들기란 말처럼 쉽지 않았다. 학교 선배였던 방송국 PD의 도움으로 첫 쿠캣 레시피 영상을 제작하여 '오늘 뭐 먹지?' 페이스북 채널에 처음으로 공유했다.

놀랍게도 사람들은 그동안 보지 못한 부감 앵글의 빠른 레시피 영상에 큰 반응을 보였고, 공유 첫날부터 하루에 1만명씩 구독자가 늘어나 30일 동안 구독자가 30만명이나 늘었다. 사용자들의 폭발적인 반응을 보며 느낀 흥분과 감동은 그에게 아직도 선명하게 남아있다.

정확한 타깃 설정, 트렌드에 맞는 새롭고 전문성 있는 레시피 영상은

'오늘 뭐 먹지' 채널의 레시피 영상은 미국 유명 매체 버즈피드BuzzFeed사에서 만든 '테이스티Tasty' 채널을 벤치마킹했다.

100일 만에 사용자 100만명 확보라는 성공적인 메시지를 가져다주었다. 그 후에도 지속적으로 구독자가 늘어나 현재 쿠캣은 전 세계에 약 2,600만명의 구독자를 보유한 국내 최대 푸드 채널이 되었다.

쿠캣이 성장할 수 있었던 데는 쿠캣의 콘텐츠가 요리에 대한 관심이 늘어나는 사회적 트렌드와 잘 맞아떨어진 것도 있지만, 앞으로는 영상을 TV가 아닌 모바일로 볼 것을 미리 감지한 이 대표의 통찰력도 한몫했다. TV로 볼 때는 가족이 모두 모여 보는 집단 콘텐츠가 인기를 끌었지만, 앞으로 모바일로 보는 시대에는 음식, 패션, 뷰티 등 개인화된 콘텐츠 수요가 늘 것이고 그중에서도 하루에 세 번 이상은 무엇을 먹을지 고민하는 음식 콘텐츠가 대세가 될 것으로 판단했다. 이런 모바일 푸드 콘텐츠 트렌드를 가장 빨리 캐치해 선보인 것이 쿠캣이고, 그런 만큼 더욱 가파른 성장세를 이어갔다.

새로운 레시피 영상으로 승승장구하던 쿠캣은 2016년 9월, 케이넷투자파트너스와 캡스톤투자파트너스에서 추가로 50억원을 투자받았다. 첫 번째 펀딩에서는 전문성을 강화한 새로운 레시피 영상으로 전세계에서 수만명의 구독자를 확보해 채널 영향력을 높였다면, 두 번째 펀딩에서는 이를 바탕으로 새로운 수익 창출을 위한 비즈니스 모델을 구축하는 데 집중했다. 그리고 푸드 콘텐츠 방송국을 넘어 글로벌한 푸드 컴퍼니로 성장하겠다는 큰 꿈을 꾸기 시작했다.

사용자들의 니즈에 맞춘 PB 상품으로 사업 확대

"SNS의 푸드 콘텐츠를 대부분 장악하면 앞으로 새로운 음식 트렌드를 만들어갈 때 쿠캣의 영향력이 커질 것이고, 이것을 바탕으로 사람들이 좋아하는 음식을 판매한다면 큰 푸드 컴퍼니로 성장할 수 있을 거라고 생각했습니다. 전 세계 사용자들이 2,600만명이고, 한 달에 기록하는 뷰 수만도 5억 이상이니, 새로운 음식을 소개하면서 맛있는 음식을 판매하면 국내뿐 아니라 전 세계 푸드 시장에서 승산이 있을 거라고 봤죠."

쿠캣이 제일 잘하는 건 재미있고 새로운 푸드 콘텐츠를 기획하고 수준 높은 레시피 영상을 만드는 것이다. 또 잘하는 것이 있다. 새로운 음식이나 메뉴, 맛집에 대한 발 빠른 소식을 전하고, 할머니들이 20대가 좋아하는 음식을 가마솥에 해먹는 '가마솥 힙스터즈'와 같은 참신한 기획물도 만든다. 푸드 콘텐츠 방송국인 만큼 가수 홍진영, 에이핑크, 허각, 노라조, 엑소, 슈퍼주니어 등의 스타들이 출연해 큰 화제를 모으기도 했다.

"사용자들과 소통하는 알고리즘을 파악하면 어떤 콘텐츠를 만들어야 하는지 방향이 잡힙니다. 예를 들어 100만명의 구독자가 있는 채널에 콘텐츠를 올리고 약 5만명 이상이 반응하면 지속적으로 그런 영상을 업로드해야 하지만, 약 5,000명 정도가 반응하는 데 그친다면 재미가 없다는 뜻으로 보고 즉시 방향 전환을 해야 하죠. 이렇게 사용자들의 반응에 따라 콘텐츠를 제작하면 구독자는 지속적으로 늘어날 수밖에 없습니다."

쿠캣은 20~30대 여성들을 타깃으로 잡고 그들이 좋아할 만한 레시피 영상, 신제품과 신메뉴, 맛집 등을 재미있게 소개하는 콘텐츠로 팔로어를 지속적으로 늘려나갔다. 쿠캣의 핵심 인력인 콘텐츠팀 직원들역시 타깃층과 같은 20대로 트렌드에 민감하고 새로 뜨는 음식이라면쉬는 날에도 찾아가 먹어볼 정도로 음식에 대한 열정이 남다른 네이버파워 블로거 출신들이다. 그런 만큼 이들이 만든 신박한 푸드 콘텐츠는2030의 취향을 확실하게 저격해 인기가 높을 수밖에 없다.

쿠캣이 이들을 대상으로 새로 론칭한 '오먹상점'은 '오늘 뭐 먹지? 상점'의 준말이다. 수년간 사용자들과 소통하면서 쌓은 데이터를 바탕으로, 이들이 좋아할 만한 PB 제품을 판매하기 위해 오픈했다. 첫 테스트상품으로 녹차의 풍미가 진하게 들어간 녹차스프레드를 선보였는데, 이것은 SNS를 타고 인기를 끌며 크게 퍼져나가 성공적인 첫 출발을 알렸다. 그 이후 쿠키를 갈아 넣은 쿠키스프레드, 인절미 떡을 넣은 인절미스프레드를 론칭했고 줄줄이 대박을 터트렸다. 오먹상점은 최근 '쿠캣마켓'으로 리뉴얼을 마쳤다.

"PB 상품이 잘되다 보니 향후 PB 커머스로 사업을 확장해야겠다고 생각했습니다. 하지만 상품은 나오는 대로 족족 히트를 치는데, 하나의 PB 상품이 나오기까지 6개월이나 걸리니 이 속도로는 어렵다고 판단했어요. 저희가 콘텐츠 회사다 보니 커머스 경험이 부족했던 거죠. 한 제품을 론칭하는 데 돈도 많이 들어서 초기에 적극적으로 시도하지 못한 게 실패의 원인이었습니다."

첫 출발은 성공적이었으나 빠르게 성장하지는 못했다. 하지만 안 되면 처음부터 다시 시작하자는 다짐으로 조직 구성부터 새롭게 바꿨다. 이 대표는 어려움이 닥쳤을 때는 처음으로 돌아가는 용기와 새로 시작하는 실행력이 중요하다고 강조한다. 그는 '되든 안 되든 해보자!'라는 마음으로 다시 PB 커머스에 도전했다.

먼저 사용자들의 니즈가 뭘까 고민하다가 건강에 좋은 저칼로리 다이어트 제품을 만들기로 했다. 그때 다이어트 식품 시장에서 막 떠오르는 아이템이 귀리세이크였는데, 원가가 한병당 1,000원 안쪽인 제품을 시중에서는 3,000원에 판매했다. 쿠캣이 저렴하게 만들고 '오늘 뭐 먹지?' 페이스북 채널에서 홍보하면 마케팅 비용을 따로 쓰지 않아도 되니 가격을 낮춰 판매하면 필승이라고 생각했다.

바로 제조사와 연락하고 라벨을 디자인해 다른 곳보다 30~40% 저렴한 가격에 제품을 출시했다. 론칭 첫날에만 2,000만원 어치가 넘게

띵커바디셰이크

팔려나갔다. 기획부터 제품 출시까지는 정확히 26일이 걸렸다. 귀리셰이크는 쿠캣 오먹상점의 베스트셀러 제품이 됐고 서리태, 쑥, 호박, 고구마 등을 연이어 출시해 100만개 넘게 팔았다. 그다음으로 저칼로리 곤약면을 선보여 6개월 동안 25만개 이상을 팔았다. 홈쇼핑처럼 타임딜로 판매한 곤약 젤리는 하루에 1억 5,000만원 이상의 매출을 기록하며 PB 커머스에서 두각을 나타냈다.

"다이어트 식품이 계절을 타더라고요. 겨울에는 매출이 뚝 떨어졌죠. 그래서 다음 아이템을 고민하다가 간편하게 즐길 수 있는 HMRHome Meal Replacement(가정간편식) 쪽으로 방향을 바꿨습니다."

몇해 전부터 물가 상승으로 인해 외식하기가 부담스러울 정도로 음식값이 올랐다. 점심 한 끼에 1만원이면 싸다고 할 정도이니, 특히 쿠캣의 주요 타깃인 혼자 사는 20~30대들에게는 높은 물가가 더더욱 피부에 와닿을 것이 분명했다. 이에 집에서 저렴하고 간단하지만 맛있는 한 끼를 찾는 수요가 늘어남에 따라 이들을 충족시킬 HMR을 만들기로 했다.

이 대표는 한 가지를 계속 밀고 나가는 대신 시대의 변화에 따라 방향을 잘 바꾸는 것도 영업 전략의 포인트라고 말한다. 트렌드에 따라 빠르게 방향을 전환해야 살아남을 수 있기 때문이다. 그는 다이어트 식품에서 맛있고 간편한 HMR로 다시 노선을 틀었다. 한 투자자의 소개로, 통영에서 갓 잡은 수산물을 새벽에 서울로 보내 바로 손질해서 신선한 수산물 가공식품을 만드는 얌테이블이란 업체를 운 좋게 만났다.

"그 당시 대방어가 나는 철이었는데 대방어장이 없는 게 이상했습니다. 게장, 연어장은 다 있는데 대방어장이 왜 없을까를 고민했어요. 대방어는 연어와 달리 식감이 아삭하고 기름이 많으니 장을 만들면 맛있겠다 싶었죠. 그런데 신선도가 떨어지면 비린 맛이 나는 문제 때문에 만들지 못했는데, 얌테이블은 신선한 수산물을 바로 손질해 만드니까 맛있는 대방어장을 만들 수 있겠다는 판단이 들었습니다. 이 시장은 스피드가 생명인 만큼 바로 제작에 들어갔습니다."

12월 12일 쿠캣은 세상에 없던 쫀득한 식감의 밥도둑, 대방어장을 가성비 있게 출시했다. 사람들은 대방어장이라는 새로운 음식에 큰 호기심을 보였고 첫날부터 하루에 1,000개씩 불티나게 팔렸다. 남들이 생각하지 못하는 새로운 음식을, 남들보다 빨리, 남들이 이 시장을 감히 넘볼 수 없을 정도로 가격 경쟁력을 높여 보다 저렴하게 파는 것이

방어장, 꼬막장, 딱새우장

바로 쿠캣의 PB 커머스 전략이다. 이렇게 대방어장을 출시하고 주말을 제외한 78일 동안 2만 2,000병 판매라는 기록을 올렸다.

첫 HMR 제품이 대박을 치니 신이 났다. 연이어 꼬막장, 딱새우장, 연어장, 깐새우장 등 재미있는 장 시리즈를 줄줄이 출시했다. 꼬막장은 2분에 1개씩 팔릴 정도로 인기가 높았다. 하루에 1,000개까지 만들 수 있는데 5만병이 넘게 팔았다. HMR 론칭 석 달 만에 리뷰가 1만 3,000개나 달릴 정도로 쿠캣의 가정간편식에 대한 반응은 폭발적이었다.

2018년도 매출은 79억원이었으며, HMR 출시 이후인 2019년도에는 연매출이 200억원 이상일 것으로 예상한다. PB 상품을 출시한 이후 매달 30%씩 성장 중이다. 최근에는 떡볶이, 만두 등 카테고리를 점점 확장하는 중이다.

쿠캣이 이렇게 가성비 좋은 제품을 만들 수 있었던 비결은 바로 '오늘 뭐 먹지?' 페이스 채널을 이용한 마케팅 비용 절감 덕이다. 마케팅 비용이 크게 들지 않으니 저렴한 가격에 질 좋은 음식을 빠르게 시장에 출시해 선점하는 것. 이것이 바로 쿠캣의 PB 커머스 운영 방식이다.

마진을 크게 남기면 경쟁사가 시장에 대거 진입하고 당연히 마케팅 효율도 점차 떨어지기 마련이다. 그렇게 2~3달 정도 지나면 마케팅 비용 대비 매출이 크게 떨어지니 남은 제품들을 덤핑으로 처리할 수밖에 없는 상황이 되고, 그 결과 제품이 지속적으로 가지 못하고 사라진다. 쿠캣은 '오늘 뭐 먹지?'란 페이스북 채널과 인스타그램을 통해 마케팅 비용을 줄이면서 마진율을 적게 잡으니 가격 측면에서만 봐도 경쟁사가 들어오지 못한다. 또 소비자들에게 신박하고 가성비 좋은 제품을 제공한다는 것이 꾸준히 인지되면서 판매가 지속적으로 이어지고 있다.

쿠캣은 이미 20~30대들이 새롭고 재미있는 음식을 저렴하게 즐길 수 있는 시장을 만들었다. 이 대표는 이런 구조로 계속가면 이 시장에서는 무조건 필승이라고 본다. 그래서 최근 GS, KB증권 등에서 추가로 펀딩을 받았다.

쿠캣은 코엑스와 손잡고 4년째 푸드 페스티벌 '잇 더 서울Eat The Seoul'이란 오프라인 행사도 진행하고 있다. 코엑스광장에서 열리는 이 행사는 푸드와 엔터테인먼트를 결합한 '푸드테인먼트'를 지향하는 국내 최대의 푸드 페스티벌로 자리매김했다.

SNS상에서 '인싸맛집'으로 알려진 맛집과 푸드트럭이 집결하는데, 하루에 이곳을 찾는 사람들만 2만명이다. 2시간씩 줄을 서서 음식을 사먹을 정도다. 그러다 보니 한 업장당 하루 매출이 1,000만~2,000만원선. 보통 밤도깨비 시장이 잘되면 하루 매출이 300만원이라고 하는데, '잇 더 서울'에 참가하면 벤츠를 뽑아간다는 말이 나올 정도로 매출이 크니 이 행사에 참가하려는 업체들의 경쟁률도 100 대 1 정도로 치열하다.

쿠캣은 코엑스와 손잡고 4년째 푸드 페스티벌 '잇 더 서울Eat The Seoul'이란 오프라인 행사를 진행하고 있다.

누구보다 맛있는 영상을 고민하며, 새로운 음식 트렌드를 이끌어가고 있는 쿠캣. 앞으로도 푸드 콘텐츠에 그치지 않고 커머스, PB상품, 푸드페스티벌 등으로 새로운 푸드 트렌드를 선도하며 많은 사람들에게 맛있는 음식을 더 많이 선보이고 싶은 게 이 대표의 꿈이다.

"맛있는 음식 하나가 사람을 모이게 하고, 하루를 즐겁게 합니다. 그걸 저 스스로도 느끼고 있기 때문에 더 많은 사람들에게 다양한 음식을 즐길 수 있는 기회를 제공하고 싶습니다. PB 상품도 그 일환으로 만들고 있습니다. 대방어장 같은 경우 쿠캣이 아니면 맛볼 수 없는 음식이었죠. 행복은 크지 않은 것 같습니다. 내가 좋아하는 맛있는 음식 하나면 그 순간이 행복하고 일상이 좀 더 풍요로워지죠. 이런 사명감을 갖고 꾸준히 맛있는 음식을 찾아 많은 이들에게 재미있게 선보이면 회사는 자연히 성장할 거라고 생각합니다. 쿠캣을 국내뿐 아니라 아시아를 넘어 전 세계인들이 음식을 통해 하나가 되는, 행복한 일상을 누리는 데 기여하여 긍정적인 효과를 창출해 내는 글로벌한 푸드 컴퍼니로 만드는 것이 꿈입니다."

㈜휴럼 | 김진석 | 52세 | 2005년

- 국문학도, 소설 대신 경영서로 국내 대표 건강기능식품 기업을 만들다!

- 1인 창업자로 시작해 발 빠른 방향 전환으로 600억 기업을 일구다!

- 트렌드를 읽고 변화에 빠르게 대응하는 실행력으로 출시 제품마다 대박 행진!!

- 지속적인 성장을 추구하는 휴럼의 인재경영 비밀, 주제 독서에 있다!

16

트렌드에 맞춘 발 빠른 전략과
독서 경영으로 600억 기업을 만들다

건강바이오 전문 기업, 휴럼

국내 대표 건강기능식품 기업으로 우뚝 선 휴럼은 2005년 요거트 전문회사 후스타일에서 출발했다. 후스타일은 2014년 8월 비전기식 가정용 요거트 메이커 '요거베리'를 홈쇼핑에 처음으로 선보여 150만대가 넘는 누적 판매 기록을 달성하며 처음으로 널리 이름을 알렸다.

후스타일은 '아임요'라는 브랜드로 2010년부터 국내 음료 전문 매장 3,000여 곳에 요구르트 등 음료 제조를 위한 원료를 공급해왔다. 2011년 17억원이었던 매출액은 2014년 홈쇼핑에 '요거베리'를 출시하며 148억원으로 증가했고, 2015년에는 360억원으로 꾸준히 성장했다.

후스타일의 김진석 대표는 2015년 더 큰 도약을 위해 건강기능식품 기업 휴럼을 인수합병해 사명을 휴럼으로 변경하고 본격적인 사업 확장에 나섰다. 위기를 맞았던 휴럼은 김진석 대표의 끊임없는 도전과 노력에 의해 국내 대표 건강바이오 기업으로 성장했다. 인수합병 4년 만에 2019년 기준으로 연매출 600억원을 돌파하며 성장가도를 달리고 있으며, 2020년에는 연매출 1,000억원 이상까지 도전할 계획이다.

300만원으로 국내 대표 바이오 기업 일군 1인 창업가!

김진석 대표의 첫 창업은 1998년도에 이루어졌다. 30대 초반이었던 그는 단돈 300만원으로 〈국방일보〉에 취업정보 광고를 내는 1인 창업에 도전했다.

"대학 졸업 후 학군사관ROTC 장교로 군대에 갔는데 취업정보를 쉽게 구할 수 없었습니다. 여기서 힌트를 얻었죠. 고객의 필요와 불편함을 해결하는 것이 사업이라고 생각했고, 이 불편함을 창업 아이템으로 삼았습니다. 우선 300만원으로 3평짜리 사무실을 얻고 〈국방일보〉에 광고를 내는 것으로 첫 사업을 시작했습니다."

〈국방일보〉에 취업 정보 광고를 내는 사업은 일주일에 하루만 일해도 충분했다. 그는 남는 시간에 다른 사업 아이템을 찾아다니다가 일본에서 여성용품을 수입해 홈쇼핑에 팔았다. 그야말로 '홈쇼핑 1세대'였다. 첫 방송에서 30분 만에 제품을 1억원어치 팔았다. 그의 첫 도전은 성공적이었고, 취업 정보 광고 사업을 접고 홈쇼핑 사업에 본격적으로 뛰어들었다. 이후 2000년대 초반에는 커피를 팔면서 식품업계 쪽과도

요거베리 제품

인연을 맺었다. 두 번째 사업은 기대와 달리 순조롭지 못했다. 하지만 여기서 도전을 멈추지 않고 부족한 부분을 채우기 위해 커피를 본격적으로 공부했다. 서초동 국립중앙도서관에서 커피 유통과 마케팅 관련 국내 논문을 죄다 정독했다. 그때의 경험은 휴럼의 한 축인 카페 원재료 사업(아임요)으로 결실을 맺었다.

국문학과 출신에 고등학교 시절 '문학소년'으로 불릴 만큼 책을 좋아했던 김진석 대표. 그의 창업 아이템은 전부 도서관에서 나왔다고 해도 과언이 아니다. 국립중앙도서관에 출근하다시피 하면서 1년여 동안 논문을 분석해 창업 전략을 세운 뒤 2005년 시작한 것이 바로 후스타일이다. 이렇게 철저한 준비를 통해 탄생한 후스타일은 대표 브랜드 요거베리를 중심으로 요거트 메이커, 건강기능식품 등을 판매하는 건강바이오 전문 기업으로 성장했다. 초반에는 글로벌 프랜차이즈 사업에 주력하다가 2014년 직접 개발한 비전기식 요거트 메이커와 치즈 메이커가 홈쇼핑에서 주목을 받으면서 홈쇼핑 스타 브랜드로 떠올랐다.

서울산업진흥원이 지원하는 하이서울브랜드기업으로 선정돼 우수 강소기업으로 인정받았으며, 2015년에는 대한민국 브랜드대상 국무총리상과 함께 미국 피츠버그 국제발명 전시회에서 금상을 받는 등 국내외에서 브랜드 가치와 기술력을 인정받았다.

이렇듯 숨 가쁘게 달려온 김진석 대표는 여기서 만족하지 않았다. 회사가 차기 성장 동력이 없으면 안 된다는 생각에 한창 성장하는 중에도 5년 뒤 비즈니스 모델을 찾았다. 그 결과 2015년 10월 인수한 것이 연구 중심의 건강바이오 기업 휴럼이다. 더욱 단단하고 전문성 있는 건강바이오 기업으로 사업 영역을 넓히기 위한 또 하나의 계획된 전략이었다.

빠른 트렌드 파악과 실행력 있는 방향 전환이 성공의 비결!

휴럼은 홈쇼핑으로 떠오른 기업이지만 E-커머스로 새롭게 방향을 트는 작업 중이다. 그 이유는 홈쇼핑의 경우 제품 수명이 짧아 기업 입장에서는 자산이 되지 않기 때문이다. 한 아이디어 상품이 홈쇼핑에서 대박을 쳐도 길어야 2년이다. 이후에는 아무리 지속적으로 투자해도 해도 소비자의 관심 밖으로 사라진다. 이와 달리 E-커머스는 온라인 광고나 브랜딩에 쏟는 자산이 축적될 뿐만 아니라 매년 전략적으로 라인을 확장함으로써 브랜드 완성도 또한 높일 수 있다. 김 대표는 우선 자신 있는 분야인 홈쇼핑으로 휴럼을 알리고, 앞으로 주된 판로는 E-커머스 쪽에 비중을 두는 작업을 진행 중이다.

"요거트 메이커인 요거베리로 유명해졌지만 변신을 시도한 이유는 홈쇼핑 회사로 성장한 회사들의 패턴을 분석한 결과, 대부분 제자리로 돌아오는 것을 알았기 때문입니다. 보통 2년이 맥시멈이었죠. 그런 측면에서 휴럼 인수합병 전략도 미리 계획한 것이었습니다. 2014년 8월 홈쇼핑에 요거베리를 론칭하고 2015년 매출이 늘자 바로 전략을 바꿔 투자 유치를 진행했습니다. 요거베리가 한창 상승세를 타자 회사 가치도 함께 높아졌습니다. 전략적으로 시기를 맞추려는 의도가 잘 맞아떨어진 거죠."

김 대표의 예상대로 요거베리는 2년 정도 매출이 늘다 꺾이기 시작했다. 그 사이 그는 건강기능식품 쪽으로 방향을 틀어 철저히 사업 준비를 해나갔다. 요거트 메이커와 건강기능식품의 구조는 완전히 달라서 우선 휴럼을 건강기능식품 기업으로 인식시키는 데 주력했다. 그 일환으로 배우 황정음을 모델로 내세운 '리얼 깔라만C 클렌즈 100'으로 홈쇼핑업계에 승부수를 던졌다. 여름 시즌 다이어트를 공략한 '리얼 깔라만C 클렌즈 100'은 홈쇼핑에서 6개월 만에 100억원의 매출을 기록했다. 이에 홈쇼핑업계에 휴럼에 대한 입소문이 났고 그다음 제품으로 곧이어 '황후의 보이차'를 론칭했다. 황정음이라는 유명 모델을 앞세운 공격적인 마케팅 전략을 내세우지 않았다면 휴럼은 처음부터 자리 잡기 힘들었을 것이다.

리얼 깔라만c 클렌즈 | 황후의 보이차 다이어트

　유명 배우를 모델로 쓴 휴럼의 첫 베팅은 성공적이었다. 이를 계기로 원료사들이 휴럼을 인정하고 보이차 원료를 공급해준 덕분에 '황후의 보이차'를 출시할 수 있었다. 그 당시 보이차는 국내 한 업체에서 독점 판매 중이었으나 김 대표의 부단한 노력으로 독점이 깨지면서 휴럼에서도 보이차를 생산할 수 있었다. 그렇게 탄생한 '황후의 보이차'로 휴럼은 홈쇼핑업계에서 메이저 기업으로 등극했다.

　건강기능식품협회에 따르면 국내 건강기능식품 시장 규모는 2013년 1조 6,855억원에서 2017년 3조 8,000억원, 2018년 4조 3억원으로 꾸준한 성장세를 보이고 있다. 매년 5,000억~1조원 수준으로 계속 성장하고 있으며 오프라인보다는 E-커머스 시장의 비율이 급격하게 늘고 있는 추세다. 그동안 건강기능식품의 주된 판매경로는 오프라인과 홈쇼핑이었다. 하지만 이젠 대부분 온라인으로 무게중심이 넘어가고 있다. 김 대표는 빠르게 변화하는 건강기능식품 시장 상황에 발맞춰 홈쇼핑에서 E-커머스로 판매 채널 전환에 재빨리 대응한 것이 휴럼을 성공으로 이끈 주된 요인이라고 말한다.

"100세 시대를 맞이하며 건강기능식품을 챙겨 먹던 연령대가 40대에서 30대로 낮아지면서 그 수요가 늘어나고 있습니다. 앞으로는 아래로는 20대까지 내려가고 위로도 계속 올라갈 것입니다. 왜냐하면 더 오래, 건강하게 살아야 하기 때문이죠. 향후 건강기능식품 시장 역시 E-커머스로 영역이 확대될 것입니다. 이를 위해 휴럼은 홈쇼핑에서 E-커머스 쪽으로 꾸준히 비중을 늘려왔습니다."

E-커머스 시장 마케팅의 관건은 ROASReturn on Advertising Spend(광고비용의 회수) 분석을 제대로 할 수 있느냐다. TV CF의 경우 초기에 10억~20억원을 투자하면 ROAS가 나왔다. 하지만 건강기능식품 시장이 E-커머스로 옮겨가면서 이 공식은 깨졌다. 이제는 기업이 갖고 있는 빅데이터를 치밀하게 분석한 결과에 따라 제품의 마케팅을 진행해야 한다. 건강기능식품 기업 중에서 이를 제일 잘하는 곳이 휴럼이다.

"온라인 광고를 하려면 어떤 타이밍에 얼마를 투자해서 효율이 어떻게 나오는지를 분석하는 측정 시스템을 구축해야 합니다. 휴럼은 최대한의 마케팅 효율을 끌어내기 위해 다각도로 광고를 진행하고 있습니다. 네이버를 포함해 페이스북, 인스타그램 등 다양한 채널에 제품을 홍보하고, 그 효율을 체계적으로 분석해 광고 채널을 조정하며 매출 및 인지도를 늘리는 중입니다."

김 대표가 E-커머스 사업을 본격적으로 진행한 사례는 바로 프리미엄 유산균 브랜드 '트루락'이다. 당시 유산균은 다양한 효능을 앞세워

비타민을 대체할 건강기능식품으로 주목받았고 국내 유산균 시장의 열기도 뜨거웠다. 대기업은 물론 신생기업들도 대거 유산균 시장에 진출해 있었기에 그만큼 경쟁도 치열했다. 김 대표는 이런 유산균 시장을 성공적으로 공략하기 위해 비교적 경쟁률이 적은 프리미엄으로 타깃을 설정했다. 그는 프리미엄 유산균 시장에 있는 회사들은 대부분 기술 중심이니, 기술과 마케팅을 결합하면 경쟁에서 이길 수 있다고 판단했다.

김 대표는 캐나다와 프랑스 등 유산균 선진 국가들을 찾아다니며 장까지 살아서 가는 유산균 개발에 힘썼다. 그 결과로 2017년 7월 산업통상자원부가 주최하고 대한무역투자진흥공사가 주관하는 '2018년 세계 일류상품'으로 선정된 프리미엄 유산균 브랜드 트루락을 출시했다.

김 대표는 충북 오창에 과감하게 공장을 세우고 설비 라인을 신설하여 직접 생산과 유통까지 도맡았다. 트루락에는 국내 최초로 엔테락 Entelac® 코팅 기술이 접목됐다. 엔테락은 동결 건조한 프로바이오틱스를 한 알 한 알 코팅해 위산과 담즙산의 공격으로부터 유산균을 보호하고 장까지 안전하게 전달하는 4세대 코팅 기술이다.

기존 '트루락 패밀리', '트루락 우먼', '트루락 키즈' 세 라인에서 '트루락 스트롱', '트루락 베베'까지 라인을 확장했다. '트루락'은 휴럼의 메인 브랜드로 온라인에서만 100억의 판매 기록을 달성한 효자상품이 되었다.

이렇게 출시하는 상품마다 대박을 터트릴 수 있었던 것은 김 대표가 비즈니스 모델에 대해 끊임없이 고민을 거듭했기 때문이다. 그는 매월

트루락 제품

같은 일자에 배송하는 유산균 정기배송 서비스에 유산균은 꾸준히 섭취해야 효과적이라는 메시지를 담았다. 2018년 6월 유산균 정기 배송 서비스를 받는 소비자는 2019년 5월 기준 2,000명이 넘는다. 트루락의 매출은 지금도 매월 성장하고 있다. 2018년 3월 6,400만원이었던 월매출은 2019년 5월 8억원으로 늘어났다. 1년 사이 10배 이상 상승한 것이다.

휴럼은 기능적인 제품 개발 외에 재미있는 브랜드 네이밍으로도 유명하다. 네이밍은 소비자가 제품을 이해하고 판단을 내리는 첫 번째 기준이 되므로, 김 대표는 차별화 전략을 가장 유리하게 표현하면서도 소비자에게 친숙하게 다가갈 수 있도록 브랜드 이름을 짓는 데 많은 공을 들였다.

20~30대 젊은 소비자층을 겨냥한 아모케 브랜드의 '빠지리카노', '비우리카노', '빼빼마르젤', '나오라구미', '티도안나젤' 등이 바로 그것

이다. 크라우드펀딩 플랫폼 와디즈를 통해 선보인 아모케 브랜드 5개 제품은 1억원 이상의 누적 펀딩액을 기록했다. 특히 숙취해소 신제품 '티도안나젤'은 와디즈 펀딩 출시 2일 만에 목표금액 대비 1,300%를 달성했다.

기업 성장 동력이 된 독서 경영, 신박한 브랜드 네이밍을 탄생시키다!

"온라인 시장에 20대가 소비 주체로 유입됨에 따라 이들을 겨냥한 건강기능식품 브랜드 아모케를 새롭게 출시했습니다. 기능도 중요하지만 20대에게 중요한 건 감성적 접근입니다. 아무리 좋은 제품을 만들어도 그 제품을 어떻게 알리고 소비자에게 인식시키는가가 성패를 가르는 결정적 한 방이죠. 그래서 직원들의 창의적인 아이디어를 모아 한 번에 제품의 특징까지 어필할 수 있는 신박한 이름으로 승부를 걸었습니다."

김 대표는 직원들이 트렌드를 읽는 통찰력과 빠른 변화에 주도적으로 대응하는 능력을 키울 수 있도록 독서를 독려한다. 그의 경영 철학역시 방대한 독서를 통해 완성됐다. 국문학도로서 소설가를 꿈꿀 때 읽었던 소설책이 경영인이 되고부터는 경영서로 바뀌었을 뿐 그는 늘 손에서 책을 놓지 않았다. 책 읽는 방식도 남다르다. 6개월 단위로 같은 주제의 책을 50~60권씩 보는 방법으로 1년에 100여권에 가까운 책을 읽는다.

전 직원이 참여하는 독서 토론 모임 '책갈피' | 1,500여 권의 장서를 보유한 사내 도서관 '휴라이브'

"한 주제의 책을 6개월 동안 읽으면 항상 그 주제에 대해 생각하게 됩니다. 무엇을 하든 그 관점에서 상황을 바라보게 되고 그 과정에서 통찰력이 향상되죠. 단시간에 전문가로서 역량을 갖출 수 있고 책 내용이 평생 자기 것이 되는 효과가 있습니다. 이런 주제 독서 덕분에 회사가 빠르고 단단하게 성장할 수 있었다고 생각합니다."

휴럼은 직장 내 독서 활성화를 위해 실시 중인 다양한 프로그램으로 3년 연속 독서 경영 우수 직장에 선정되기도 했다. 김 대표는 '독서를 통해 전 직원이 지식근로자로 거듭나고, 선한 의지로 세상과 소통하는 제2의 학교 만들기'라는 독서 경영 비전 아래 2013년부터 독서 경영을 실행해 왔다.

전 직원이 참여하는 독서 토론 모임 '책갈피'는 독서를 통해 조직 공통의 언어를 만들고 부서 간 장벽을 허물기 위해 만들어졌다. 1,500여 권의 장서를 보유한 사내 도서관 '휴라이브', 미니 문고, 저자 강연 등 독서문화 등은 모두 개인적인 취미 단계에서 조직화로 도약하기 위한 노력들이다.

"다양한 책을 읽고 자연스럽게 토론하는 분위기 속에서 개인의 창의력과 상상력이 커지며, 결과적으로 이런 개인의 능력은 기업의 발전에 자연스럽게 녹아듭니다. 책을 통해 배우고 성장하는 독서는 휴럼의 성장에 핵심동력이 되었습니다."

또한 김 대표는 휴럼을 인수하자마자 건강기능식품에 대한 기초적인 부분부터 직원교육에 힘썼다. 그리고 인수합병으로 세 조직을 합쳐야 하는 어려움을 해결하기 위해 매주 사내 교육 프로그램인 '휴럼 아카데미아'를 진행했다.

"M&A를 통해 회사를 합병했기 때문에 세 조직을 잘 합치기 위해 노력했습니다. 휴럼 아카데미아를 만들고 수요일마다 강의를 진행하며 두 가지 효과를 노렸죠. 하나는 조직 간의 소통과 커뮤니케이션 그리고 다른 하나는 개인적 역량 향상입니다."

직원들의 출석 여부를 기록하지는 않았다. 자발적인 성장 의지가 있는 직원들만 참석하기를 원했기 때문이다. 꾸준히 휴럼 아카데미에 참석한 직원들의 70~80%가 업무적으로 크게 성장했다. 직원들의 성장은 곧 기업의 성장이었고 이들이 성장함에 따라 회사도 나날이 발전해나갔다.

휴럼 내에는 직원들의 건강을 책임지는 '헬스케어매니저'가 있다. 헬스케어매니저는 매일 아침 직원들이 아침식사를 할 수 있게 신선한 과일과 요거트, 빵 등 각종 신선한 식재료를 준비한다. 커피와 각종 차 등

여느 카페 부럽지 않은 다양한 메뉴도 제공한다. 이뿐만이 아니다. 피로회복, 활력충전 등에 도움을 주는 건강기능식품도 갖췄다. 아침식사와 건강기능식품은 카페테리아 '휴 라운지'에서 이용할 수 있다. 비타민C, 비타민D, 오메가3, 스피루리나, 마디척 등 다양한 건강기능식품 등을 개인의 건강상태에 따라 처방해준다.

이렇듯 직원들의 복지 향상 외에도 휴럼은 건강기능식품 회사로서 사회적 책임을 다하고 '휴럼이 꿈꾸는 더 건강한 세상'이라는 사회공헌 비전 아래 지역사회와 여성, 어린이 및 청소년, 제주 생태자원 등을 위한 나눔의 가치를 적극적으로 실현하고 있다.

건강기능식품 기업으로서 건강한 동반 성장을 꿈꾸다!

세상의 모든 아이들이 건강하고 행복하게 살 수 있도록 주기적으로 유산균을 지원하며, 매년 겨울이면 모든 임직원이 사랑의 김장 나누기 행사에 참여해 겨울 준비를 제대로 하지 못하는 지역사회의 이웃을 위해 김장 나누기 봉사활동을 진행한다. 또 전 직원이 만든 신생아 배냇저고리를 가정 형편이 어려운 미혼모에게 전달하기도 하며, 청소년들이 보다 책을 가까이 접할 수 있도록 지역사회 내 문화휴식 공간에 도서를 기증하기도 한다.

제2의 삶을 시작하는 기혼 여성을 지원하는 원더우먼 캠페인도 펼치고 있다. 여성의 건강과 역량 강화를 위해 미혼모 지원을 비롯해 경력

휴럼은 다양한 사회공헌 활동을 통해서 건강한 동반 성장을 꿈꾸고 있다.

단절 여성 채용 등 재취업 발판 마련을 위한 활동을 활발히 이어가고 있다. 헬스케어매니저를 경력단절 여성으로 뽑아 재취업 기회를 제공하기도 했다.

휴럼은 이 같은 활발한 사회공헌활동과 직원 복지 지원을 인정받아

지난 2018년 4월 중소기업지원기관 서울산업진흥원SBA이 주최한 '하이서울 PR대상'에서 공적가치실현부문 대상을 받았다.

"처음 사업을 시작할 때부터 장사를 생각해 본 적은 한 번도 없습니다. 1인 창업자로 처음부터 기업을 꿈꿔 왔으니까요. 건강기능식품 기업으로 사회적 역할과 책임을 다하기 위해 앞으로도 다양한 나눔 캠페인과 사회공헌활동을 꾸준히 이어갈 계획입니다. 또 국내를 넘어 해외에서도 휴럼이 건강바이오 기업으로서 좋은 리더와 본보기가 될 수 있도록 항상 노력할 것입니다. 선한 영향력, 좋은 영향력을 미치는 회사를 만드는 것이 휴럼의 목표입니다."

- 사업은 경주가 아니다. 빠르게 하려고 하지 마라! 철저히 파악한 뒤 천천히 그리고 단단히 점유하라!
- 유명세보다는 제품력으로 승부하여 충성도 높은 고정 고객 확보!
- 사업은 자기가 가장 잘 아는 것을 해야 성공한다! 제품력이 먼저, 브랜드는 나중!

17

광고비 0원, 유명세보다 제품력으로
닭가슴살 시장을 석권하다

닭가슴살 브랜드, 허닭

최근 건강한 다이어트와 HMRHome Meal Replacement(가정간편식)의 수요가 함께 늘어나면서 가공 닭가슴살 시장이 눈에 띄는 성장세를 보이고 있다. 그동안 닭 시장은 하림, 동우, 체리부로 등 중견 그룹이 대부분 장악해 왔다. 하지만 몇해 전부터 톡톡 튀는 아이디어와 맛 그리고 건강까지 두루 무장한 신생 가공 닭가슴살 온라인 전문 업체가 중견 그룹을 넘어 닭가슴살 시장에서 큰 성과를 내고 있다.

그 대표적인 회사가 바로 '허닭HEODAK'이다. 허닭은 2010년 개그맨 허경환과 김주형 두 사람이 만들어 함께 운영하는 법인 ㈜얼떨결에서 만든 닭가슴살 전문 브랜드다. 두 공동대표는 지인 소개로 우연히 만났다. 처음 만났지만 오랜 친구처럼 대화가 잘 통했다. 커피를 마시며 한참 수다를 떨다 닭가슴살 사업 아이템이 나왔고, 정말 얼떨결에 마음이

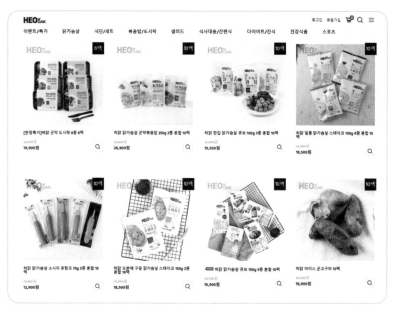

'허닭'은 연예인이 운영하는 브랜드지만 처음부터 유명세가 아닌 오로지 제품력으로 승부했다. 허닭 사이트에서는 허 대표의 모습을 여간해서는 찾아볼 수 없다.

맞아 동업을 시작하게 됐다. 그래서 회사명도 '㈜얼떨결'로 지었다.

얼떨결에 만든 회사, ㈜얼떨결

"허 대표가 신인 때 지인과 의류쇼핑몰을 운영한 적이 있습니다. 생각보다 매출이 늘지 않자 상의하려고 저를 찾아왔죠. 이런저런 대화를 하다가 닭가슴살 이야기가 처음 나왔습니다. 허 대표는 그때나 지금이나 워낙 자기관리를 철저히 하는 연예인으로 유명하고, 다부진 몸매 유지를 위해 거의 매일 닭가슴살을 먹을 정도로 닭가슴살 마니아이자 전문가이기도 합니다. 어떤 닭가슴살이 좋은지 나트륨부터 단백질 등 제품의 함량과 맛까지 철저히 분석하는 것은 물론, 심지어 지금 먹는 닭가슴살들의 문제가 무엇인지 너무 잘 알고 있었습니다. 사업은 자신이 가장 잘 아는 것을 해야 한다는 점에서 닭가슴살이 제격이었기에 제가 허 대표에게 닭가슴살 사업을 해보는 게 어떻겠냐고 제안을 했습니다."

그 즉시 인터넷에 닭가슴살 브랜드를 검색하니 닭가슴살을 전문적으로 취급하는 업체는 몇 되지 않았다. 지금 시작하면 못해도 5위는 될 거라는 생각에 하루라도 빨리 닭가슴살 사업을 함께 시작하기로 결정했다. 그렇게 두 대표는 2010년 7월 4일에 만나 그다음 날인 7월 5일 책상 4개만 들어가는 조그만 사무실에 ㈜얼떨결 회사를 차렸다. 그리고 본격적인 가공 닭가슴살 시장 분석에 들어갔다.

"당시 닭가슴살 시장에는 아직 이렇다 할 주도권을 쥔 브랜드가 없었습니다. 상품별 특색도 따로 없어서 회사명이나 제품명을 고민하기보다는 소비자가 원하는 제품을 기존 업체보다 더 완벽하게 만드는 방법을 연구했죠. 좋은 제품만 만들어 낸다면 브랜드는 그 후에도 인지시킬 수 있다고 판단했습니다."

회사를 차리는 건 하루 만에 가능했지만 제품 출시에는 시간이 걸렸다. 품질을 철저하게 검증하기 위해서였다. 그 당시는 닭가슴살이 아직 대중화되기 전이었고 일부 헬스나 다이어트 전문가들에게만 판매되는 실정이었다. 닭가슴살의 주 소비자인 이들이 매일 주식처럼 먹는 식품인 만큼 맛, 영양 등 모든 면에서 전문화되어 있었다. 제품을 출시했을 때 이들을 사로잡기 위해서는 제품력으로 승부를 봐야 했다.

허닭은 연예인이 운영하는 브랜드지만 처음부터 유명세가 아닌 오로지 제품력으로 승부했다. 허닭 사이트에서는 허 대표의 모습을 잘 찾아볼 수 없다. 제품이 메인이고 허 대표는 제품 리뷰 영상이나 사진 몇 장에 등장할 뿐이다. 워낙 유명하고 이미지가 좋은 연예인인 만큼 그를 앞세운 광고로 매출을 더 높일 수 있는데도 허닭은 처음부터 그런 쉬운 선택을 하지 않았다. 단순히 연예인 CEO가 만든 겉만 그럴싸한 식품 브랜드가 아니라 건강한 먹거리 브랜드로 승부를 내고 싶었기 때문이다. 방송에서도 최대한 사업 이야기를 자제할 만큼 제품이 메인이고 연예인을 통한 광고는 그다음이다.

유명세보다는 제품으로 승부, 충성도 높은 고정 고객 확보!

닭가슴살 시장에서는 장기적으로 볼 때 한순간의 광고효과보다 고정 고객, 즉 단골이 얼마나 되는가가 회사의 핵심 매출을 좌우한다. 그래서 제품 자체가 중요하다. 광고로 소비자를 모으고 주목받아 한순간에 팔고 사라지는 것은 두 대표 모두 원치 않았다. 투자한 시간만큼 고객이 늘어나야 사업이 제대로 굴러가는 거라고 생각했다.

"허닭은 회원들의 브랜드 신뢰도가 비교적 높습니다. 광고로 모인 고객이 아니기 때문이죠. 식품회사의 경우 짧은 기간에 얼마나 빨리 매출을 올리는지보다 얼마나 오래 회사를 지속하고, 얼마나 탄탄한 고객층을 확보하느냐가 핵심이라고 생각합니다. 단골손님들을 통해 시장이 커지고 매출이 늘어나야 그만큼 지속적으로 성장할 수 있습니다."

허닭은 이를 증명이라도 하듯 론칭 때부터 지금까지 10년째 닭가슴살 하나로 꾸준히 소비자들의 지지와 사랑을 받고 있다. 2017년부터 올해까지 3년 연속으로 닭가슴살 부분에서 '한국소비자만족지수 1위'를 수상했으며, 설립한 지 10년째인 지금도 꾸준히 성장하고 있다.

"처음 닭가슴살 시장에 진입했을 때 경쟁업체들은 훈제만 생산했습니다. 좀 더 차별화를 두기 위해 소비자들이 많이 검색하는 검색어의 트래픽이나 단어 등을 세밀히 분석했죠. 그러다가 훈제 닭가슴살은 쉽게 질려 오래 먹지 못한다는 공통된 소비자 반응을 확인했고, 전문가가 아니라 다이어트와 건강을 위한 대중의 수요가 늘고 있다는 사실도 확인했습니다. 그래서 처음으로 닭가슴살에 맛을 첨가했는데 예상외로 소비자의 반응이 뜨거웠습니다. 이후 많은 업체들이 맛을 첨가한 닭가슴살을 줄줄이 출시했고 이것이 닭가슴살 시장의 새로운 트렌드가 되었습니다."

허닭은 시장 분석을 통해 고객의 니즈를 찾아내 업계 최초로 맛을 첨가한 제품을 만들어 내며, 기존 전문 시장에 한정됐던 닭가슴살 시장에 일반 소비자를 끌어들이는 차별화 전략을 꾀했다. 하지만 기대와 달리 첫해 매출은 얼마 되지 않았다. 그래도 반드시 성공하리라는 확신이 있었다. 이러한 확신은 제품에 대한 자신감에서 나왔다. 직접 먹어보며 만들어냈기에 반응이 없는 것은 아직 소비자들이 먹어보지 못해서일 뿐이라는 확신이 있었다. 누가 뭐라고 하든 하나씩 차분히 일을 진행해 나갔고, 결국 그 믿음대로 제품 출시 다음 해부터 소비자들이 움직이기 시작했다.

"기존 제품에 불만을 가진 전문가 고객들이 가장 먼저 호응해 왔습니다. 이런 반응들이 SNS를 통해 퍼지며 다양한 맛을 찾던 일반 대중들까지 허닭의 제품을 알게 되면서 고객으로 전환되는 효과가 생겼습니다. 맛과 식감을 보완한 허닭 닭가슴살은 온라인에서 큰 이슈가 되며 히트를 쳤고 주문량이 폭주해 사이트가 마비될 정도였습니다. 당시 방문자가 가장 많았던 날은 하루에 방문한 사람 수만 25만명에 하루 매출이 많게는 1억원이 넘는 날도 있었습니다."

많은 시장이 온라인과 모바일로 전환되면서 소비자의 관심을 끌기 위해 광고를 진행한다. 하지만 일회성에 그치는 경우가 많다. 그러다 보니 소비자의 관심은 끌어도 단골고객으로 확보하지는 못한다. 고객이 원하는 것을 공급하는 회사, 처음 고객이 단골고객이 되어 지속적으로 제품을 구입하는 회사는 많지 않다. 어떤 제품이 많이 판매된다는 것은 그만큼 고객이 원하는 바를 찾아 해결해 주었다는 뜻이다.

"사업은 누가 가장 빨리 목적지에 도착하는지 겨루는 경주가 아닙니

후랑크소시지ㅣ옥수수콘ㅣ일품스테이크
한입큐브ㅣ곤약도시락 6종

다. 회사마다 사업모델과 고객, 성장 속도 또한 제각기 다릅니다. 빨리 성장한다고 해서 좋지만은 않습니다. 뉴스에서 보듯 빠르게 성장하는 수많은 회사들과 수십억 또는 수백억의 투자금을 유치한 회사들이 불과 몇 년 후에 소리 소문 없이 사라지고, 이름만 바꾸는 회사들도 많습니다. 일회성으로 주목받기는 쉽지만, 꾸준한 성장은 해당 회사의 본질적인 사업과 시장 분석에서 시작한다고 생각합니다."

허닭이 급속한 매출 성장기에 접어든 시점은 2016년부터다. 창업 후 5년 이상을 제품과 고객에 투자한 덕분에 빠르게 성장하고 있는 것이다.

"식품 시장에서는 소비자들이 좋아하는 것이 대부분 각인돼 있습니다. 예를 들어 만두를 산다고 하면 보통 김치만두와 고기만두가 대표적이고, 라면 하면 신라면과 안성탕면, 짜파게티처럼 어릴 때부터 먹어서 맛이 각인된 것들을 선호하죠. 그래서 2016년부터는 소비자 반응이 많은 연관 단어를 찾아 맛을 개발했습니다. 이렇게 모인 데이터를 기반으로 제품을 만들었더니 출시 후 성공률이 높아졌고 신상품의 개발 속도 또한 더 빨라졌습니다."

김 대표는 맛은 개발하는 것이 아니라 소비자가 원하는 맛을 찾는 것이라고 강조한다. 허닭은 마케팅비를 거의 들이지 않는다. 그럼에도 불구하고 SNS상에서 소비자의 반응은 뜨겁다. 약 1만 2,000개의 허닭 관련 피드는 광고 계정이 아니라 순수 계정이며, 제품을 먹어 본 고객들이 직접 올린 후기들이다. 이렇듯 꾸준한 분석과 실행으로 단단한 제품력을 갖추며 소비자들의 신뢰를 얻은 덕분에 허닭은 광고 없이 2019년 현재 자체 쇼핑몰 누적 20만 명에 달하는 회원을 확보했다.

시장을 보고 천천히, 단단하게 움직여라!

허닭은 대표가 유명 개그맨인데도 방송에서 홍보도 잘 안 하고 광고도 거의 하지 않는다. 아무리 충성도 높은 고객들이 있다고 해도 경쟁이 심한 닭가슴살 시장에서 광고 없이 매출이 지속적으로 늘어나는 이유를 김 대표는 다음과 같이 말한다.

"사업을 시작할 때 아이템만 보고 시작하는 경우가 있는데, 이는 매우 위험합니다. 시장 규모나 타깃의 분석이 우선이고 그다음으로 자신의 아이템이 차지할 시장의 비율을 철저히 계산해야 합니다. 예를 들어 마케팅비는 매달 나가는데 얼마를 써야 하는지 기준도 없고, 막상 많은 비용을 써서 시장을 확보했는데 그렇게 들인 마케팅비를 회수하는 데 10년 이상 걸린다면 하지 말아야 할 사업이라고 봐야 합니다."

허닭은 이런 방식으로 닭가슴살 시장 성장률과 규모를 파악했고, 큰 비용을 들여 홍보하기보다 제품에 중심을 두고 단골고객을 확보한 후 입소문을 통해 판매하는 게 장기적으로 봤을 때 효과적이라 생각했다. 최소 5년에서 10년 단위로 길고 천천히 단골고객을 확보하는 게 중요했다.

그래서 광고 대신 제품의 맛과 질을 향상시키는 방향에 집중했다. 꾸준히 소비자와 소통하며 그들의 니즈를 반영해 한층 더 먹기 좋은 닭가슴살을 줄줄이 출시했다. 처음 히트상품을 출시한 후 경쟁사들이 우후죽순 생겨나자, 또 다른 니즈를 찾아 잘라 먹는 불편을 없앤 슬라이스 제품을 선보였다. 이 상품은 다시금 히트상품 자리를 꿰찼다.

"어떤 제품이든 수명이 있습니다. 그 수명을 다할 때쯤이 바로 신제품을 출시할 최적의 타이밍이죠. 닭가슴살이 질릴 때쯤 닭가슴살을 큐브 형태로 제조해 닭가슴살 큐브시장을 만들어 냈고, 그다음엔 더 편리한 바 형태의 제품을 만드는 방식으로 점점 허닭의 닭가슴살 제품은 진화를 거듭했습니다."

허닭이 성공하기까지는 조금 오랜 시간이 걸렸다. 일시적으로 후발주자들이 더 빨리 성장하기도 했다. 하지만 광고를 하지 않았기에 회사를 무리하게 운영할 필요가 없었고 그 기간에 직원들은 많은 노하우를 쌓았다. 급하게 서두르지 않았다. 일단 시장과 고객의 규모가 확보된 다음에 더 크게 움직이면 된다는 판단에서였다.

허닭은 한 분야를 중심으로 시장과 고객에 대한 분석이 끝나지 않거나 혹은 전문적인 식견이 없을 경우, 해당 사업에 진출하지 않고 신상품도 출시하지 않는다. 모르는 분야는 아예 손을 대지 않는 것이 그들만의 사업 철칙이다.

"처음에 허닭은 자사쇼핑몰에서만 제품을 판매했습니다. 2016년 이후 점차 외부 쇼핑몰 판매를 늘렸는데 이 또한 철저한 분석하에 계획된 것입니다. 현재는 쿠팡, 티몬, 위메프 등 외부 쇼핑몰을 중심으로 시장을 확대하고 있는데 시장 분석이 되지 않은 곳은 아예 시도조차 하지 않습니다."

회사의 몸집을 단단하게 키운 뒤 시장에 진입하면 빠르게 자리를 잡을 수 있다. 그렇게 몸집을 키우고 어떤 상품을 출시하거나 마케팅비를 쓰기 시작한다면 이는 그 시장을 가질 수 있다는 판단이 섰다는 의미다.

허닭은 2017년 쿠팡 로켓배송에 진입한 이후 1년이라는 짧은 시간 동안 기존 업체들과의 경쟁에서 승리하며 순식간에 닭가슴살 판매에서 1위를 차지했다. 이어 티몬 라이브온과 손을 잡았고 1회 방송에서 6만 5,000개를 판매하는 괄목할 성과를 만들어냈다. 위메프에서는 원더쇼핑과 함께하며 하나의 이벤트로 26만명 방문, 매출 6,000만원이라는 안정적 결과를 냈다. 시장을 점유할 때 시장별 특성을 먼저 파악한 후 각 시장별로 특성화하는 판매 방식으로 판로를 개척한 사례다.

"돌다리도 두들겨 보고 건너라."라는 옛 속담이 있다. 진입하려는 시

허닭은 2017년 쿠팡 로켓배송에 진입한 이후 1년이라는 짧은 시간 동안 기존 업체들과의 경쟁에서 승리하며 순식간에 닭가슴살 판매에서 1위를 차지했다.

장을 확인하고 또 확인하는 방법만이 회사를 더 크고 단단하게 키울 수 있다는 것이 허닭의 사업 신념이다. 사업을 진행할 때 충분히 시장을 파악하고 빠르게 성장시켜 확실하게 점유한 뒤 안전하게 그다음 시장으로 가는 방식을 쓴다.

허닭은 닭가슴살 시장 1위나 독점적 위치를 확보하기 위해 사업을 빨리 키우기를 원치 않는다. 좀 느리더라도 정확한 데이터, 단단한 조직, 확실한 매출기반을 다지기를 원한다.

허닭은 허경환, 김주형 공동대표 체계로 전환한 2016년부터 지금까지 계속 성장 중이며, 2016년 기준 매출 대비 약 600%의 성장률을 기록했다. 더 큰 목표를 위해 지금도 꾸준히, 철저하게 분석 또 분석하며 미래를 안전하게 계획하는 허닭. 최근 무서운 성장세를 보이며 점점 속도를 내는 허닭이 앞으로 얼마나 더 크고 단단한 회사로 발전할지 기대가 크다.

고피자 | 임재원 | 29세 | 2016년

- 바로 쓰는 '파베이크 도우'와 자동 화덕 '고븐' 개발로 국내 1인 피자 패스트푸드 시대를 열다!

- 카이스트 공학 석사 출신이 만든 캐주얼 피자, 기존 8단계였던 복잡한 피자 공정을 4단계로 줄여 효율성과 맛을 동시에 잡다!

- 전 세계 누구나 즐길 수 있는 비전 'PIZZA FOR EVERYONE'이 꿈이 아닌 현실로!

18

카이스트 공학 석사 출신,
피자계의 맥도날드를 향해 힘차게 비상하다

국내 최초 1인 화덕피자 프랜차이즈, 고피자

피자는 혼자 먹기에는 크고 비싸며 주문 후 나오는 시간이 길어 불편하고 번거롭다. 최근 1인 가구의 증가와 가성비 좋고 빠른 간편식을 선호하는 이들이 늘어나면서 기존 피자헛, 도미노피자, 미스터피자와 같은 피자 브랜드 빅3의 매출이 급격히 줄어들고 있는 추세다. 장기적인 경기 침체로 피자 한 판에 2만원이 넘는 높은 가격에 대한 부담감도 크다. 더 이상 특식이 아닌 대중적인 음식으로 자리 잡은 피자에 이제는 패스트푸드처럼 빠르고 간편함 그리고 가성비가 요구되고 있다.

이런 피자 시장의 문제점을 기술력으로 해결해 피자를 맥도날드 햄버거처럼 빠르고 간편하게 즐길 수 있도록 새로운 피자 문화를 만들어가는 이가 있다. 바로 국내 최초 1인 화덕피자 프랜차이즈, 고피자의 임재원 대표다. 그는 싱가포르 경영대를 졸업하고 한국과학기술원KAIST 대학원에서 경영공학 석사 학위를 받았다. 잘나가는 광고 회사에서 카피라이터로 일하던 중 1인용 패스트푸드 피자는 왜 없는지에 대한 의문이 들었고, 이런 의문을 직접 풀기 위해 그길로 피자 시장에 뛰어들었다.

"2015년 퇴근길에 피자가 먹고 싶은데 혼자 먹기에는 크고 비싸고 오래 기다려야 하는 불편함에 의문이 들었습니다. 그때부터 왜 피자를 맥도날드 햄버거처럼 1인용으로 만들어 싸고 간편하게 먹을 수 없을까에 대해 많은 고민을 했죠. 회사에 다니면서 이 질문에 대한 해답을 찾기 위해 피자를 배우러 학원도 다니고, 주말이면 피자집에서 아르바이트를 하며 1년간 피자를 연구했습니다. 이때부터 정말 피자만 생각했습니다."

카이스트 출신, 야시장 푸드트럭에서 피자를 팔다

임 대표는 혼자 먹기 좋은 패스트푸드 피자가 있을 법한데 왜 없는지, 정말 만들기 불가능한지 등에 대한 답을 1년 동안 계속 추구했고 결국 그 나름의 솔루션을 찾았다. 바로 복잡한 공정과 인력을 필요로 하는 도우와 오븐이 문제였다. 그는 이름부터 정했다. 누구나 원할 때면 언제나 손쉽게 가서 간편하게 피자를 먹고 나오는 모습에서 GO라는 단어가 바로 연상되어 브랜드 이름을 고피자 GOPIZZA로 정했다.

"피자 시장이 변화함에 따라 앞으로 간편하고 저렴한 냉동피자, 저가형 피자 시장이 커질 것으로 예상했습니다. 인건비와 임대료 인상으로 인한 자영업자의 어려움 또한 사회적 이슈였기에 조금 더 작은 공간에서 혼자 운영할 수 있는 효율적인 피자 사업 모델을 만들고자 했습니다."

미국에서는 이런 문제를 해결하기 위해 사람 없이 로봇으로만 운영하는 무인 시스템 매장을 발전시키고 있다. 하지만 한국에서는 자본금이 많이 드는 로봇 운영까지는 아직 현실적으로 어렵겠다는 판단이 섰다. 국내 현실에 적합한 외식업의 비즈니스 모델은 사람 한 명이 최대한의 효율을 내는 시스템을 만드는 것이었다. 이에 고피자는 소비자, 공급자 모두 '1인 키워드'에 초점을 맞췄다.

1년간의 철저한 준비 기간을 마친 뒤 임 대표는 2016년 3월 여의도 밤도깨비 야시장 푸드트럭에서 그가 개발한 1인용 피자를 팔기 시작했다. 대학을 갓 졸업한 사회 초년생이었고 자본금이 없었기에 선택한 것이 바로 푸드트럭이었다. 그의 피자를 적은 돈으로 시험해 볼 수 있는 좋은 대안이었다. 임 대표는 그동안 모은 돈과 부모님의 도움을 받아 푸드트럭을 한 대 구입했다.

"제가 지금 인기를 끌고 있는 서울 밤도깨비 야시장 푸드트럭 1기입니다. 장사를 한 번도 안 해봤으니 1년 동안 푸드트럭으로 현장 경험도 쌓고 1인용 패스트푸드 피자가 고객들에게 통할지 테스트해볼 계획이었습니다. 그리고 이후에는 투자를 받아 사업을 본격적으로 시작해 보리라고 막연히 생각했습니다."

푸드트럭은 예상대로 잘됐다. 점차 고객들의 입소문을 타면서 유명해졌고 4개월 만인 2016년 7월 엔젤 투자 유치에 성공했다. 그리고 그 다음 달 바로 백화점 팝어스토어에 처음으로 입점하는 기회를 얻었다. 2017년 3월에는 현대, 신세계, 롯데 국내 3대 백화점 30곳에 입점했고 인지도가 쌓이면서 사업은 점차 본궤도로 올라섰다.

파베이크 도우와 고븐 개발로 1인 화덕 피자 시대를 열다!

2017년 11월 고피자는 법인 사업자 설립 및 벤처 기업 인증을 받아 사업을 더욱 키워나갔다.

"기존 피자는 오래 기다려야 먹을 수 있습니다. 반죽하고 1차 발효하여 성형한 뒤 2차 발효 과정에 들어갑니다. 그다음으로 도우를 펴서 토핑을 얹은 뒤 오븐에 구워 잘라야 그제야 완성되죠. 여기에는 공간이나 인력, 비용이 많이 들어갑니다. 그래서 피자가 비싸고 오래 걸리는 음식이 된 것입니다. 하지만 고피자는 자체 개발한 파베이크 도우 PARBAKED DOUGH와 자동 화덕 고븐 GOVEN으로 기존에 피자를 만드는 전

고피자의 피자 조리 과정

과정을 1/2 수준으로 줄였습니다. 그야말로 패스트푸드의 핵심인 효율성을 강조한 속도전으로 승부를 본 것이죠."

고피자는 기존 피자가 가지고 있던 복잡한 공정의 문제를 기술력으로 해결했다. 그 핵심 기술이 바로 '파베이크 도우'와 자동 화덕 '고븐'이다. 고피자는 자체 개발한 파베이크 도우로 도우를 만드는 전 과정을 없앴다. 파베이크 도우란 고피자 공장에서 직접 반죽, 발효, 성형을 모두 마친 뒤 초벌해 매장에 납품하는 형태의 도우다. 빵 형태로 고체화되어 반죽이 흐늘거리거나 흘러내리지 않고 힘이 있으며, 냉동 상태로 대량 보관 및 유통이 용이하다. 유통 기한은 최대 9개월로 길고, 매장에서는 포장 비닐만 뜯어 파베이크 도우에 바로 토핑을 얹어 화덕에 굽기만 하면 끝이다. 덕분에 공간, 시간, 인력, 비용 등이 필요한 도우 관련

공정을 90% 이상 줄임으로써 국내 최고의 품질과 가격 경쟁력을 확보하는 데 성공했고, 생산량 및 판매 가능 수량을 500% 이상 늘렸다.

두 번째가 바로 피자 굽기에 최적화된 자동 화덕 '고븐'이다. 기존 화덕에 혁신을 일으킨 고븐은 가스로 작동하는 실제 화덕이지만 전자레인지처럼 사용이 간편한 것이 특징이다. 3분 만에 피자 6개, 1시간 내에 100개 이상 피자를 만들 수 있어 노동력은 물론 시간 또한 단축했다. 고피자에서 자체 개발·생산하고 있으며, 2017년 12월에 기술 및 디자인 특허 출원을 완료했다.

"기존 화덕은 피자를 넣으면 불에 가까운 쪽만 타기 때문에 하나를 구워도 여러 번 돌려야만 하는 수고스러움이 있었습니다. 고븐을 직접 개발한 것도 이런 문제점을 해결하기 위해서였습니다. 고븐은 피자를 놓는 판 자체가 자동으로 돌아가기 때문에 사람 손을 타지 않아도 피자가 빠르고 고르게 구워지는 장점이 있습니다."

고븐의 가장 큰 강점은 높은 퀄리티의 화덕 피자를 좁은 공간에서 쉽고 빨리, 많은 양을 생산할 수 있다는 것이다. 또 전문 기술이 필요 없어서 누구나 3분 안에 쉽게 피자를 구울 수 있다. 피자를 주문하고 받는 시간까지 평균대기 시간은 약 5~7분으로 패스트푸드와 비슷하다.

고븐 기본형의 크기는 가로 80cm, 세로 80cm, 높이 160cm이며, 소형은 가로 65cm, 세로 65cm, 높이 160cm다. 구동 방식은 LNG, LPG 중에 선택해서 사용할 수 있다. 한 번에 피자 6판을 만들 수 있으며 1시간에 약 100판의 피자를 생산할 수 있다. 기존 화덕은 시간당 20개가 최대다. 반면에 고븐은 100개 이상 조리가 가능해 생산량을 약 500%

푸드트럭 1대로 시작해 직영점 6개, 전국 가맹점 43개, 월간 방문 고객 7만명에 거래액은 38배 상승한 7억원으로 늘어났다. 사진은 고피자 대치점

이상 높일 수 있었다. 기존 화덕 대비 50% 줄어든 크기로 공간 활용성도 높였다.

고피자의 성공 비결은 바로 단순화에 있다. 복잡한 것을 최대한 단순화하여 효율을 극대화한 것이다. 복잡한 도우 만드는 공정을 파베이크 도우로, 화덕에 피자를 굽는 고된 작업과 오래 걸리는 시간은 자체 개발한 고븐으로 해결했다. 맛은 유지하면서 동시에 효율성을 높인 기술이 피자에 더해지면서 누구나 손쉽게 세상에서 가장 맛있는 피자를 만들 수 있고, 먹을 수 있게 된 것이다.

"사업을 준비하면서 자동 화덕을 만드는 데 시간과 공을 많이 들였습니다. 직접 주방기구 만드는 기술자들을 찾아다녔고 숱한 거절 끝에 좋은 분을 만나 고븐을 개발할 수 있었습니다. 이로써 세상에서 가장 쉬운 피자를 만들겠다는 꿈이 현실이 됐고 성공할 수 있겠다는 자신감도 붙었습니다."

다른 인력이 필요 없는 파베이크 도우와 크기가 작은 고븐 덕분에 주방의 크기도 함께 줄어든 만큼 홀에 더 많은 좌석수를 확보하게 되었다. 고피자의 평균 매장 크기는 14평 정도인데 주방, 화장실은 물론 좌석을 24개나 갖출 만큼 공간 활용도가 높다. 일반 저가 피자 브랜드와 매장 사이즈는 비슷한데 주방과 홀의 크기가 반대인 것이다. 고피자 대치점의 경우 주방 2평을 포함한 13평짜리 매장에서 하루 200만~300만원의 매출이 나온다. 동시다발적으로 손님이 몰려와도 맛을 유지하면서 빠른 시간 내 피자를 제공할 수 있기 때문이다.

1인 피자 메뉴로는 '더블 페퍼로니', '아메리칸 치즈', '스위트 고구마', '슈퍼 콤비네이션', '도이치 소시지 & 베이컨', '누텔라 초코' 등이 있으며 가격은 4,900원부터다. 특이한 점은 일반 피자 가게에서는 볼 수 없지만 햄버거 가게에서는 익숙한 감자튀김과 음료 세트가 있다는 것이다. 피자를 패스트푸드처럼 즐겼으면 하는 임 대표의 의도를 반영한 부분이다. 이 외에 'GO 버팔로윙'도 인기 메뉴이며, '쉬림프 알리오 올리오 파스타', '씨푸드 토마토 파스타', '베이컨 크림 파스타'와 같은 1인 파스타 메뉴도 있다. 2019년 4월 기준으로 피자 12종, 파스타 5종에 사이드 메뉴와 음료까지 합치면 메뉴는 총 40가지다.

1평 남짓한 푸드트럭을 시작으로 3평짜리 백화점 매장을 거쳐 기초부터 탄탄하게 다진 고피자는 2018년 본격적으로 사업을 확대했다. 2018년 6월에는 국내 은행권청년창업재단(디캠프)의 스타트업 경쟁 사업발표회인 '디데이'에서 유일하게 두 차례 우승을 차지하며 실력과 비전을 인정받았고 10억원의 투자 유치도 달성했다. 그리고 바로 대치동

학원가 부근에 첫 직영 매장을 오픈했고 첫 출발부터 매출이 수직 상승하는 기염을 토했다.

고피자가 이룬 성공은 놀랍다. 푸드트럭 1대로 시작해 직영점 6개, 전국 가맹점 43개, 월간 방문 고객 7만명에 거래액은 38배 상승한 7억원으로 늘어났다. 최근 시리즈 A 투자를 유치해, 은행권청년창업재단 디캠프를 비롯해 캡스톤파트너스, 빅베이슨캐피탈, DSC인베스트먼트로부터 누적 60억 투자를 유치했다.

'워라밸', '욜로'라는 단어는 그의 사전에 없다!

몇해 전부터 일보다는 휴식을 강조하는 삶을 일컫는 워라밸Work-life balance, 욜로YOLO: You Only Live Once 등의 라이프 스타일이 주목받고 있다. 하지만 임 대표는 자신의 삶에는 이런 단어가 존재하지 않는다고 말한다.

"제가 인생에서 가장 중요하게 생각하는 가치는 '성실함', '책임감', '끈기' 그리고 '선함'입니다. 사업의 기조 역시 "어떤 일을 하기로 결정했으면 죽으나 사나 끝까지 한다!"입니다. 놀 거 다 놀고, 즐길 거 다 즐기면서 성공하려는 것은 욕심이라고 생각하기 때문에 워라밸이나 욜로라는 말을 그다지 좋아하지 않습니다. 일단 시작했으면 밤낮 가리지 않고 목표를 향해 끈기 있게 달려가는 성실함이 필요하다고 생각합니다."

"패스트푸드 피자는 왜 없지?"에서부터 시작한 고피자 역시 그가 끝

18개월간의 놀라운 성장

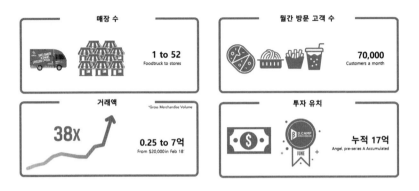

까지 답을 찾으려 파고든 끈기의 결과물이다. 포기를 모르는 그의 도전과 열정은 국내 피자 시장에 패스트푸드라는 혁신을 가져왔다. 그는 아무리 좋은 사업 아이템이 있다고 해도 처음부터 모든 것을 걸고 시작하는 건 위험 부담이 크다고 조언한다.

"저는 직장에 다니면서 사업을 준비했습니다. 회사를 무작정 관두고 사업에만 몰두하는 것은 어떻게 보면 용감한 일이지만 동시에 무책임한 일이라고 생각합니다. 저 역시 어느 정도 확신이 들고 책임질 수 있는 단계에 왔을 때 본격적으로 사업에 올인했습니다."

학교를 다니면서 아르바이트 경험 한번 없이 부모님의 그늘 밑에서 오로지 사랑만 받고 자란 임 대표. 하지만 피자 사업을 결심한 뒤에는 1년 동안 거의 집에도 들어가지 않을 정도로 철저히 사업 준비에만 몰두했다. 퇴근 후 카페에서 11시까지 시장 조사를 했고 주말이면 피자 가게에서 아르바이트를 했다. 그렇게 피자는 그의 삶을 모조리 바꿔버렸다.

"처음에 시작한 푸드트럭은 정말 재미있게 즐기면서 했습니다. 장사가 잘되니 매일 힘들어도 돈 버는 게 재미있더라고요. 하지만 뜨거운 여름에 땀 흘리느라 손에서는 습진이 떠날 날이 없었고 팔에는 뜨거운 화덕에 덴 화상 자국도 선명하게 남아 있습니다. 지금처럼 성공하기까지 난관도 많았습니다. 백화점에 입점하면서 점차 대출이 쌓이고 사업을 그만두고 싶다는 생각이 들 정도로 힘들었습니다. 만약 그때 그 위기를 견디지 못했다면 지금의 고피자는 없었겠죠."

일반적으로 스타트업의 90%는 3년 안에 문을 닫는다. 최저점을 찍고 올라가는 단계가 있기 마련인데, 최저점일 때 어떻게 견디며 극복하느냐가 성패를 좌우한다. 임 대표 역시 최저점으로 곤두박질칠 때 마침 고피자의 비전을 믿은 캡스톤파트너스에서 투자금이 들어왔다. 이를 발판 삼아 고피자는 첫 직영인 대치점을 성공적으로 이끌었고 다시 회사는 성장 가도를 달릴 수 있었다. 단 일주일만 투자가 늦었어도 문을 닫아야 하는 상태였다. 하지만 기본부터 탄탄하게 준비된 고피자는 투자 유치 덕분에 흔들림 없이 한 단계 더 높이 뛰어올랐고, 지금은 어엿한 기업으로 빠르게 성장했다.

인도 진출로 'PIZZA FOR EVERYONE' 캠페인을 시작하다!

2019년 5월 임 대표는 인도에 고피자 글로벌 매장을 처음 오픈했다.

2019년 5월 오픈한 고피자 인도 1호점

인도에서 일한다는 건 전 세계를 통틀어 난도로 보면 최상급이다. 하지만 고피자가 글로벌 브랜드가 되리라는 확신과 자신이 있었고, 사업 초기에 목표로 한 'PIZZA FOR EVERYONE'을 실행하기에는 제격이라는 생각에 인도를 첫 도전지로 삼았다.

"이제 정말 'PIZZA FOR EVERYONE'이라는 회사의 비전을 실행할 단계라고 생각했습니다. 피자는 전 세계에서 제일 글로벌한 단일 음식입니다. 동서양을 막론하고 대부분의 나라에서 맛볼 수 있는 음식이 바로 피자죠. 국밥이나 자장면을 아이템으로 했으면 전 세계를 넘볼 수 없었을 겁니다. 고피자에 운명을 건 것도 피자라는 아이템이었기에 가능했고, 맥도날드같이 세계적인 패스트푸드 브랜드를 목표로 하는 것도 이런 이유에서입니다."

그가 글로벌 고피자의 첫 시작으로 인도를 선택한 건 인도 피자 시장이 한국보다 5배 정도 크기 때문이다. 인도 피자 시장은 1년에 1조원씩 성장하고 있다. 전 세계에서 도미노 피자 매장이 가장 많은 나라이기도 하다. 5월에 오픈한 고피자 인도 1호점은 인도 방갈로 중남부 서쪽 내륙지방 벵갈루루에 위치하고 있다. 한국의 판교처럼 IT 스타트업이 밀집해 빠른 속도로 시장에 진입할 것이라 확신하고 있다.

2019년 4월 임 대표는 미국 경제 신문 포브스지가 꼽은 '아시아의 30세 이하 리더 30인(30/30 Asia 2019)'에도 선정됐다. 걸그룹 블랙핑크와 축구스타 이강인 선수도 여기에 포함됐다. 포브스지는 임 대표가 직접 개발한 자동 화덕 고븐을 바탕으로 국내 최초로 1인 피자 시장을 개척한 점을 높이 샀다고 선정 배경을 설명했다.

이제 그가 바라던 피자업계의 맥도날드가 단지 꿈으로 그칠 것 같지는 않다. 전 세계 어디서나 좁은 공간에서 누구나 쉽고 빠르게 1인 화덕 피자를 만들 수 있게 됐고, 고피자는 성공적인 인도 진출로 이를 증명했다. 이와 더불어 소비자 입장에서도 1인 피자를 언제 어디서나 쉽고 빠르게 즐길 수 있는 피자 패스트푸드 시대가 열렸으니 반가운 일이다. 우리에게는 익숙하지만 편하지 않은 피자를 새로운 생산과 소비 방식으로 혁신해 더욱 친근하게 만든 고피자. 이제 해외 어느 나라를 가더라도 맥도날드처럼 고피자를 캐주얼하게 즐길 수 있는 날이 머지않은 것 같다.

- 대학교 1학년 때 해외 흑마늘 2억원 수출 달성!

- 초당옥수수를 국내에 처음으로 알린 젊은 사업가! 국내에 없는 특수작물을 도입하여 농업에 새바람을 불러일으키다!

- 농가 계약재배와 스페셜티 푸드 시장 개척으로 농민과 소비자 모두 윈윈할 수 있는 식품 유통 플랫폼 설립!

- 독점적인 시그니처 상품들과 계약재배–전처리공정의 진입장벽 구축으로 E–커머스–오프라인–FNB 사업영역의 상호 시너지를 극대화함으로써, 큐레이션 푸드 플랫폼의 새로운 모델 제시!

19

배포 큰 농사꾼 아들이
농민과의 상생을 위해 만든 푸드 플랫폼

스페셜티 푸드 컴퍼니, 식탁이 있는 삶

순수식품몰 '식탁이 있는 삶'의 김재훈 대표는 농민들과 함께하는 상생의 플랫폼을 지향하는 30대 중반의 젊은 사업가다. 경북 의성이 고향인 그는 아침에 새벽이슬을 맞으면서 밭으로 나가 해가 떨어지면 들어오는 농사꾼 부모님 밑에서 자랐다. 부모님은 풍족하지 않은 형편에도 그가 안동고등학교에 다닐 시절 학생회장을 도맡자 적극적으로 뒷바라지를 해주셨다. 그는 그런 부모님의 뜻을 알기에 열심히 공부했고 서울 동국대학교 행정학과에 당당히 입학했다.

"제가 고향인 경북을 떠나 서울의 동국대학교에 가겠다고 했을 때 부모님의 걱정이 크셨습니다. 생활 형편이 넉넉하지 못하니 대학 첫 등록금만 내주시고 그 나머지는 저보고 자립해서 내라고 하셨죠. 부모님의 기대를 저버리지 않기 위해 부푼 꿈을 안고 서울에 왔지만 학교 근처 고시원에서 머물며 당장 생계를 걱정해야 했습니다. 저와 달리 좋은 환경에서 많은 경험을 하며 풍족하게 자라온 친구들을 보면서 제 상황이 절박하다는 걸 실감했습니다. 앞으로 내가 무엇을 해야 성공할 수 있을지심각하게 고민한 결과 찾아낸 것은 친구들에 비해 잘할 수 있는 농업이었습니다."

김 대표는 그렇게 바라던 대학교에 입학하자마자 대학생활의 낭만보다는 앞날을 빠르게 준비하기 시작했다. 어릴 적부터 부모님을 따라농사일을 해 농업에 대한 이해도도 높고 농업 관련 인프라도 어느 정도갖추고 있으니 한시라도 빨리 농업과 관련한 일을 해야겠다는 생각이들었다.

농사꾼 아들, 흑마늘 20만불 해외수출을 이루다!

2003년 당시 경북 의성에서는 의성 흑마늘 가공 사업이 시작되려 하고 있었다. 그는 이것을 기회로 보고 국내에 흑마늘을 본격적으로 유통시키기 위해 자신감과 열정 하나로 영업에 뛰어들었다. 그러나 집집마다 문전박대를 당했다. 나이도 어리고 기반도, 체계도 전무하니 믿고맡길 수 있는 조건이 전혀 충족되지 않았기 때문이다. 하지만 포기하지않았다. 진입 장벽이 높은 국내에서는 힘들지만, 그를 전혀 모르는 해외에 나가 팔면 승산이 있겠다고 생각했다. 그는 친구 아버지가 운영하는 흑마늘 가공공장에 찾아가 흑마늘 해외 유통 사업을 하겠다고 제안했다.

"친구 아버지께 제가 해외에 나가 흑마늘을 팔아보겠다고 말씀드리니 웃으시면서 5~6박스를 선뜻 내주셨습니다. 그 즉시 싱가포르 한국무역협회에 연락해 싱가포르 컨벤션센터에서 열리는 세계 미용·건강 박람회 '뷰티아시아' 페어에 참가하고 싶다고 전했죠. 돈이 없으니 A4 용지에 흑마늘 가공식품 소개서도 손으로 일일이 써서 수십 장을 만들었고, 비행기 표를 사야 하니 밤낮 가리지 않고 한 달 동안 막일을 하며 돈을 100만원 넘게 모았습니다."

김 대표는 그렇게 모은 돈으로 비행기 표를 끊고 무작정 싱가포르로 향했다. 페어에 참가할 정식 입장권이 있는 것도 아니었다. 참관객처럼 들어가 전단지를 나눠주고 흑마늘 맛도 보여주며 열심히 영업했다. 큰 열정을 갖고 뛰어들었지만 해외에서는 흑마늘을 판다는 것 자체가 불가능했다. 페어 마지막 날까지 열심히 홍보했지만 성과는 없었다.

하지만 마지막 순간까지 게임은 끝난 게 아니었다. 망연자실한 그에게 게스트하우스로 한 통의 전화가 걸려왔다. 한국 무역협회 담당 사무관의 전화였다. 한 화교 고객이 그의 흑마늘을 약 2억원가량 구입하겠다는 믿을 수 없는 소식이었다. 이에 곧바로 한국에 돌아와 해외 무역에 필요한 서류들을 준비했고 이 사실은 학교에도 떠들썩할 정도로 소문이 났다.

"이 일을 계기로 학교에서 저를 적극 지원해 주었습니다. 덕분에 학교 공부 대신 글로벌 지식경제부 산하에 있는 글로벌 무역 경제 양성사업단 팀원으로 들어가 싱가포르 국립대학, 워싱턴 한국무역협회 파견 교육도 받고, 대기업 실무도 배울 수 있는 기회를 얻었죠. 이 외에 국내 유통 흐름에 대한 데이터 분석부터 농·가공 기업 컨설팅, 트렌드에 맞는 상품 기획 및 진출 설계 등을 짧은 시간 안에 전문적으로 터득할 수 있었습니다."

하지만 공무원이 되기에는 그의 열정과 그릇이 너무 컸다. 해외에 나가 흑마늘을 판 배포로 자신만의 일을 하고 싶었다. 그렇게 대학교 3학년이던 22세에 정부의 청년지원자금 3,000만원을 대출받아 첫 창업에 도전했다.

"농업 컨설팅 관련 일을 하면서 보수적인 국내 농업 구조의 현실을 실감했습니다. 진입 장벽이 높은 농업 환경 안에서 어떻게 자체 체력을 구축할 것인지를 가장 많이 고민했고, 그 해결책으로 남들이 하지 않는 차별화된 푸드를 선택했습니다."

김 대표는 남들이 하지 않는 스페셜티(고부가가치) 푸드로 차별성을 둬 스스로 진입장벽을 구축할 수 있는 사업을 해야 국내 농산물 환경에서 일어설 수 있다고 생각했다. 그때부터 신품종 종자에 관심을 가지면서 지금 '식탁이 있는 삶'의 대표 식품인 초당옥수수 작물을 국내에 최초로 들여왔다. 그 당시 국내에서는 신품종 관련 특화 산업에 관심을 두지 않았다. 그는 초당옥수수가 '찌지 않고 먹을 수 있는 옥수수'란 점에 매력을 느꼈고 무엇보다 사과나 멜론보다 당도가 높아서 간편함 그 이상의 재미를 줄 수 있다는 점에 주목했다. 이런 특성을 잘 살린다면 국내 농산물 품목의 다양화와 농민 소득에 도움이 되는 특수 농작물이 될

'식탁이 있는 삶'의 대표 식품인 초당옥수수 작물을 국내에 최초로 들여왔다.

것이라는 확신이 섰다. 그는 아버지가 물려주신 경북 의성에 있는 600평가량의 땅에 초당옥수수를 시험 재배했고, 결과는 성공적이었다. 이후 농가들에 전량 매입 조건을 내걸고 초당옥수수 재배를 의뢰해 수확한 것을 시장에 내다 팔았다. 반응은 폭발적이었다. 김 대표의 사업 목표는 '돈이 되는, 경쟁력이 있는 농업을 하자'였는데 초당옥수수가 그에 딱 맞아들었다. 초당옥수수의 성공적인 시험 재배에 힘입어 그와 협력 농가들은 파프리카, 가지색 고추, 자색 당근 등 다양한 특수 신품종을 연이어 재배하기 시작했다.

연이은 부도라는 큰 시련, 농민들의 도움으로 다시 일어서다!

김 대표의 신품종 농업 사업은 날로 커졌고, 해외 수산물 쪽으로도 영역을 넓혀 소말리아 인근 케냐 뭄바싸MOMBASA로 넘어갔다. 그는 이곳을 기회의 땅으로 봤다. 이곳에서 게잡이 어선 '금미호'를 운영하며 살과 내장이 많은 케냐산 심해게를 초당옥수수와 같이 국내 최초로 들여왔다. 그 당시 오븐이 보급되고 전문 셰프의 요리가 대중적으로 인기를 끌면서 요리 재료인 케냐산 심해게를 들여오면 이 또한 크게 성공할 거라고 판단했다. 심해게를 알리기 위해 수산식품전시회에도 나가는 등 다양한 홍보 마케팅 활동을 진행한 결과 심해게는 그야말로 대박을 쳤다. 일주일에 20ft 컨테이너(길이 약 6.1m 크기) 4개를 들여왔는데 컨테이너 한 대당 3,000만원의 수익이 났다. 28세에 케냐산 심해게 하나로 10억원 가까이 번 것이다.

"심해게로 이렇게 꿈도 꾸지 못할 만큼 돈을 많이 벌게 되니 자신감이 붙어 배에 계속 무리하게 투자를 했습니다. 게 사업은 물론 농산물 사업도, 식초 사업도 손을 대는 사업마다 다 잘됐죠. 그 당시에는 정말 식품에 미쳐 살았습니다."

마치 드라마 같은 김 대표의 성공 스토리는 한국 케냐 대사관의 전화 한 통으로 반전을 맞았다. 모든 돈을 끌어다 배에 투자했는데 그만 소말리아 해적에게 배가 나포된 것이다. 석 달 정도 지나서 배는 풀려났지만 배에 실려 있던 게는 이미 상품성이 떨어진 뒤였다. 이 일로 김 대표의 사업은 뿌리부터 크게 흔들렸다.

"그 당시 돈은 많이 벌었지만 조직이나 관리 운영체계가 잡히지 않아 겉만 화려하고 말 그대로 속빈 강정이었습니다. 눈앞이 캄캄했습니다. 채권자들도 계속 찾아오는 데다 40명 있던 직원들이 5명만 남고 모두 나가고 결국 회사는 부도가 났습니다."

시련은 이뿐만이 아니었다. 한 대기업에서 보라색 특수 작물을 전량 수매하는 조건으로 대량 재배를 맡긴 적이 있는데, 막상 납품할 때가 되자 담당자가 바뀌었다고 통보하며 계약을 모두 취소했던 것이다. 그는 힘들게 재배한 작물들을 5톤 트럭에 모두 싣고 대기업 본사 앞에 모두 쏟아부었다. 모든 것이 끝났다는 자포자기 심정에서 벌인 일이었다. 이 일로 구치소에 하루 정도 수감되는 일도 겪었다.

그는 모든 사업을 정리하고 한국을 떠나겠다는 심정으로 이민을 준비했다. 하지만 이것도 마음처럼 쉽게 되지 않았다. 결국 가방 하나 메고 전국 각지를 떠돌았다. 발길 닿는 대로 다양한 지역의 농촌을 찾아다니며 할머니, 할아버지가 농사짓는 이야기도 듣고 밥도 얻어먹으며 그렇게 전국을 떠돌아다녔다. 매물도, 욕지도 등 안 가본 섬이 없을 정도로 전국을 샅샅이 찾아다니며 마음을 달랬다.

"이제 더 이상 식품 쪽은 쳐다보지도 않겠다고 다짐했습니다. 하지만 워낙 식품에 관심이 많다 보니, 이렇게 농어촌을 찾아다니며 그 지역 특산물에 대해 듣고 농민들과 이야기 나누는 게 저에게는 큰 치유였습니다."

그렇게 1년 정도 방황하던 그에게 다시 손을 내민 것은 과거 컨설팅으로 인연을 맺은 농가들이었다. 각 지역의 농가 8곳이 그에게 3억원 정도 되는 농작물들을 오직 신용만으로 6개월간 공급해준 것이다. 가장 힘든 순간에 큰 힘이 되어준 농가에 그도 보탬이 되고 싶었다. 그때부터 다시 기운을 차리고 신품종을 들여와 국산화하고, 농업 관련 콘텐츠를 제작하는 등 농가와 함께 성장할 수 있는 사업에 매진했다.

농민들과 상생하는 플랫폼, '식탁이 있는 삶'을 만들다!

부도로 어려웠을 때 먼저 손을 내민 농민들에게 도움이 되는 의미 있는 일을 하고 싶었기에, 그는 2014년 11월 농산물을 산지에서 소비자에게 직접 배송하는 큐레이션 E-커머스 식품플랫폼 '식탁이 있는 삶'을 설립했다. '식탁이 있는 삶'은 E-커머스 사업 외에도 농민들이 자생할 수 있도록 콘텐츠를 제공하고 농산물을 브랜딩해 시장 판로 개척을 도와주는 일을 한다.

"오픈 마켓의 경우 벤더(공급상) 중심으로 신선식품이 공급되기 때문에 지나치게 저가 위주로 경쟁이 이뤄지고 있습니다. 대형마트와 백화점도 여전히 진입장벽이 높죠. 기존의 농산물 유통 플랫폼은 농민들이 돈을 벌기 힘든 구조입니다. 농가들이 자신만의 콘텐츠로 제값을 받을 수 있는, 자생할 수 있는 환경을 기반으로 소비자와 농민의 직거래 채널만 잘 연결된다면 마트나 오픈 마켓에 비해 가격과 품질이 모두 더 우수한 농산물을 공급할 수 있습니다. 이를 통해 농가도 안정적으로 수익을 가져갈 수 있고, 농업의 과제인 신품종 재배사업에 뛰어들 여력이

'식탁이 있는 삶'은 단순한 농수산물 온라인 마켓이 아닌 농민과 소비자들 간에 접점을 확대하고 강화하는 광범위 플랫폼이다.

생길 여지도 있습니다."

　김 대표는 '식탁이 있는 삶'을 설립하며 회사 홍보를 위해 마케팅 비용을 거의 쓰지 않았다. 그 대신 농민들이 더 나은 재배 환경에서 일할 수 있도록 산지에 투자하거나 신품종 계약재배 또는 장기유통 저장사업에 투자했다.

　자연스럽게 매출이 늘면서 '식탁이 있는 삶'은 2018년 개최된 '제7회 아시아 로하스산업대전'에서 중소기업벤처부 장관상을 수상했다.

　김 대표가 다시 성공가도를 달릴 수 있었던 비결은 바로 그만의 차별

화된 전략이었다. E-커머스가 막대한 마케팅비를 들여야 성공한다고
는 하지만 그는 산지에 투자해 특화된 상품, 농민 직거래를 통한 마진
율 확보 등에 집중해도 성공할 가능성이 있다고 봤다. '식탁이 있는 삶'
이 진입장벽을 단단히 세우며 국내 시장에서 우뚝 설 수 있도록 그들만
의 색채를 뚜렷하게 가진 단독 특성화 상품을 만든 것이다. 또한 2017
년 하반기부터 스타 셰프인 강레오 셰프를 사내이사로 영입하면서 농
업콘텐츠 활성화를 위한 스마일농부캠페인을 진행하고 있으며, 농가
들의 다양한 이야기를 영상콘텐츠와 다양한 광고채널을 통해 알리고
있다. 건강하고 품질 좋은 산지농산물을 활용해 스페셜티한 HMR(가정
간편식) 상품 개발, 밀키트 제품 론칭에도 힘쓰고 있다.

그 대표적인 품목이 국내 최초로 도입해 국내 시장 점유율을 60% 넘
게 차지하는 '더단 프리미엄 초당옥수수'다. 이 외에 '식탁이 있는 삶'의
프리미엄 축산 브랜드 '레드플레이트'의 대표적인 상품인 '이베리코 베
요타 100%'도 있다. 자연방목으로 키우고 도토리, 허브 등을 먹여 22개
월 동안 키운 1% 프리미엄 돼지인 '이베리코 베요타 100%'는 식품전문
가 큐레이션 커머스인 '식탁이 있는 삶'의 상품정체성을 잘 보여주는 상
품으로 평가받는다. 또 국내에서 유일하게 동굴에서 숙성·저장하는
'동굴 속 호박고구마', 국산품종 베타카로틴 '풍원미 고구마', '고당도 더
단 스낵토마토', '3년주아재배 의성한지형 토종마늘' 등 '식탁이 있는
삶'에서만 구입할 수 있는 특화된 상품을 지속적으로 개발하고 있다.

김 대표는 E-커머스 플랫폼 외에 마트, 백화점에서 '식탁이 있는 삶'
의 고정매장과 팝업매장 외에 브랜드를 전면에 내세워 공영홈쇼핑 등

E-커머스 플랫폼 외에 마트, 백화점에서 '식탁이 있는 삶'의 고정매장과 팝업매장 외에 브랜드를 전면에 내세워 공영홈쇼핑 등에서도 상품을 판매한다.

에서도 상품을 판매한다. 농민들이 지은 농산물로 건강한 밥상을 선보이는 푸드코트 사업도 진행 중이다. 국내 대기업과 연계해 서울 강남 180평 공간과 광화문 중심가 280평 공간에 '식탁이 있는 삶'의 푸드코트를 직접 운영할 예정이다.

'식탁이 있는 삶'은 단순한 농수산물 온라인 마켓이 아닌 농민과 소비자들 간에 접점을 확대하고 강화하는 광범위 플랫폼이다. 마케팅비를 써서 일으킨 거품 수익을 추구하기보다는 산지에 투자하고, 질 좋은 식품을 자체 플랫폼, 백화점, 마트 등에서 판매하며, 더 나아가 푸드 코트 사업 운영까지 이 모든 것이 유기적으로 연결되면 파급력은 더욱 커질 것이다.

"농어민들과의 협업을 통해 소비자에게 이제껏 경험하지 못한 특별한 맛을 제공하는 회사가 되고 싶습니다. 농민들의 땀의 가치를 그 누구보다 잘 아는 농사꾼의 아들로서, 농민들과 함께 커가는 플랫폼의 대표로서 농민과 소비자가 윈윈할 수 있는 올바른 유통 생태계를 꾸준히 만들어 나가겠습니다."

5장

세상에 없던 프리미엄 체험으로 지갑을 열다

20. 업계 최초 6분짜리 유튜브 사업 설명회 영상으로 투자 유치에 성공하다
성장률 1위 프리미엄 독서실, 작심

21. 저가 커피 시장의 메가급 돌풍, 3년 반 만에 전국 700개 매장 달성
프랜차이즈 커피 전문점, 메가커피

22. '여기어때'를 성공시킨 경험으로 낚시계의 네이버를 꿈꾸다!
국가대표 낚시 예약 앱, 물반고기반

23. 세심한 감성소통 전략으로 집사의 마음을 사로잡다
고양이 용품 전문 쇼핑몰, 마마캣

24. 집 안의 유튜버들을 세상 밖으로 불러내다
세계 최초 웨어러블 360도 카메라, 링크플로우

㈜아이엔지스토리 ┃ 강남구 ┃ 30세 ┃ 2013년

- 업계 최초 '영국 옥스퍼드 대학교의 도서관'이라는 스토리텔링과 클래식한 콘셉트로 프리 미엄 독서실 브랜드 론칭!
- 고졸 출신 티몬 1위 영업사원, 자본금 240만원과 A4용지 10장짜리 사업 계획서로 첫 가 맹점을 개설하다!
- 업계 최초로 사업 설명회를 6분짜리 유튜브 영상으로 제작해 150억원 투자 유치에 성공!
- 설립 3년 만에 전국 300여개 가맹점 달성!

20

업계 최초 6분짜리 유튜브 사업 설명회 영상으로 투자 유치에 성공하다

성장률 1위 프리미엄 독서실, 작심

㈜아이엔지스토리 강남구 대표. 최근 그가 운영하는 프리미엄 독서실 작심이 초고속 성장을 거듭하며 승승장구할 수 있었던 비결은 SNS 시대의 흐름에 맞게 사업 설명회를 약 6분짜리 유튜브 영상으로 제작한 참신함 덕분이었다. 작심의 사업 방향, 미래 발전 가능성 등 확신에 찬 성공의 포부를 일목요연하게 정리한 이 짧은 영상은 투자자들의 마음을 사로잡아 150억원 투자 유치의 일등공신이 되었다.

강남구 대표는 이름부터 남다르다. 한문으로 진주 강姜, 남녘 남南, 구할 구求인데. 강 대표의 아버지가 그에게 부자가 돼서 강남에 살라는 뜻으로 지어주었다고 한다. 스펙 역시 남다르다. 그는 어릴 때 특별히 잘하는 건 없었지만 성적과 상관없이 초등학교 3학년 때부터 반장 자리를 놓치지 않을 만큼 리더십과 소통 능력이 뛰어났다. 중학교 때부터 집안이 경제적으로 힘들어지면서 일찌감치 공부가 아닌 장사를 시작했는데, 고등학교 2학년 때는 동대문에서 구제 청바지를 떼어와 싸이월드 미니홈피에서 판매하는 식으로 6개월 동안 1,000만원 넘게 돈을 벌었다.

국내 최초, 사업 설명회를 유튜브 영상으로 제작!

이런 경험을 통해 자신에게 사업 쪽으로 재능이 있다는 사실을 일찌감치 깨달은 강 대표는 안양에 있는 양명고등학교를 졸업한 뒤 대학 대신 과감히 창업을 선택했다. 하지만 고등학교 때 느꼈던 장사의 꿀맛은 그리 오래가지 않았다.

그는 맨 처음 대학생들의 창업을 돕는 사이트를 제작하는 일로 사업을 시작했다. 서울 시내 유명 대학교와 협력해 A4 용지 뒷면에 기업 광고를 넣는 프리포(Free+A4용지) 사업에도 도전했다. 디자이너를 고용해 티셔츠를 만들기도 하고 파티플래너가 되기도 하는 등 다양한 분야에서 큰 성공의 꿈을 품고 도전했지만 모두 실패의 쓴맛을 봤다. 아무런 준비 없이 그저 꿈에 대한 열정만으로 달려든 탓이었다. 그렇지만 이후에도 그는 포기하지 않고 꿈을 향해 앞만 보고 달려나갔다.

2010년 앞으로 소셜 커머스 사업이 성공할 것을 내다본 그는 창업멤버 7명을 모아 제품을 50% 할인 판매하는 '반띵이' 사이트 오픈을 준비했다. 하지만 채 준비를 마치기도 전에 이미 새로 생겨난 업체만 약 50

개에 달할 정도로 소셜 커머스 시장은 빠르게 성장했고, 그의 회사는 경쟁력이 떨어졌다. 이에 고민을 거듭하던 때 프리포 사업을 하며 알게 된 티몬의 신현성 전 대표에게 스카우트 제의를 받았다. 티몬은 그 당시 소셜 커머스 업계 1위 회사였다. 그는 반띵이 대표 자리에서 내려와 티몬 인턴으로서 밑바닥부터 차근차근 기본기를 쌓겠다고 다짐하며 영업 일을 시작했다.

"처음에 티몬에 입사했을 때는 아침 7시 30분에 출근해서 그다음 날 새벽 2시까지 하루 3시간씩 쪽잠을 자며 일에만 매진했습니다. 매일 아침 회의가 끝난 뒤 밖으로 나가 레스토랑, 커피숍, 미용실 등 실력은 있지만 홍보가 되지 않아 손님이 없는 가게들을 찾아가 온라인 50% 할인 쿠폰 계약을 따내는 일을 했죠. 티몬에 직원이 20명이 채 안 되던 시절이었기에 이런 오프라인 영업에서부터 고객 응대, 파트너 매니지먼트, 댓글 달기까지 모든 걸 해내야 했습니다. 그때 당시에는 죽으라면 죽는 시늉까지 할 정도로 일밖에 모르고 1년을 지냈습니다."

티몬 1위 영업사원, 독서실 사업을 시작하다!

강 대표는 티몬에서 매달 영업 1위를 달성하며 승승장구했다. 회사에서도 능력을 인정해 지역확장팀 총괄팀장으로 승진했으며, 한도 무제한 법인카드와 회사 차량까지 지원받는 등 초특급 대우를 받았다. 그 기세를 몰아 전국을 돌며 직접 발품을 팔아 지역을 더욱 확장했고, 오프라인 마케팅 홍보를 몸으로 배우며 회사의 몸집을 키워나갔다.

이렇듯 티몬에서 지역확장팀 팀장으로 어느 정도 자리를 잡았지만 그는 결코 안주하지 않았다. 더 큰 도약을 위해 세계 최초이자 최대 소셜 커머스 기업인 그루폰 한국지사로 자리를 옮겼다. 티몬에서 지역확장을 어떻게 해야 하는지 오프라인 홍보 마케팅을 배웠다면, 그루폰 코리아에서는 B2B본부장으로서 온라인 홍보 마케팅을 마스터했다. 두 회사의 경험은 그 후 그가 프리미엄 독서실 '작심'을 창업할 때 오프라인과 온라인 홍보 마케팅 기반을 단단하게 다져주는 든든한 밑거름이 되었다. 비록 대학은 나오지 않았지만 직접 보고 듣고 경험하는 모든 것이 그에게는 배움이었으며, 만나는 사람 한 명 한 명이 그에게 선생님이자 교수님이었다.

군 입대 전인 2013년 10월 진로교육 회사인 ㈜아이엔지스토리를 창업했다. 2014년 12월에 군에 입대하면서 1인대표에서 공동대표로 바꾼 후, 직원들에게 회사를 맡기고 군에 입대했다.

군 전역 3개월 전에 작심 독서실 1호점을 오픈한 그는 전역 이후 본격적으로 사업 확장에 뛰어들었다.

"한 사람의 라이프사이클을 살펴보면, 태어나서 진로를 설정한 다음 진학을 위해 열심히 공부하고 졸업 후 취업을 합니다. 그리고 나이가 들면 결국 은퇴를 하죠. 은퇴한 이후에는 대부분 창업을 하다 보니 결국 전 국민 모두가 CEO가 되는 셈입니다. 그런 과정을 되짚어보다가 진로, 진학, 취업, 창업 모두가 한 사람의 라이프사이클이란 생각이 들었습니다. 진로교육을 하는 과정에서 진학 관련 비즈니스로 넘어오면서

업계 최초로 영국 옥스퍼드 대학교의 도서관이라는 스토리텔링과 클래식한 콘셉트로 공략한 것이 작심을 빠르게
성공하게 해 준 원동력이었다. 사진은 작심 독서실 내부

그들의 동기를 실현할 수 있는 오프라인 공간 비즈니스로 무엇이 있을
까 고민하다가 프리미엄 독서실 콘셉트 작심을 론칭하게 되었습니다."

처음 그는 작심의 사업계획서를 A4 용지 10장으로 만들어 건물주들
을 찾아다녔다. 어린 나이에 무슨 사업이냐며 약 50명의 건물주들에게
문전박대를 당했다. 하지만 성공에 대한 확신을 기반으로 한 그의 노력
은 51번째 건물주를 만나 드디어 빛을 발했다.

"제가 찾아갔을 당시 해당 건물은 지상 3층, 지하 1층짜리로 3층에
건물주가 거주하면서 비어 있는 1~2층을 어떻게 사용해야 할지 고민
하던 차였습니다. 건물주분은 긴가민가하다가 어차피 놀고 있는 곳이
니 한번 해보라며 저를 믿어주셨습니다. 그런데 작심의 인테리어 콘셉
트가 어두침침한 독서실이 아니라, 영국 옥스퍼드 대학교의 900년 역
사가 깃든 보들리안 도서관을 본떠 고급스럽고 클래식하다 보니 그 비
용이 상당했습니다. 다행히 건물주분이 인테리어 비용까지 선뜻 내주
신 덕분에 작심 1호점을 오픈할 수 있었습니다. 평소 '확신이 있다면 주
변에서 좋은 기운이 돕는다'고 믿어왔는데, 그 믿음이 현실이 되는 순간

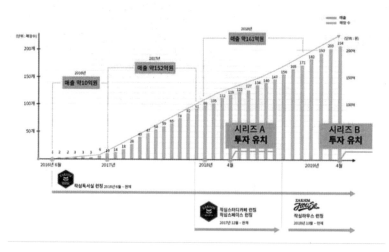

작심의 성장 스토리

작심은 현재 전국 7대 광역시 중 6곳에서 최대 브랜드를 달성하며, 경쟁사 대비 지방권과 중소규모 도시에 더욱 촘촘하게 입점하는 등 강력한 시장경쟁력을 보유하고 있다.

이었죠. 아직도 그때를 잊지 못합니다."

　사업의 성공을 위해서는 1호점의 디자인이 무엇보다 중요했다. 강 대표가 마음껏 만들고 싶은 대로 하려면 건물 임대료와 인테리어 비용을 합쳐서 약 3억원이 필요했는데, 건물주는 3억원을 대는 대신 수익을 100% 가져가는 조건으로 가맹 1호점주가 되었다. 1호점의 탄생과 함께 작심은 순조롭게 출발하여 1호점을 제외한 나머지 가맹점과는 월 로열티 30만원을 받으면서 수익을 나누고 있다.

　2016년 6월 우여곡절 끝에 처음으로 문을 연 프리미엄 독서실 작심은 첫 달부터 700만원의 수익을 냈다. 그야말로 대박이 난 것이다. 이렇게 작심은 첫 가맹점을 시작으로 현재까지 업계 성장률 1위를 기록하며 설립 3년여 만에 가맹계약 건수를 포함해 지점 수 약 300개를 달성했다.

작심이 이 시장에 진출할 당시 대부분의 독서실은 천편일률적으로 모던한 분위기였고 클래식한 인테리어는 전무했다. 이 점에 주목하여 업계 최초로 영국 옥스퍼드 대학교의 도서관이라는 스토리텔링과 클래식한 콘셉트로 공략한 것이 작심의 빠른 성공을 도운 원동력이었다. 작심은 현재 전국 7대 광역시 중 6곳에서 최대 브랜드를 달성하며, 경쟁사 대비 지방권과 중소규모 도시에 더욱 촘촘하게 입점하는 등 강력한 시장경쟁력을 보유하고 있다.

집요한 시장 조사로 밑바탕을 단단하게 다지다!

작심이 이렇게 단기간에 고속 성장할 수 있었던 또 다른 성공 포인트는 바로 강 대표의 집요한 시장 조사에 있다. 그는 작심이 이 시장에서 확실히 성공할 수 있는 기회의 조건을 네 가지로 설정했는데 그 첫 번째가 바로 부동산이었다.

오늘날 부동산 산업은 고성장기에서 저성장기로 돌입하면서 공급이 수요를 초과하고 있다. 이에 따라 높은 공실률을 해결하기 위해 임대수익보다는 좋은 콘텐츠의 업종을 입점시켜 운영수익을 올리고 건물의 가치를 높이는 임대관리 서비스의 중요성이 부각되고 있다.

"부동산 공급이 수요보다 많아지면서 건물에 입점하는 키 아이템이 중요해졌습니다. 놀고 있는 자산을 효율적으로 운영할 수 있는 콘텐츠에 대한 니즈는 앞으로 더욱 강해질 것으로 보입니다. 우버는 직접 소유한 차량 한 대 없이 운송 서비스를 성공시켰고, 에어비앤비 역시 건물 한 채 없이 숙박 서비스를 제공하고 있습니다. 이처럼 앞으로 이어지는 저성장기에는 공급 과잉으로 남아도는 부동산을 효율화하는 기업의 가치가 상승할 것이라고 확신했습니다."

작심은 고층의 공실에 입점해 안정적인 수익을 창출할 수 있는 콘텐츠로 이미 수익성을 입증했다. 한 달 이상 장기로 계약하는 고객이 일반적이므로 부동산 임대수익과 비슷한 성격을 지니는 것도 작심의 지속가능한 성공 키워드가 되었다.

두 번째는 다방이 카페로 바뀌고 슈퍼가 편의점으로 바뀌는 것처럼 어두컴컴한 독서실이 프리미엄 독서실로 변화하는 흐름이었고, 세 번째는 10대 학령인구는 지속적으로 감소하고 있지만 그에 반해 신입 사원 평균 연령은 31세로 오히려 높아지고 있다는 점이었다. 취업을 위한 스펙을 쌓느라 학령 기간이 증가함에 따른 안정적인 수요 확보는 프리미엄 독서실 운영 환경에 유리하게 작용했다.

마지막으로 네 번째는 2012년 기준 오프라인 사교육 시장이 약 17조 원이었고 온라인 교육 콘텐츠 시장이 약 2조원이었으나, 미래에는 두 시장이 비슷해질 것이라는 예상이었다. 강 대표는 온라인 교육 콘텐츠를 소비하는 공간을 작심과 같은 프리미엄 독서실이 대체할 수 있다면, 온라인 교육 콘텐츠 시장이 커지면 커질수록 독서실도 같이 성장할 수 있을 거라고 예측했다.

그는 이런 단단한 시장조사를 바탕으로 작심을 빠르게 키우는 한편

강남구 대표는 "공무원이나 취업 커뮤니티에 '작심 자리 팔아요.', '작심 자리 삽니다.'라는 글이 올라올 정도로 공부하는 사람들 사이에서 희소성 있는 브랜드로서 인지도를 확고히 다지고 싶다."라고 말한다.

으로 사업을 확장하기 위해 고민했다. 시설 투자비에서 남는 인테리어 수익은 단발성에 그쳤다. 지속가능한 기업이 되려면 지속가능한 수익을 창출해야지, 시설로 경쟁해서는 안 된다는 생각이 불현듯 들었다.

그러다가 PC방과 만화방 구조에 대해 떠올렸다. 우후죽순으로 생겨나는 다른 독서실이나 스터디카페와 차별화를 두기 위해 그는 PC방과 만화방처럼 자신이 원하는 공부를 뭐든지 할 수 있도록 온라인 교육 콘텐츠에 집중하기로 했다.

"PC방에서는 한 시간의 비용을 내면 자기가 하고 싶은 모든 게임을

프리미엄 독서실 작심이 초고속 성장을 거듭하며 승승장구할 수 있었던 비결은 SNS 시대의 흐름에 맞게 사업 설명회를 약 6분짜리 유 튜브 영상으로 제작한 참신한 생각 덕분이었다.

할 수 있습니다. 만화방도 마찬가지입니다. 그런 것처럼 사람들이 자신이 하고 싶은 공부를 A부터 Z까지 다 작심 안에서 할 수 있도록 다양한 강의를 제공할 수 있다면 정말 좋겠다고 생각했습니다."

그는 결국 독서실이 온라인 교육 콘텐츠를 소비할 수 있는 오프라인 공간으로 대체 가능하다면, 자기주도학습 공간으로서 작심이 오프라인 학원 역할을 할 수 있다고 믿었다. 무제한으로 온라인 교육 콘텐츠를 제공하여 대입을 준비하는 수험생부터 취업준비생, 영어공부나 자격증 취득을 목표로 하는 모든 이들의 사교육비를 줄여줌으로써 공부하는 게 사치가 아니라는 것을 알려주고 싶었다. 실제로 작심의 주 이용자는 주로 20~30대 공시생(공무원 취업 준비생), 취준생(취업 준비생)이다. 작심 가맹점들은 인스타그램과 페이스북 등 SNS상에서 이들을 위한 홍보 이벤트를 자주 진행한다. 인스타그램의 #작심독서실, #작심

헤시태그로 올라온 글과 사진은 약 7,000개 정도다. 어두침침한 독서실이 아닌 쾌적하고 고급스러운 환경에서 공부에 열중하는 이용자들의 후기와 사진이 지속적으로 업로드되며 많은 주목을 받고 있다.

작심이 성공한 이유는 강 대표가 단순히 공간을 독서실이라는 형태로 푼 것이 아니라 그 공간이 지닌 가치로 풀었기 때문이다. 작심에 오면 책으로 공부만 하는 것이 아니라 원하는 온라인 교육 콘텐츠를 무료로 들을 수 있고, 고퀄리티의 커피와 티백을 마음껏 마실 수 있다. 카페에서는 오랜 시간 머물면 눈치를 보며 커피를 계속 시켜야 하지만, 작심에서는 이런 불편함 없이 원하는 것을 모두 무료로 즐길 수 있는 것이다.

그는 이런 특화된 서비스로 작심을 잠깐 책을 보러 오는 곳, 회사 업무를 잠깐이라도 할 수 있는 곳으로 만들어서 카페와 중첩되는 대상까지 고객으로 끌어올 수 있는 새로운 개념의 모델로 성장시키고 있다. 최근에는 더 많은 투자자를 모집하기 위해 국내 최초로 사업 설명회를 유튜브 영상으로 제작해 많은 화제를 모았다. 이처럼 트렌드를 빠르게 읽어 사업에 바로 적용하는 것, 새로운 시도를 두려워하지 않는 것 역시 강 대표의 강점이다.

"앞으로 공무원이나 취업 커뮤니티에 '작심 자리 팔아요.', '작심 자리 삽니다.'라는 글이 올라올 정도로 공부하는 사람들 사이에서 희소성 있는 브랜드로서 인지도를 확고히 다지고 싶습니다. 무료 온라인 콘텐츠 활용으로 사교육비가 들지 않고, 커피와 차도 무료로 마시며 마음껏 공부하는 재미를 느낄 수 있는 가치를 지닌 공간으로 작심을 이끄는 것이 저의 목표입니다."

■ 본격적인 가맹 사업 시작 3년 반 만에 전국 700개 매장 달성!

■ 프리미엄 원두, 괴물급 빅 사이즈 투 샷 아메리카노로 저가 커피 시장을 점령하다!

■ 비주얼 甲, 가성비 甲! SNS 인증샷에 안성맞춤인 이색 메뉴로 이슈메이커가 되다!

21

저가 커피 시장의 메가급 돌풍, 3년 반 만에 전국 700개 매장 달성

프랜차이즈 커피 전문점, 메가커피

시장조사기관 유로모니터에 따르면 2018년 기준 한국 커피전문점 시장 규모는 5조 6,322억원으로 전 세계에서 미국(31조 1,551억원), 중국(6조 8,901억원)에 이어 가장 큰 시장으로 등극했다. 국내 커피 시장 규모는 '커피 공화국'이라고 불러도 과언이 아닐 정도로 12조원을 돌파하는 등 끊임없는 성장세를 이어가고 있다. 2017년 관세청 자료에도 우리 국민 1인당 연간 커피 소비량은 512잔으로 10년 전보다 4배 이상 늘어난 것으로 나타났다.

상황이 이렇다 보니 "자고 일어나면 새로운 커피전문점이 생긴다!"는 말이 돌 정도로 국내 커피 전문점은 이미 포화상태다. 2018년 기준 전국의 커피 전문점 수는 8만 159개로, 자영업의 상징인 치킨집 개수

약 8만 7,000개에 육박한다.

이런 국내 커피 전문점 시장이 새로운 양상을 띠고 있다. 커피 전문점 시장의 규모가 커지면서 스페셜티로 고급화를 지향하는 고가 커피 전문점과 대용량으로 가성비를 앞세운 저가 커피 전문점으로 양극화 구도를 형성 중이다.

특히 최근 들어 저가 커피 전문점 시장 경쟁이 한층 더 치열해졌다. 이처럼 뜨거운 레드오션에 뛰어들어 살아남기 위해서는 고품질의 원두를 써서 저렴한 가격에 맛있는 커피를, 그것도 대용량으로 제공하는 것이 가장 중요한 관건이 되었다.

저가 커피 전성시대, 더 이상 성공은 없다?

'메가커피'는 저가 커피 전문점 시장에 후발주자로 뛰어든 지 3년 반 만에 전국에 700호점을 돌파하며 브랜드 이름답게 메가급 성장세를 이어가고 있는 커피·음료 전문점이다. 중소기업청과 소상공인진흥원이 주관하는 우수프랜차이즈 지정식에서 2년 연속 우수프랜차이즈로 선정되기도 했다. 한국경제, 한국소비자포럼에서 주관하는 2019년 올해의 브랜드 대상, 카페 프랜차이즈 부문 대상도 수상했다.

메가커피가 이렇듯 치열한 저가 커피 브랜드 시장에서 이례적으로 우뚝 설 수 있었던 비결은 입이 딱 벌어지는 24온스(680g) 대용량에 100% 프리미엄 아라비카 원두 투샷을 넣어 고급 커피 브랜드 못지않은

품질과 비교할 수 없는 양으로 정면승부를 봤기 때문이다. 아라비카 원두는 연중 15~24℃의 기온과 1,000m 이상의 고산지대에서만 재배되는 까다로운 종으로, 단맛과 신맛이 강하며 향기가 뛰어난 점이 특징이다. 저가 커피 브랜드는 시장에서 경쟁력을 가질 수 없어 고급 커피 원두를 사용하지 않는 것이 통상적이지만, 메가커피는 품질로 승부하기 위해 과감하게 프리미엄 아라비카 원두를 선택했다.

이런 메가커피의 공격적 전략은 하형운 대표의 오랜 경험에서 비롯됐다. 하 대표는 10년 이상 프랜차이즈 운영 노하우를 쌓은 ㈜앤하우스의 대표로 전문 인력, 체계화된 시스템 등 탄탄한 본사 운영 방식과 빠르게 변화하는 트렌드에 발맞춘 지속적인 메뉴 개발로 여러 프랜차이즈 브랜드를 성공시켰다.

2006년 카페앤하우스 론칭을 시작으로 카페 파시야, 메가커피까지

3개 브랜드를 운영하며 국내 카페 시장을 선도하고 있다. 특별한 공간을 지향하는 '카페앤하우스'와 오감을 만족시키는 빙수 디저트 카페 '파시야'는 전국에 가맹점 수 100여 개를 돌파했으며, 2015년에는 '메가커피'를 론칭해 2016년 1월 가맹 사업을 시작한 지 약 3년 반 만에 전국 700개 가맹점을 빠르게 돌파하는 기록을 세웠다.

"메가커피는 저가 커피 브랜드 중 후발주자로 출발했습니다. 한발 늦은 만큼 공격적인 차별화 전략이 필요했죠. 아무리 저가를 내세운다고 해도 커피 시장이 발전한 만큼 사람들의 입맛 또한 높아져서 저렴한 원두를 사용할 수 없었습니다. 그래서 100% 아라비카 프리미엄 원두에 대용량인 만큼 투 샷을 제공했죠."

또한 고객의 입장에서 저가 커피를 마신다고 인테리어 또한 저가로 어설프게 할 수는 없었다. 저가지만 고품질의 원두를 사용한다는 브랜드 이미지에 맞게 인테리어 또한 모던한 스타일로 고급화를 추구했고 이런 메가커피의 콘셉트는 고객의 마음을 순식간에 사로잡았다.

비주얼 甲, 가성비 甲! SNS에 딱 좋은 인증샷 메뉴 개발!

메가커피의 성공 전략은 크게 세 가지로 꼽을 수 있다. 첫 번째는 고급 재료다. 저가를 내세우는 커피 브랜드지만 100% 프리미엄 등급의 아라비카 원두를 로스팅해 부드럽고 진한 풍미 가득한 커피를 제공했다. 두 번째는 공간이다. 프리미엄 원두를 사용하는 브랜드 이미지답게

메가커피는 SNS에 열광하는 10대, 20대를 집중적으로 공략하기 위해 이들을 위한 이색 음료 개발에 힘썼다.

고급스러우면서도 편안한 인테리어 설계 시공으로 안정감 있고 아늑한 공간을 추구했다. 세 번째는 메뉴의 다양성이다. 커피 외에도 메가커피만의 특별한 레시피로 이색적인 음료를 선보인 점이 크게 어필했다.

"크게는 커피를 즐기는 어른들이 주 고객층이지만 어린아이부터 SNS에 열광하는 10대, 20대를 집중적으로 공략하기 위해 이들을 위한 이색 음료 개발에 힘썼습니다. 취향에 따라 골라 즐길 수 있는 총 80여 가지의 음료가 있는데, SNS에 자랑할 만한 새롭고 독특한 콘셉트를 중점으로 메뉴를 기획했습니다."

메가커피는 커피 외에 재미있는 비주얼과 콘셉트의 음료로도 유명하다. 그중 가장 핫한 것이 바로 '퐁크러쉬'. 이름부터 재미난 이 음료는 죠리퐁이 가득 올라간 비주얼이 호기심을 자극하는 음료다. 새콤달콤한 딸기, 바나나 등의 시원한 셰이크와 죠리퐁의 바삭바삭한 식감이 환상적인 궁합을 만들어 내며 SNS에 비주얼 甲, 가성비 甲이라는 해시태그를 타고 큰 인기를 얻었다. 또 신비로운 유니콘의 형상을 그대로 옮겨 놓은 듯한 비주얼의 '유니콘프라페'와 재료에 따라 음료 색상이 변하는 컬러 체인징 음료 '유니콘 매직 에이드'도 젊은 층에게서 독보적인 관심을 끌었다. 양 또한 메가커피답게 시쳇말로 괴물급(괴물처럼 용량이 크다는 뜻)이다. SNS에 안성맞춤인 비주얼은 물론 가성비까지 두루 챙긴 메뉴들은 젊은 층의 취향과 입맛을 그대로 저격했다.

이 외에도 레몬, 자몽, 라임 등 시트러스 과일로 여성들에게 인기 좋은 '메가에이드', 스톰크림이 가득 올라간 '콜드브루 스톰' 등도 손꼽히는 인기 메뉴다. 최근 진한 흑당과 부드러운 우유가 어우러진 '흑당 버블 라떼'와 홍차의 깊은 맛과 향긋함을 더한 '흑당 버블 밀크티', 진한 녹차 맛이 매력적인 '흑당 버블 그린티' 3종을 선보였는데, 론칭 첫날부터 신메뉴를 찾는 얼리어답터들에게 큰 인기를 얻으면서 품절 사태를 빚었고, 출시 3개월여 만에 누적 판매량 170만잔을 기록하며 인기 메뉴로 자리매김했다.

SNS에서 메가커피의 인기가 날로 높아지면서 마케팅도 이쪽에 집중했다. 신메뉴 출시 때마다 메가커피 공식 페이스북에서 팔로우 이벤트를 진행하고 모바일 상품권을 증정하는 식으로 고객들을 끌어모았다. 직접적인 광고보다는 맛의 경험을 통해 브랜드를 알리는 데 주력했다. 메가커피의 메뉴 배너 역시 시즌별로 각기 다른 콘셉트로 전문성 있게 촬영했으며, 식욕을 자극하는 먹음직스러운 비주얼로 고객을 사로잡았다.

함께 성장하는 점주들과의 상생 전략

메가커피 브랜드를 소유한 ㈜앤하우스 하형운 대표는 국내 커피사업 1세대다. 1999년 스타벅스가 이화여대 앞에 첫 1호점을 오픈할 당시, 그는 31세의 나이에 핸드드립으로 커피 인생을 시작했다. 그 이후로 약 20여년간 커피를 공부하며 커피를 좋아하는 커피전문가이자 애호가가 되었다.

메가커피는 국내 커피 전문 브랜드 중 가장 빨리 성장했다. 첫 가맹사업을 본격적으로 시작한 2016년에 41개, 2017년에 187개 그리고 2018년에는 405개가 생기면서 3년 반 만에 전국 700개 가맹점을 돌파했다.

메가커피 1호점이 위치한 곳은 앞서 네 개의 상점이 망해서 나간 자리다. 건물 자체는 사람이 많이 다니는 길목에 자리했으나 골목 안으로 쑥 들어가 있는 단점 때문에 고객의 이목을 끌 수 없는 자리였다.

"메가커피 1호점은 골목 안쪽에 자리해 위치적으로는 좋지 않은 곳이었습니다. 지나가는 고객들을 끌어들일 수 있는 방법을 찾아야만 했죠. 그래서 일단 눈에 가장 잘 띄는 노란색을 메인 컬러로 사용했습니다. 또 폭이 좁은 폴딩 도어로 계절에 따라 봄, 여름, 가을처럼 날이 좋을 때는 문을 활짝 열어 고객의 관심을 끌고, 겨울에는 문을 닫아 따뜻하게 쉴 수 있도록 아늑한 공간을 만들었습니다."

오픈 당시 상점과 사무실 등 매장 주위 이웃들에게 무료로 아메리카노를 돌린 것도 마케팅 홍보 효과를 톡톡히 냈다. 유동인구보다는 매장 근처의 주요 고객층을 먼저 공략하자는 전략이었다. 100% 아라비카 프리미엄 원두로 만든 빅 사이즈 아메리카노가 1,500원이라는 사실을 글이나 그림이 아닌 실제 맛을 통해 경험시키겠다는 전략이었다.

"처음에는 위치적인 단점으로 인해 지나가는 고객을 확보할 수 없었기에 매출을 낼 기본 고객을 만들어야 했고, 그들이 바로 매장 근처의 이웃들이었습니다. 덕분에 메가커피의 매출이 상승하면서 지나가는 고객 역시 잡을 수 있었죠. '첫 오픈 아메리카노 무료 서비스 이벤트'는 메가커피 가맹점 오픈 첫날 꼭 치러야 하는 이벤트로 자리 잡았고, 이 벤트에 소요되는 원두는 본사에서 지원하고 있습니다."

메가커피는 고가의 커피사업을 저가로 창업할 수 있도록 본사 마진을 최소한으로 줄이고 시스템을 다운사이징해 넓게 확산시키는 프랜차이즈 전략을 사용한다. 동종업계 내에서도 눈에 띄는 성과를 이룬 메가커피가 급성장한 배경에는 이렇듯 본사 마진을 거의 없애고 좋은 품질의 제품을 저렴한 가격으로 공급해 점주들과의 상생을 도모한 정책에 있다. 100% 프리미엄 아라비카 원두를 시중 가격의 20~46% 이상 저렴한 가격에 공급하고, 라테에 사용하는 고품질 우유 역시 32% 이상 저렴하다. 인테리어에서도 마진을 남기지 않는다. 이러한 정책을 통해 맛있는 커피를 저렴한 가격에 판매하여 고객과 가맹점주의 만족도를

동시에 높였다.

　"메가커피 가맹의 특징은 매장을 운영하는 점주들의 만족도가 높아 기존 점주들이 추가로 매장을 오픈하거나 점주들 지인이 창업하는 매장이 많다는 것입니다. 취업률 저하, 인건비와 임대료 상승 등 사회 불안요소도 메가커피가 성장하는 데 강점으로 작용했죠. 소규모로 창업이 가능한 이점 때문에 취업준비생이나 여성, 주부 사업가들의 도전이

저가지만 고품질의 원두를 사용하는 브랜드 이미지에 맞게 인테리어 또한 모던한 스타일로 고급화를 추구했고 이런 메가커피의 콘셉트는 고객의 마음을 순식간에 사로잡았다.

많은 편입니다."

　메가커피는 본사의 체계적인 모니터링을 통해 운영 및 제품의 퀄리티 저하와 컴플레인을 최소화한다. 그리고 3F 정책을 통해 매장 관리 시스템을 지속적으로 체크하여 점주와 고객의 만족도를 높이고 있다. 3F 중 Fast는 매장 내 문제 상황 발생 시 신속히 문제를 해결하는 것이고, Fair은 운영상 일어날 수 있는 매장 퀄리티 저하를 최소화하면서 매장을 관리 감독하는 것이다. 마지막으로 Flexible은 문제 해결을 위해서 상황에 맞춰 유연하게 대처하는 정책이다. 이 밖에 5일 동안 집중적으로 실시하는 메가교육 시스템을 통해 전문 트레이너가 매장의 안정화를 지원한다.

　"메가커피의 성공은 지금부터 시작이라고 생각합니다. 항상 고객과 가맹점주 입장에서 어떻게 하면 고퀄리티의 메뉴를 좋은 서비스와 함께 제공할 수 있을지 고민을 거듭합니다. 그 이유는 메가커피의 성공이 바로 고객과 가맹점주 덕분이기 때문이죠. 앞으로 메가커피가 모두 함께 즐기며 상생하는 국내 최고의 커피 브랜드로 발전할 수 있도록 더욱 많은 노력을 기울이겠습니다."

㈜아이스앤브이 | 박종언 | 43세 | 2017년

- 2년간 전국 각지를 돌며 숨은 낚시 포인트를 찾아 7,500만건의 빅 데이터 구축!
- 숙박 모음 앱 '여기어때' 출신으로 불모지였던 낚시 분야를 대중화한 개척자, 낚시 O2O(Online to Offline) 플랫폼의 선두주자로 우뚝 서다!
- 후발주자들이 따라오지 못하도록 차별화 전략으로 진입장벽을 단단히 쌓다!

22

'여기어때'를 성공시킨 경험으로
낚시계의 네이버를 꿈꾸다

국가대표 낚시 예약 앱, 물반고기반

2002년도에서부터 2016년도까지 해양수산부에서 집계한 연도별 낚시 이용객 현황(바다 선상낚시 기준)을 살펴보면, 꾸준히 이용객이 늘고 있으며 2014년부터는 가파른 상승곡선을 그리고 있다. 유료 낚시인 구와 무료 낚시인구를 합치면 바다낚시 전체 이용객은 1,000만명 이상으로 추정되며, 민물 무료 낚시이용객 포함 시 1,500만명 이상일 것으로 보인다. 그만큼 잠재력을 보유한 큰 시장임에 분명하다. 2021년에는 바다낚시와 민물낚시를 합쳐 시장 규모가 1조 2,000억원에 달할 것으로 예상되며 낚시 용품, 낚시 의류, 낚시 프랜차이즈 등 낚시 관련산업 부가가치 상승과 더불어 더 크고 빠르게 성장할 것으로 전망된다.

또 여기에 몇해 전부터 '도시어부', '삼시세끼 어촌편 3', '성난 물고기'

등 낚시를 소재로 한 예능프로그램이 인기를 끌면서 낚시 시장의 성장에 한 몫을 더했다. 낚시를 즐기는 사람들 역시 남녀노소 불문하고 늘어나고 있다. 하지만 낚시 분야는 숙박이나 골프 등과 달리 초보자들에게 필요한 정보가 턱없이 부족할 뿐 아니라, 눈부신 IT기술의 발전이 무색할 만큼 예약조차 쉽지 않은 상태로 여전히 제자리걸음을 걷고 있다. 그야말로 불모지다.

이런 낚시 생태계의 문제점을 누구보다 빨리 캐치하여 이를 해결함으로써 일부 숙련자들만 즐기던 낚시 문화를 대중적으로 이끄는 이가 있다. 바로 낚시 예약 앱 '물반고기반'을 창업한 ㈜아이스앤브이 박종언 대표다.

"2014년만 해도 많은 전문가들이 낚시 저변 확대로 낚시 인구의 증가와 낚시 관련산업 부가가치의 상승을 예측했지만, 통합플랫폼은 없는 상황이었습니다. 커뮤니티, 예약, 광고 등 낚시와 관련해 다양한 트래픽이 분산돼 있었는데 이를 통합할 플랫폼이 절실히 필요했죠. 여기에 주목하여 낚시 생태계를 바꿔놓을 '물반고기반' 낚시 예약 플랫폼의 개발에 올인했습니다."

숙박 모음 앱 '여기어때' 기획사업·총괄자, '물반고기반'을 만들다!

박 대표는 창업 전 마케팅 대행 회사 위드웹(현 위드이노베이션)에서 총괄본부장으로 일하며 숙박 모음 앱 '여기어때'를 기획했다. '여기어때'를 만들고 키운 데는 그의 역할이 팔 할이라고 해도 과언이 아니다. 신동엽을 모델로 내세운 '여기어때'는 그간 드러나지 않았던 모델이나 펜션 등의 숙박업소를 세상에 널리는 데 일조했고, 20~30대의 큰 주목을 끌며 빠르게 성장했다.

하지만 박 대표는 회사 내부 사정으로 인해 2014년 퇴사를 결심하고, 마케팅 대행사를 차려 독립했다. '여기어때'를 단시간에 키워본 경험은 그를 다시 플랫폼 사업으로 이끌었다. 그는 광고 대행 대신 자체 운영 플랫폼이 있어야 회사가 발전할 수 있다고 판단했다. 그리고 그 즉시 새로운 플랫폼 아이템을 찾아 나섰다.

"약 20여 년 전 펜션이 숙박업소로 한창 떠오를 때만 해도 관련 정보를 찾으려면 인터넷 서핑부터 시작해서 시간과 공을 많이 들여야만 했습니다. 하지만 그렇게 어렵게 맘에 드는 펜션 하나를 골라내 전화로 예약하고 막상 찾아가다 보면 가는 길에 그보다 더 좋은 펜션들이 눈에 띄었죠. 그러면 다음에 꼭 저 펜션을 가겠다고 생각하지만, 막상 그때가 돼서 찜해 둔 펜션을 예약하려고 하면 루트가 없어 포기하는 경험을 되풀이해야 했습니다. IT산업이 발전한 만큼 숙박 예약 서비스도 성장했지만, 낚시 분야는 여전히 펜션 초창기 때처럼 정보가 부족해서 막상 낚시를 가려고 해도 예약이 어려워 갈 수 없었습니다."

2014년 즈음 친구들 모임에서 갑자기 주말에 함께 낚시를 가자는 의견이 나와 박 대표는 낚시할 만한 곳을 찾았다. 그러나 인터넷을 아무리 샅샅이 뒤져도 초보자를 위한 정보가 많지 않았을뿐더러 비교하고 선택해서 갈 수 있는 낚시터 또한 한정돼 있었다. 더욱이 예약도 할 수

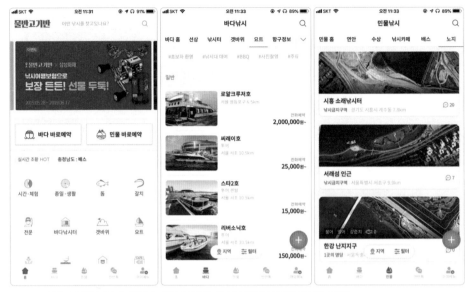

숙박 모음 앱 '여기어때' 기획사업·총괄자 출신 박 대표가 론칭한 낚시 예약 앱 '물반고기반'

없었다. 당장 내일 숙박할 호텔이나 게스트 하우스, 골프도 예약이 되는 요즘 같은 시대에 낚시만 예약이 불가능하다는 게 의아했다.

그는 여기서 첫 플랫폼 사업의 힌트를 얻었다. 발품을 팔아 전국 곳곳의 낚시 포인트 정보를 모아 놓는다면 새로운 비즈니스를 창출할 수 있을 것이라고 확신했다. 그리고 바로 낚시 예약 플랫폼 사업에 돌입했다.

첫 시작은 전국 각지에 숨어 있는 낚시터 주인이나 선주들을 섭외하는 발로 뛰는 영업이었다. 숙박 모음 앱인 '여기어때'를 성공시킨 경험을 바탕으로 전국 각지를 돌아다니며 낚시 포인트를 찾고 어렵게 수소문해 주인들과 선주들을 만났다. 이렇게 데이터를 쌓는 데 2년 정도가 걸렸다.

2년간 전국 각지를 발로 뛰며 영업하다!

"먼 길을 떠나려면 지름길을 찾지 마라!"라는 말이 있다. 세상에는 지름길이 없다. 착실히 실행하며 꾸준히 지속하는 끈기가 필요하다. 이 말과 의미에 딱 들어맞는 이가 바로 박종언 대표다.

박 대표는 컴퓨터 앞에 앉아 낚시 정보를 찾는 대신 전국 각지의 바다, 민물 등 낚시할 수 있는 모든 곳을 발로 뛰며 찾아다녔다. 하지만 무작정 찾아간다고 영업이 성사되는 건 아니었다. 가장 중요한 선주들의 만나 얼굴을 보기조차 힘들었다. 어렵게 낚싯배를 운영하는 곳을 찾으면 이미 배는 바다에 나간 뒤라 만날 사람이 아무도 없었다. 그렇다고 사무실을 운영하느냐 하면 그것도 아니었다. 근처 주민들에게 물으니 새벽 4시에도 나가고 6시에도 나가는 등 배가 나가는 시간도 대중없었다. 일단 그 시간에 맞춰 새벽같이 찾아가 선주들을 만났고 어렵게 설득하며 영업을 성사시켰다. 이렇게 혼자 전국 각지를 돌며 6개월간 100 곳을 직접 찾아가 영업했다.

"전국 각지의 낚시 포인트를 찾기란 아무리 열심히 한다 해도 혼자 힘으로는 불가능한 일이었죠. 그렇게 6개월 정도는 제가 직접 하고, 그 이후부터는 직원을 뽑아 가속도를 내며 선주 영업과 데이터 수집에 집중했습니다. 그때 당시엔 '물반고기반'이라는 앱 이름도 없을 때라 낚시 예약 서비스를 소개하는 브로슈어 한 장 들고 선주들을 찾아갔습니다. 다들 무조건 실패할 거라는 쓴소리만 하더군요. 이런 낚시 회사들 많이 봐왔는데 모두 실패했다며 오히려 저를 더 걱정해 주시더라고요."

하지만 그런 부정적인 반응에도 그가 명백하고 확실하게 이 일을 해야 한다는 신념을 버리지 않았던 이유는 초보자들이 낚시하러 가고 싶어도 정보를 비교·검색하고 예약할 수 있는 통합 플랫폼이 없다는 현실 때문이었다.

그가 분석한 낚시 시장의 실태를 보면, 낚시 관련 사이트는 많으나 정보가 제한적이고 산발적이다. 포털 사이트에서도 정확한 정보를 비교·검색하기가 어렵고 전국을 대상으로 한 바다, 민물 통합 플랫폼이 없어 선택의 폭도 좁다. 평균 검색 시간이 최대 1시간 이상 소요되며 이렇게 열심히 검색해도 원하는 정보를 찾기 어렵다.

사용자는 정확하고 많은 낚시 정보, 빠른 검색의 편의성과 다양한 혜택 등을 원한다. 하지만 낚시 업체는 대부분 현장 공석 판매를 통해 수익을 얻고 있으며, 광고를 하더라도 정확한 효율을 측정하기란 사실상 어렵다. 이런 측면들 때문에 편리한 예약 솔루션과 고객 소통 창구가 반드시 필요한 상황이었다.

이런 상황에서 이들의 가교 역할을 한다면 낚시업계의 생태계를 바꿀 수 있겠다는 확신이 들었다. 그는 낚시 예약 앱 '물반고기반'의 효용 가치를 믿었고 수익은 자연스럽게 따라올 것으로 예상했다. 돈을 많이 벌고 적게 벌고는 두 번째 문제였다. 먼저 낚시 시장의 트렌드를 바꾸는 게 이 사업의 주목적이었다. 그래서 그는 사용자의 빠른 검색, 즉시 예약, 정보 공유, 이 세 가지 니즈를 '물반고기반' 앱에 반영하고, 업체에는 공석 판매 기회와 매출 증대, 예약 솔루션, 고객 소통 창구를 마련해 주는 프로그램을 접목시켰다.

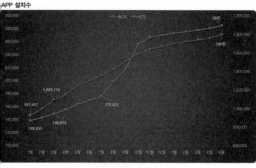

APP 설치수

2019년 5월 기준 설치수
AOS + iOS 설치수 200만

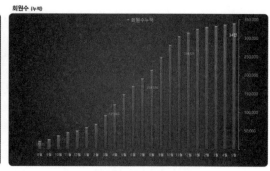

회원수 (누적)

2019년 5월 누적 회원수 34만명

　2년 동안 발품을 팔며 전국 각지를 돌아다닌 결과, 2017년 4월과 5월 첫 론칭 당시 '물반고기반'은 바다 1,500개 업체, 민물 400개 업체, 무료 포인트 노지 515곳, 항구정보 321개의 데이터베이스를 갖췄다. 이후 같은 해 12월에는 바다 2,000개 업체, 민물 700개 업체, 노지 1,000곳, 항구정보 500개로 늘었으며, 2021년까지 바다 3,100업체, 민물 800업체로 늘릴 계획이다.

　국내에 없었던 첫 낚시 예약 통합 앱 '물반고기반'은 이렇게 데이터베이스를 단단히 구축했고, 앱이 많은 사람들에게 알려지면서 누적다운로드 200만, 회원 수 40만, 일 방문자 6만, 월 방문자MAU: Monthly Active Users 30만을 보유한 국내 대표 낚시 예약 앱으로 빠르게 성장했다.

선도적인 차별화 전략으로 진입장벽을 높고 단단하게 구축하다!

　처음에는 비즈니스 모델이 없다 보니 정보를 제공하는 것이 전부였다. 사용자들이 '물반고기반' 앱만 있으면 전국 웬만한 낚시 포인트는 정보를 파악하는 것은 물론 예약까지 할 수 있음을 인지하게 하는 것이 첫 번째 목표였다. 그래야 그 후에 유료화 전략으로 수익을 얻을 수 있기 때문이다.

"전국에서 낚시할 수 있는 7,500곳을 모두 돌며 정보를 모았고, 낚시 트렌드를 바꾸는 게 주목적이었기에 처음에는 수익보다는 정보를 제공하는 데 주력했습니다. 선상낚시, 바다낚시터, 갯바위낚시 그리고 항구정보, 연안낚시터, 수상낚시터, 노지포인트 등 국내 모든 선박, 낚시터, 이 외에도 낚시할 수 있는 모든 포인트 정보를 제공했습니다."

그리고 낚시 예능프로그램 '도시어부'로 인기를 끈 개그맨 이경규를 모델로 세워 '물반고기반'을 많은 사람들에게 알리는 데 공을 들였다. 모델을 내세우면 마케팅 효율 면에서 빠른 효과를 볼 수 있기 때문이다.

다른 사이트와 '물반고기반' 앱의 가장 큰 차별점은 바로 낚시 통합을 테마로 정한 것이다. 여기에 사람들을 모을 수 있는 국내 최대 낚시 커뮤니티 카테고리를 더해 바이럴 마케팅을 시도했다. 커뮤니티 활성화를 위해 스타급 프로 낚시 전문가도 섭외했다. 낚시 방송 및 다양한 커뮤니티 활동으로 사람들의 이목을 끌며, 오프라인 정기 미팅도 주기적으로 주최했다. 팬덤, SNS 파급력을 이용한 파워 마케팅 전략을 쓴 것이다. 커뮤니티 및 인기 블로그의 활동도 다양하게 소개하며 전국 각지의 조황을 포스팅해 앱의 트래픽 증가와 체류시간 증대를 도모했다.

그리고 사업 권리 보호를 위해 낚시 예약 시스템 및 낚시 광고 플랫폼, 실시간 현황 정보, 드론을 이용한 촬영 정보와 같이 복합적인 플랫

'물반고기반' 앱만 있으면 전국 웬만한 낚시 포인트의 정보 파악은 물론 예약까지 할 수 있다.

폼 구조를 핵심으로 한 기술 특허 출원도 완료했다.

특히 드론과 360VR 촬영으로 현장감 넘치고 수준 높은 낚시 현장 정보를 제공해 다른 사이트가 넘볼 수 없도록 진입장벽을 단단히 쌓았다. 앱을 통해 낚시 전 반드시 알아야 할 물때와 날씨 정보를 제공하며, 낚시 현장에서 직접 어종 크기를 계측해 커뮤니티에 바로 게시할 수 있도록 하는 편의 기능도 개발 중이다.

업주들에게는 입점 시, '물반고기반' 외에도 네이버와 야놀자, 여기어때 채널에 동시 노출해 주는 서비스를 제공한다. 노출 매체는 앞으로도 계속 늘어날 예정이다. 또 차별화 전략의 하나로 얼리버드 상품도 선보였다. 업체에서 제공받은 무료 이용권을 유료로 판매해 구매자에게는 재방문 시 50% 할인권을 추가로 제공하고, 업체에는 복수의 매출 기회를 부여하고 단골손님 유치 등 부가 혜택을 주는 아이디어 상품이다.

이런 선도적인 차별화 전략은 업주들의 성공 사례를 빠르게 창출했다. 인천의 A선박은 광고 전 예약전화가 750회에서 광고 후 2,835회로 278% 상승했으며, 매출은 635% 늘었다. 충남 B 선박 역시 예약전화가 494회에서 1,521회로 208% 상승했으며, 매출도 427% 증가했다.

벼랑 끝, 통 큰 베팅으로 승부수를 띄우다!

박 대표는 대학에서 경영학을 전공하고 첫 직장으로 국내 체성분분석기 전문회사 인바디에 입사했다. 뭐든 시작하면 최선을 다하는 성격이라 처음부터 성과 좋은 영업 사원으로 두각을 나타냈고 대구 지역 지사장으로 초고속 승진해 5년 정도 일했다. 대학 졸업 2년 만에 월 5,000만원 이상 수입을 올렸다. 별다른 영업 전략은 없었다. '무조건, 열심히 최선을 다하는 것'이었다. 그러다가 비록 수입은 많았지만 의료기기 사업에 대한 한계를 느꼈고 미래지향적인 도약을 위한 터닝포인트가 될 다른 일을 찾기 시작했다.

"2008년경 인생의 터닝포인트가 될 일을 찾던 중에 마케팅 대행사 '위드웹'에서 스카우트 제의를 받았습니다. 핵심 업무는 영업이었죠. 당시 수입은 상당히 높았음에도 미래를 생각하면 새로운 일로 빨리 전업하는 게 좋을 거라 판단했습니다."

인바디 대구 지사장에서 월급 받는 마케팅 대행사 영업 직원으로 옮긴다는 건 그에게는 인생을 건 벼랑 끝 큰 베팅이었다. 월급을 주는 사장에서, 월급을 받는 직원이 된다는 결정은 일을 처음부터 다시 배우고 시작하겠다는 의지와도 같았다. 그렇게 위드웹에 입사해 5~6년간 근무하는 동안 신사업팀에서 숙박 모음 앱 '여기어때'를 기획, 총괄해 론칭한 것이다.

사실 그의 첫 창업은 '물반고기반'이 아니다. 대학생 때 일찍 결혼한 그는 가정도 책임져야 하고 학비도 마련해야 하는 학생 가장이었다. 그래서 가장의 책임을 다하기 위해 학교를 다니면서 비디오 대여점에서 아르바이트로 돈을 벌었다. 그 당시 비디오 대여 산업이 사양길로 들어서면서 장사가 잘 안됐다. 그래도 가게를 조금만 더 신경 써서 운영하면 매출이 늘 텐데, 사장이 투자를 안 했다. 하지만 그는 돈을 벌어야 하는 가장의 무게를 짊어지고 있었기에 비디오 대여점의 성패는 그에게 생계가 달린 중요한 일이었다. 가게가 망한다는 건 직장을 잃는다는 것과 마찬가지였다. 그러다 어느 날, 사장이 가게를 팔기로 결정했고 당시 대학교 2학년이었던 그는 보증금과 월세를 최대한 깎아 3,000만원에 가게를 인수했다. 비디오 대여점에서 아르바이트하는 직원이었지만, 그는 단순히 가게만 지키고 있지는 않았다. 어떻게 하면 장사가 잘될지 사장보다 더 열심히 치열하게 고민하고 연구했다.

"신작이 없으니 손님이 줄고 자연히 매출도 떨어졌습니다. 그렇다고 신간을 무조건 많이 가져다 놓기만 하면 손해를 봅니다. 그래서 대안으로 신작을 우선 많이 들여와 주변 작은 비디오 대여점 사장들에게 공급했어요. 그러니 손님도 늘고 매출이 점점 오르기 시작해 돈을 많이 벌었죠."

그가 거쳐 온 인바디 대구 지사장, 위드웹의 숙박 모음 앱 '여기어때'의 기획·사업 총괄자 그리고 낚시 예약 통합 앱 '물반고기반'의 성공에는 그의 이런 사업가로서의 수완과 자질이 밑바탕이 되었다. 그의 성공은 하루아침에 이뤄진 것이 아니다. 앉아서 고민만 하는 대신, 누구보다 신속하게 그리고 열심히 발로 뛰며 몸소 경험하고 실패를 두려워하지 않는 도전 정신이 만들어 낸 결과다.

낚시계의 네이버를 꿈꾸다!

낚시 예약 앱 '물반고기반'의 회사 이름은 '㈜아이스앤브이ICE&V'다. I는 information(정보), C는 connect(연결하다), E는 easy(쉽게) 그리고 V는 value(가치)다. '흩어져 있는 정보를 쉽게 연결해서 가치를 제공하자'는 의미로 낚시 예약 앱 '물반고기반'은 이런 사명의 뜻을 오롯이 담아 실행한 프로젝트다.

"기존에는 낚시라고 하면 기성세대의 전유물로 인식했습니다. 하지만 '물반고기반'은 이런 인식에서 벗어나 가족, 연인, 단체 등에 맞는 낚시 서비스와 패키지를 개발하는 것은 물론 해외 여행객까지 포용할 계획입니다. 그리고 빅데이터를 활용해 업주의 이윤 창출을 넘어 낚시업계에 부가서비스를 연계해 국내 관광산업을 활성화하려는 큰 그림을 그리고 있습니다."

2018년 12월 '물반고기반'은 구글플레이가 선정한 '2018 올해를 빛낸 숨은 보석 앱' 우수상을 수상했다. 이 상은 주변에서 미처 필요하다고 생각하지 못했던 부분을 콕 집어내 자신들만의 아이디어와 참신한 시도로 새로운 영역을 개척한 앱에 수여하는 상이다.

'물반고기반'은 출시 2개월 만에 한국투자파트너스 및 벤처캐피탈 등으로부터 50억원을 투자를 받았고, 약 1년 만에 2차로 알펜루트 자산운용과 벤처캐피탈VC로부터 추가 투자를 받아 누적 투자금액 120억원을 기록하며 더 크게 도약하려 하고 있다.

박 대표는 국내에서 낚시를 즐길 수 있는 모든 장소 추천 및 예약 서비스 그리고 커뮤니티까지 한 번에 제공하는 '물반고기반'이 낚시계의 네이버가 될 거라고 자신한다. 그만큼 낚시에 관한 모든 정보와 서비스, 커뮤니티, 쇼핑 등 카테고리 및 시스템을 완벽히 갖춰놓았기 때문이다. 앞으로는 여기서 더 나아가 지역별 낚시터 프랜차이즈 사업과 수상스키, 웨이크보드, 패러글라이딩, 다이빙 등 레저 낚시 시장의 품질을 높여 누구나 쉽게 즐기면서도 기존 시장에서는 하지 못한 경험을 제공하는 것을 목표로 사업을 확대할 계획이다.

"최종 목표는 한 곳에서 낚시에 관한 모든 정보를 비교·검색하고 예약과 소통, 쇼핑까지 가능한 낚시계의 네이버가 되는 것입니다. 낚시 애호가는 물론 초보자들이 필요로 하는 정보를 모두 제공한다면 낚시 인구가 자연스럽게 확대되고 낚시 시장도 더욱더 활성화될 것입니다. 이렇게 국내 낚시 트렌드를 긍정적인 방향으로 선도하는 데 앞장서는 회사가 되도록 더 열심히 그리고 꾸준히 전진할 것입니다."

㈜마마 | 박세준 | 31세 | 2016년

- 방에서 혼자 창업한 쇼핑몰로 1년 만에 연매출 14억원 달성!
- 광고주와 마케터의 녹취록을 듣는 아르바이트 도중 전자공학도에서 고양이 용품 쇼핑몰 CEO로 진로 변경!
- 쇼핑몰 오픈 전 4,000명의 회원 확보로 남보다 빠른 출발!
- 쇼핑몰 운영 데이터 분석, 손 편지, 불만사항 적극 개선 등 고객과의 감성소통 전략으로 성공하다!

23

세심한 감성소통 전략으로
집사의 마음을 사로잡다

고양이 용품 전문 쇼핑몰, 마마캣

농협경제연구소에 따르면 2018년 국내 반려동물 시장 규모는 2조 8,900억원으로 2015년 1조 8,000억원보다 60.5%나 성장했다. 반려 동물에 대한 사회적 인식이 높아지면서 이를 위한 전용 상품을 판매하는 온라인 쇼핑몰 시장도 함께 커지고 있는 추세다.

그중에서도 마마캣은 2016년 1월 설립 초기부터 압도적인 성장세를 보이며 고양이 용품 쇼핑몰 업계에서 세 손가락 안에 꼽히는 회사로 주목받고 있다. 고양이를 키울 때 필요한 의약품을 제외한 약 5,500가지 용품을 취급하는 마마캣의 박세준 대표는 고양이를 키우는 사람들에게 일명 '박 집사(집사는 고양이 시중드는 사람을 스스로 낮춰 부르는 말. 강아지보다 도도한 고양이를 모신다는 의미)'로 유명하다.

박세준 대표는 창업 전 고양이 용품 사업과는 전혀 다른 길을 걸었다. 초등학교 시절부터 학교에서 알아주는 글라이더 선수였고, 중학교 때는 발명부에 들어가 과학에 재미를 붙였다. 고등학교 때는 LG생활과학에서 주최한 아이디어 공모전에 나가 자전거 발전기에 충전할 수 있는 회로를 개발해 특허까지 냈다.

발명 신동, 고양이 용품 쇼핑몰 CEO 되다!

창의력올림피아드 3위 입상에 다양한 과학 대회에 출전해 특허청장상부터 과학기술부장관상 등 받은 상장만 60개가 넘을 정도로 두각을 나타낸 그는 그야말로 과학 신동으로 불렸다. 고등학교 3학년 때는 발명 벤처부에 들어가 첫 창업에 도전해 초등학생 과학 교구를 만들어 학교에 팔았다. 이 이슈는 9시 뉴스에도 보도될 만큼 당시 큰 화제를 모았다. 이런 이력을 인정받아 그는 한국외국어대학 전자공학과에 1차 수시로 합격했다.

하지만 전자공학도인 박 대표의 진로는 공익근무를 마치고 나서 전혀 다른 방향으로 흘러갔다. 25세에 공익근무를 마친 그는 복학 기간이 남아 네이버에서 운영하는 광고대행사 성과관리팀에서 시급 5,000원을 받고 아르바이트를 했다. 그의 업무는 네이버 마케터와 광고주 사이의 리베이트와 같은 불법 행위를 막기 위해 통화 녹취록을 들으며 감시하는 일이었다.

박 대표는 하루에 8시간씩 5개월간 녹취록 듣기 아르바이트를 하며 마케터와 광고주의 평상시 실무 업무에 대해 자세히 들었다. 단지 녹취록을 열심히 들으며 맡은 바 임무를 다 했을 뿐인데, 그들의 통화 내용은 훗날 그에게 피가 되고 살이 됐다. 당시 '스타일난다' 같은 유명 의류 쇼핑몰이 어떻게 운영되는지에 대한 정보를 상세히 배울 수 있는 특별한 기회이자 수업이었다. 열심히 일하는 동안 자연스럽게 공부까지 된 것이다. 하지만 그때만 해도 그에게 일은 단순히 아르바이트였을 뿐 쇼핑몰 창업은 생각조차 못 했다.

"어느 날, 당시 유명 남성 의류 쇼핑몰 토모나리의 박종윤 부사장(현재 아스트라페 커머스 컨설팅 전문 기업 대표)의 쇼핑몰 관련 강의를 듣게 됐습니다. 네이버 마케터들을 위한 쇼핑몰 실무에 대한 수업이었는데, 제가 평소 좋아하는 쇼핑몰이라서 호기심에 강의를 들었죠. 그런데 강의를 들으면 들을수록 제가 쇼핑몰 운영에 적합한 사람이라는 걸 깨닫게 됐습니다."

아르바이트하며 쇼핑몰 실무 업무를 배우다!

그 강의는 박 대표의 쇼핑몰 창업 결정에 커다란 동기부여가 됐다. 그는 자신이 앞으로 해야 할 일은 복학이 아니라 쇼핑몰 창업이라는 걸 확신했고, 강사의 명함을 얻기 위해 지하주차장에서 출발하는 차를 두들겨 가며 절박하게 따라갔다. 결국 그는 박종윤 대표에게 명함을 받아

냈고, 그 후 페이스북에 친구를 신청하며 자신의 쇼핑몰 창업 과정을 계속 보고하고 조언을 받았다.

"쇼핑몰 성공에는 여러 요인이 작용하지만, 데이터 분석이 중요하다는 걸 강의를 통해 처음 배웠습니다. 방문자가 들어왔다가 나가는 흔적을 연구하는 게 재미있고 흥미로웠죠. 데이터 분석은 제가 가장 잘할 수 있는 분야이고 그래서 자신이 있었어요."

쇼핑몰 창업을 결심했지만 막상 아이템이 없었다. 그저 쇼핑몰을 창업해야 한다는 생각뿐이었다. 아르바이트를 하면서 앞으로 반려동물, 키덜트, 등산, 캠핑 등의 시장이 커질 것이라는 정보를 얻었고, 그중에서 반려동물 시장의 성장 추이에 비해 고양이 용품 쇼핑몰이 많지 않다는 점에 주목했다. 그전부터 고양이를 키우고 있었기에 그나마 아는 분야를 해야 후회가 없을 것 같았다. 바로 '박 집사'로 애칭을 정하고 상호도 마마캣으로 정했다.

"고양이 용품을 팔기로 결정하고 바로 떠오른 이름이 '마마캣'이었습니다. 어디선가 들어 본 이름같이 친숙하니까요. 처음 창업해도 이렇게 친근한 이름이면 고객들이 원래 있던 회사처럼 느낄 거라고 생각했습니다."

그리고 강의에서 들은 내용을 바탕으로 사업계획서를 A4 용지 4장으로 정리했다. 데이터 분석도 중요하지만, 쇼핑몰은 결국 물건을 잘 팔아야 하므로 차별화 전략도 열심히 구상했다.

"2012년 9월 회사를 그만두고 2013년 1월 28일 쇼핑몰을 오픈하기로 결정했습니다. 바로 박종윤 대표님에게 쇼핑몰을 창업한다고 연락

했더니, 대표님이 아직 4개월 시간이 있으니까 쇼핑몰 오픈 전에 회원을 미리 모으라고 조언해 주셨습니다."

달리는 차를 따라가며 받아 낸 박종윤 대표의 명함은 그의 쇼핑몰 창업에 큰 도움이 됐다. 그의 절박함과 간절함이 가 닿은 덕분에 박종윤 대표는 아낌없이 조언을 건네는 스승이 되어주었다.

혼자 힘으로 방에서 창업해 1년 만에 연매출 14억원 달성!

박 대표는 사무실도 없이 그의 집인 아파트 빈 방에서 홀로 마마캣을 창업했다. 자본금은 공익근무를 하면서 한 푼도 쓰지 않고 모아 온 월급 500만원을 포함해 2,000만원이 전부였다. '카페24' 솔루션을 통해 홈페이지를 구축하는 데 30만원을 쓰고, 나머지는 거의 물건을 샀다. 쇼핑몰 오픈 4개월 전 혼자서 처리할 일은 산더미였다. 상품 등록은 물론 제품 촬영도 하고 상세 페이지도 만들어야 했다. 그는 그 많은 업무를 집에서 혼자 해냈다.

동시에 회원 모집에도 힘썼다. 마마캣의 회원을 주로 어디서 찾아야 할까 알아보다가 '고양이라서 다행이야'라는 네이버 카페를 찾았다. 지금은 회원이 약 60만 명 정도지만, 그 당시에는 17만 명 정도의 회원을 보유하고 있었다. 이들에게 날마다 쪽지를 보냈다.

"1월에 오픈하는 고양이 용품 쇼핑몰인데, 회원 가입하면 5% 할인 쿠폰을 지급하고 회원 등급도 최상위 등급으로 올려주겠다고 회원들에게 매일 쪽지를 보냈습니다. 그리고 온라인 최저가로 판매하겠다고 과감한 선언까지 했죠. 지금 생각하면 허무맹랑한 행동이었습니다. 처음 창업한 쇼핑몰이 온라인 최저가로 판다는 건 마진을 보지 않겠다는 뜻이었으니까요."

그 당시 집에 회사를 차렸으니 임대료가 필요 없었고 혼자 모든 업무를 다 하니 인건비도 들지 않았다. 또 초창기에는 광고할 생각도 없었다. 이 모든 것을 절약할 수 있으니 원가가 1만 원이면 1만 100원에 팔아서 100원이라도 남겨야겠다는 계획이었다.

지금 생각하면 말이 안 되는 운영 방식이었다. 그렇게 4개월을 혼자 고군분투하며 쉬지 않고 쇼핑몰 오픈을 준비했고, 오픈 직전 회원 가입자가 4,000명이 넘었다. 매일 300명에게 쪽지를 보냈더니 1달에 1,000명 정도가 회원으로 가입하여 4개월간 4,000명의 회원을 모집했다. 큰 수확이었다. 쇼핑몰 오픈 전에 회원 수 4,000명을 얻어 남들보다 빨리

박세준 대표는 사무실도 없이, 그의 집인 아파트 빈 방에서 마마캣을 홀로 창업했다. 사진은 초창기와 현재의 물류센터

출발한 것이다. 그리고 놀랍게도 오픈 첫날 200만원의 매출을 올렸다. 1월 28일에 오픈하고 1월 31일까지 4일 만에 500만원어치를 팔았다.

두 번째 달에는 정확히 30일을 모두 채워 운영했고 월매출 2,000만원을 달성했다. 3개월 차에는 4,000만원어치를 팔고, 그다음인 4개월차에는 월매출 8,000만원을 기록했다. 매달 매출이 정확히 두 배씩 늘었다. 창업 5개월 차가 되니 월매출은 1억 4,000만원으로 늘어났다. 쇼핑몰 오픈 전에는 월매출 1억원이 목표였는데 이를 5개월 만에 이뤄낸 것이다. 집에서 일하니 부모님의 도움을 받은 셈이지만 이 모든 걸 혼자 힘으로 해낸 것이다.

창업 첫해 연매출은 14억원이었다. 그런데 소득신고 결과 높은 매출이 무색하게도 순이익은 600만원에 그쳤다. 남는 게 없이 매출만 컸던 것이다. 사장 급여가 월 50만원 정도였으니 엄청난 적자였다. 하지만 물류 시스템이 없는 회사 중 14억원이라는 연매출을 사장 혼자서 해낸

건 아마 마마캣이 유일할 것이다.

"그때는 25세였으니 밤을 새워도 끄떡없는 체력을 가지고 있었죠. 고양이 용품은 단가가 크지 않으면서 종류는 3,000개가 넘다 보니 엄청나게 손이 많이 갔습니다. 매출이 점점 늘어나자 가정집에서는 물건들이 감당이 안 돼서 창업 3개월 차에 60평 규모의 창고를 빌렸고, 4개월 뒤에 창고를 하나 더 빌렸습니다. 그리고 10개월 차에는 140평 규모의 지금 창고로 이사했습니다."

창업 초기 온라인 최저가를 선언했지만 최저가에는 도저히 팔 수가 없었다. 이익이 남지 않았기 때문이다. 그 대신 사은품을 많이 줬다. 예를 들어 사료 1만원짜리를 사면 10%인 1,000원 상당의 사은품을 보냈다. 사은품 전략은 마마캣의 꾸준한 고객 유치를 위한 차별화 프로모션이었다.

"고객의 주문서를 보면 고양이를 처음 키우는 사람인지, 고양이 나이가 어린지 등의 정보를 알 수 있습니다. 그에 따라 사료 샘플이나 간식 등 그에 따라 고객 맞춤형 사은품을 보냈죠. 어느 순간부터는 고객이 갖고 싶은 걸 사은품으로 선택할 수 있도록 했습니다. 그리고 포인트도 지급했는데, 다른 업체에서 최저가로 판매하니 가격경쟁력이 떨어져서 지금은 사은품 대신 가격을 낮추는 방식으로 쇼핑몰을 운영하고 있습니다."

초창기에는 적은 마진으로 고생했지만, 어느 정도 매출이 늘어나면서 제품을 납품 받는 단가도 자연스럽게 낮아졌다. 이렇게 마진을 점점 늘리면서 수익을 조금씩 늘려나갔다.

박 대표는 현재 5마리의 코리안 숏 헤어를 키우고 있다. 한국의 길고양이다. 처음에는 율무, 참깨 두 마리를 키웠다. 고양이 용품 쇼핑몰을 창업하고 동물보호소에 봉사활동을 갔다가 철장에 갇힌 채 30분 뒤 안락사를 기다리는 고양이를 운명적으로 만났다. 30분 안에 입양이 안 되면 안락사할 수밖에 없는 긴박한 순간이었다. 마음이 아팠다. 그 고양이를 살려줄 사람은 박 대표 자신밖에 없었다. 그렇게 한두 마리씩 늘어 현재는 고양이 5마리를 돌보는 박 집사로 살고 있다.

그는 항상 다른 쇼핑몰과 마마캣이 어떤 점이 다른지에 대한 차별화를 끊임없이 연구했다. 아무리 생각해도 마마캣은 똑같은 고양이 용품을 판매하는 유통 채널에 불과했다. 그의 스승 박종윤 대표는 자신의 쇼핑몰 차별화에 대해 1시간 정도 글로 쓸 수 있을 정도가 돼야 성장할 수 있다고 조언했다.

마마캣의 홍보 전략, 집사와의 감성소통

그 첫 번째로 그가 떠올린 건 처음 고양이를 키우는 사람들한테 도움이 될 수 있는 가이드를 만드는 것이었다. 그렇게 고양이 초보 집사들을 위한 콘텐츠를 제작했고, 고양이를 키울 때 필요한 물건들이나 고양이 털·모래의 불편함에서 벗어나는 방법 등을 일러스트 형식으로 친근하게 전달했다. 일러스트 또한 고양이를 키우는 집사들의 아기자기한 성향을 잘 파악한 부분이었다.

두 번째로 쇼핑몰 운영 데이터를 적극 활용했다. 적립금 사용률, 문의게시판 답변 소요 시간, 작년 동기 베스트 판매 상품 등등의 운영 데이터를 약 70여개의 항목으로 분석해 쇼핑몰 서비스 강화 및 운영에 적극 반영했다. 고객의 입장에서 생각하고 다양한 의견에 공감하기 위해서다.

사이트에서 제공하는 마마캣 체크 포인트도 여기서 출발했다. 마마캣 체크 포인트는 박 대표가 직접 제품을 사용한 과정과 후기를 상세히 기록한 페이지다. 사료, 모래, 화장실 카테고리 상품의 상세 페이지에서 제공한다. 이는 사진만 보고 상품을 구매해야 하는 온라인 쇼핑의 단점을 극복하기 위한 마마캣만의 대안이었다. 상품을 선택할 때 체크해야 할 사항들을 쉽게 분류해 고양이를 처음 키우는 초보자들이 구매 시 도움 받을 수 있게 한 것이 소비자의 구매를 이끌었다.

마지막으로 세 번째는 광고비를 줄이기 위한 마마캣의 홍보 전략, 감성 편지였다. 고객들에게 일일이 손편지로 감사의 마음을 전하고, 고객 맞춤형으로 고양이 돌보는 간략한 팁을 알려주었다. 회원 가입하면 고객의 주소가 남으니, 물건을 구입한 고객과 구입하지 않은 고객 모두에게 시간이 날 때마다 손편지를 썼다. 적어도 2만통 넘게 썼다. "물건을 구매해주셔서 감사합니다. 고양이를 처음 키우시나봐요. 도움이 되는 작은 선물 하나 보내드리겠습니다. 다음에도 잘 부탁드리겠습니다." 이런 식으로 세 줄 정도 간략하게 써서 보냈는데, 편지를 받은 고객 중에는 답장을 보내는 경우도 많았다. 이렇게 그의 진심은 고객에게 잘 전달됐고 피드백도 점차 늘어났다. 고객과의 이런 감성소통은 치열한 고양이 용품 전문 쇼핑몰 업계에서 마마캣이 차별화를 가지고 성장할 수 있는 원동력이 되었다.

쇼핑몰은 어느 정도 수익이 나고 안정된 이후에야 광고비를 투자할 수 있다. 이 때문에 그는 가능한 한 지출을 줄이고 광고 대신 손편지와 같이 몸과 마음을 쓰는 홍보를 하며 쇼핑몰을 번듯하게 만드는 데 집중했다.

이 외에도 고객의 불편사항을 끊임없이 체크했다. 마마캣을 이용하면서 불편한 점은 없었는지, 바라는 점은 없는지 확인하고 그 즉시 개선했다. 이런 고객과의 소통은 쇼핑몰 첫 오픈부터 지금까지도 여전히 이어지고 있으며 고객의 요구에 따라 쇼핑몰은 점차 업그레이드됐다.

자체 PB 상품 개발로 더 큰 성장을 꿈꾸다!

박 대표는 창업하고 5개월 만에 월 매출 1억 원을 달성하며 빠르게 꿈을 이뤘다. 그리고 여기에 안주하지 않고 고양이 용품 쇼핑몰 업계 1위, 더 나아가 지역별 오프라인 숍 오픈이라는 큰 꿈을 새롭게 재설정했다.

그는 이 꿈을 이루기 위해 지금도 끊임없이 노력 중이다. 더욱 치열해진 반려동물 업계에서 살아남기 위한 새로운 전략으로 마마캣 자체 PB 상품도 개발했다.

"앞으로는 저희만이 유통할 수 있는 상품이 필요하다고 생각했습니다. 제품을 개발하고 OEM 방식으로 생산하는 것이죠. 고양이 모래인

자체 PB 상품인 〈마마샌드〉

마마샌드가 그 첫 번째 상품입니다. 이 외에도 간식과 사료, 정수기, 스크래처, 캣타워 등 마마 라인을 17개 정도 준비하여 하나씩 진행해 나가고 있습니다."

그는 페이스북도 적극 활용한다. 창업하고 나서 친구가 3,000명으로 늘었다. 제품을 개발할 때면 페이스북에 올려 친구들에게 미리 제품 평가를 받는다. 그러면 반응이 즉각적으로 온다. 제품 출시 전에 미리 테스트를 하는 것이다. 좋은 의견은 반영하고 불만은 개선해서 제품에 반영한다. 소비자의 의견이 반영된 제품을 판매하니 결과도 만족스럽다.

광고도 온라인에서 SNS로 옮겼다. SNS 광고는 타깃을 세분화해 잠정적 고객에게 홍보할 수 있는 장점이 있다. 마마캣 쇼핑몰에 들어와서 장바구니에 물건을 넣었는데 막상 결제를 안 하는 고객에게는 5% 할인 쿠폰을 선물한다. 이런 식으로 고객을 끌어들이는 광고는 SNS에서만 가능하다. 그리고 고양이 용품 쇼핑몰 업계에서 이런 광고를 하는 곳은 마마캣이 유일하다.

최근 마마캣은 '2019 한국소비자만족지수 1위' 시상식에서 온라인 쇼핑몰(애완용품) 부문 1위를 수상했다. 5년 연속 수상이다. 이 외에도 2015년 국가품질만족지수 애완용품 1위, 2016년 대한민국 골든브랜드 대상, 2016년 반려동물브랜드 대상 등을 수상하여 고양이 용품 쇼핑몰에서 그 우수성을 인정받고 있다.

"어린 나이에 내 방에서 시작한 작은 회사가 단기간에 큰 성장을 이룰 수 있었던 것은 고객들과의 진심 어린 소통 덕분이라고 생각합니다. 앞으로도 마마캣은 쇼핑이 목적이 아니더라도 고양이를 사랑하는 사람들이 함께 모여 다양한 정보를 공유하고 나눌 수 있는 소통의 공간, 커뮤니티적인 쇼핑몰로 거듭나고 싶습니다."

- 삼성전자 출신 엔지니, 넥밴드형 360도 카메라로 더 넓고 큰 세상을 선물하다!
- 5G 통신과 손잡고 전 세계 유튜버들을 집 밖으로 불러낸 미래형 카메라!
- 제조업체 중 유니콘을 꿈꾸는 최초의 기업! 그 꿈이 이제 현실에 가까워지다!

24

집 안의 유튜버들을
세상 밖으로 불러내다

세계 최초 웨어러블 360도 카메라, 링크플로우

2019년 2월 스페인 바르셀로나에서 세계 최고의 모바일통신기술 박람회 MWC19가 개최됐다. KT 황창규 회장은 개막 기조연설에서 '웨어러블 360도 카메라'를 목에 걸고 나와 세계인들에게 강렬한 인상을 남겼다. 5G 통신 기반의 웨어러블 360도 카메라 'FITT 360'이 세계에 첫선을 보인 역사적인 순간이었다.

세계 최초 넥밴드형 웨어러블 360도 카메라 'FITT 360'을 개발한 회사는 바로 '링크플로우'다. 2016년 삼성전자에서 스핀오프(다각화된 기업이 한 사업을 독립적인 주체로 만드는, '회사 분할'을 뜻하는 용어)해 설립된 회사로, 삼성전자 출신의 실력 있는 전문가 4명이 모여 세계에 없는 혁신을 만들어가고 있는 국내 스타트업이다.

링크플로우의 김용국 대표는 삼성전자 무선기기 사업부에서 소프트웨어 엔지니어로 일했다. 그가 15년간 몸담았던 삼성전자를 떠나 창업에 도전한 배경은 신혼여행으로 떠난 하와이에서부터 시작됐다.

"2007년 하와이로 신혼여행을 갔습니다. 그때 느낀 아름다운 자연 풍광을 고스란히 카메라로 담고 싶어 열심히 촬영을 했죠. 제가 느낀 감동적인 경험을 오랫동안 간직하는 한편으로 다른 사람들과도 생생하게 그 순간을 공유하고 싶었습니다. 하지만 집으로 돌아와 다시 본 사진과 영상은 그때의 감흥을 전혀 담아내지 못했습니다. 제가 느낀 최고의 순간을 영상으로 담아낼 수 있는 디바이스가 없다는 것이 아쉬워서 생각을 거듭하다가, 경험의 공유라는 콘셉트의 차세대 카메라에 대한 첫 영감을 얻었습니다."

1000:1의 경쟁률을 뚫고 1등을 차지한 '웨어러블 360도 카메라'

때마침 삼성전자 내에서 직원들을 대상으로 '웨어러블'을 테마로 한 아이디어 콘테스트가 개최됐다. 김 대표는 동료들과 팀을 꾸려 '웨어러블 360도 카메라'를 구현해 1000:1의 경쟁률을 뚫고 1등을 차지했다.

"콘테스트에서 1등을 했음에도 당시 삼성전자가 카메라 사업을 접던 시기라 회사 내부에서 사업화할 기회를 잡을 수 없었습니다. 하지만 앞으로 생생한 경험의 공유를 선사할 '웨어러블 360도 카메라'의 니즈는 더욱 커질 거라고 확신했고, 그 기회를 놓칠 수 없어 창업을 결심했

2019년 2월 스페인 바르셀로나에서 세계 최고의 모바일통신기술 박람회 MWC19가 개최됐다. KT 황창규 회장은 개막 기조연설에서 '웨어 러블 360도 카메라'를 목에 걸고 나와 세계인들에게 강렬한 인상을 남겼다.

습니다."

2015년 7월 김 대표는 본격적인 사업 준비를 위해 삼성전자 사내 벤처 육성 프로그램 C랩에 들어가 1년 동안 철저하게 창업을 준비했다. 그리고 2016년 10월 3명의 동료와 함께 삼성전사에서 분사해 링크플로우를 설립했다.

이후 링크플로우는 롯데그룹의 스타트업 지원 프로그램 '롯데 액셀러레이터'의 도움을 받아 1년 동안 사업을 본격화했다. 2017년 12월에는 '굿디자인어워드'에서 2017 중소벤처기업부 장관상을 수상하며 의미 있는 첫 출발을 알렸으며, 미국 라스베이거스에서 열린 CES2018과 CES2019에서 2년 연속 디지털 이미징 부분 혁신상을 연이어 수상하는 쾌거도 이뤘다.

웨어러블 360도 카메라 'FITT360' 시리즈는 보안, 안전, 설비 유지 등 산업용과 개인의 소중한 경험을 기록하는 VR 엔터테인먼트용으로 나뉜다.

김 대표는 제품 개발을 끝마친 2016년 4월, 당초 기대보다 VR 시장이 많이 성장하지 못한 상황을 고려해 성공 가능성이 더 큰 보안 쪽부터 문을 두들기는 전략을 세웠다. 기존 경찰 및 보안업체가 사용해 온 가슴 부위에 붙이는 바디캠은 전방만 찍을 수 있는 한계가 있다. 화면에 담을 수 있는 각도는 70~130도 사이다. 그러나 'FITT 360 SECURITY'는 넥밴드에 장착된 미니카메라 4개로 촬영자가 미처 보지 못하는 측면이나 뒷면까지 360도 내 모든 상황을 담을 수 있다. 목에 거는 타입이라 팔다리 등이 자유롭고 직접 이동하면서 360도 전 방향으로 촬영할 수 있는 점도 장점이다. 8시간 연속 촬영, 실시간 스트리밍도 가능하며 얼굴인식 기능도 갖추고 있다.

웨어러블 360도 카메라로 보안 시장부터 장악하다!

"보안용 웨어러블 360도 카메라는 어느 방향에서든 촬영이 가능해 사각지대가 없이 완벽한 보안을 유지할 수 있는 것이 장점입니다. 실시간으로 스트리밍하기 때문에 관제 센터에서 바로바로 지시를 할 수도 있습니다. 또 얼굴 인식 기능으로 범인 검거뿐 아니라 미아 찾기에도 효과적이며 활용 분야 또한 무궁무진합니다."

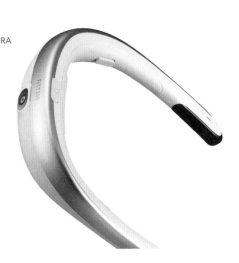

WEARABLE 360° CAMERA

FITT360
SERIES

현재 서울 잠실 롯데월드타워 보안 직원들이 링크플로우 보안용 제품을 사용하고 있으며, 현대중공업 조선소 현장에서도 직원 안전 관리를 위해 활용 중이다. 일본 수출에도 성공해 일부 지하철 안에서 역무원들이 차고 돌아다니면서 역사를 관리하고, 중국과도 보안용 계약을 시도하고 있다.

개인용 웨어러블 360도 카메라 'FITT 360'은 KT의 5G 네트워크와 만나 폭발적인 성장을 이뤄냈다. KT와 처음 만난 것은 2018년 4월 KT 스타트업 발굴 프로그램 '오픈 이노베이션'에서다. 이때부터 KT와 함께 15개월간 머리를 맞대며 'FITT 360'을 5G 시대를 대표할 혁신적인 커뮤니케이션 수단으로 발전시켰고 2019년 6월 드디어 일반 소비자들에게 첫선을 보이며 폭발적인 반응을 불러일으켰다.

웨어러블 360도 카메라 'FITT 360'의 특징은 목에 거는 넥밴드 타입이어서, 다른 360도 카메라와 달리 양손이 자유로운 상태에서 촬영할 수 있다는 것이다. 목 주변을 따라 120도 간격으로 전방 2개, 후방 1개 총 3개의 카메라가 장착되어 촬영 버튼을 누르면 3대의 카메라가 동시에 4K 초고화질UHD로 촬영한다. 기기에서 카메라 3대로 찍은 영상을 이어주는 스티칭stitching(한 줄로 길게 이어진 바늘땀) 작업을 거친 영상은 KT '리얼 360' 애플리케이션으로 실시간 전송된다. KT의 대표 5G 커뮤니케이션 서비스 '리얼 360'을 활용하면 'FITT 360'으로 촬영한 영상을 수신해 일대일 영상 통화는 물론, 4K UHD 화질로 최대 4명과 그룹 영상 통화도 할 수 있다. '360도 라이브 스트리밍' 기능으로 유튜브와 페이스북 등 SNS에 실시간으로 영상을 전송할 수도 있다. 색상은 블랙, 골드, 민트 3종이며 소비자가는 79만 2,000원이다.

"대용량 데이터를 초고속으로 전송하는 5G 시대가 열리면서 내 일상을 360도 고화질로 빈틈없이 찍어 여러 사람들과 영상을 공유하는 것이 현실화되었습니다. 웨어러블 360도 카메라를 목에 걸고 야구장에 간 친구의 현장 경험을 집에서도 동시에 경험할 수 있고, 축구 심판이 목에 착용할 경우 선수들이 뛰는 경기장의 열기를 마치 직접 뛰는 듯 생생하게 공유할 수 있습니다."

5G로 집 안의 유튜버를 세상 밖으로 불러내다!

360도 카메라의 특징은 VR 경험을 더욱 실감나게 하는 360도 이머시브 콘텐츠immersive contents를 제공한다는 점이다. 잘린 영상을 보면 그저 영상을 보는 기분이 들지만 360도로 연결된 영상을 보면 그 안에 들어가 있는 느낌을 받을 수 있다. 이것이 바로 VR의 핵심인 몰입형 영

웨어러블 360도 카메라는 '360 라이브 스트리밍' 기능으로 유튜브와 페이스북 등 SNS에 영상을 실시간으로 전송한다.

상이다.

"360도로 영상을 촬영하기 위해서는 카메라를 돌리면서 찍어야 하는데, 그러면 보는 사람 입장에서는 촬영자가 의도한 영상밖에 볼 수 없습니다. 그런데 웨어러블 360도 카메라로 영상을 찍으면 찍는 사람이 어떤 형태로 움직이든지 상관없이 360도로 촬영되기 때문에 시청자에게 선택권이 생기게 됩니다."

웨어러블 360도 카메라의 핵심은 바로 경험의 공유다. 어떤 사람이 어떤 경험을 하든 그 경험을 빠짐없이 공유할 수 있는 것, 이게 포인트다. 축구나 야구 경기장, 콘서트, 여행 등 어느 곳을 가든 촬영자의 경험을 360도 몰입형 영상으로 제공하며, '360 라이브 스트리밍' 기능으로 유튜브와 페이스북 등 SNS에 영상을 실시간으로 전송한다. 특히 5G 통신과 양손의 자유로움은 유튜버와 브이로거들에게 외부 활동 범위를 더 넓힐 수 있는 좋은 기회를 선사한다.

"유튜버나 아프리카 TV 방송은 대부분 실내에서 촬영하는데, 5G로 덕분에 속도와 처리용량이 크게 늘어나면서 이들이 집이 아닌 세상 밖으로 활동 영역을 한층 더 넓힐 수 있을 거라고 기대합니다. 손을 사용하지 않기 때문에 드라이빙이나 스키, 낚시, 패러글라이딩 등 다양한 방송 아이템도 시도할 수 있죠."

웨어러블 360도 카메라는 이 외에도 영화와 방송 촬영 등에 다양하게 활용할 수 있다. 예를 들어, 전쟁이 발발했을 때 CNN 뉴스에서 기자가 웨어러블 360도 카메라를 목에 두르고 전쟁터에 나가 보도하면 시청자는 마치 전쟁터에 직접 나와 있는 듯한 느낌을 공유할 수 있다. 부동산업계도 마찬가지다. 부동산업자가 360도 카메라를 목에 걸고 집을 돌아다니며 촬영하면, 소비자는 그 집에 실제 가보지 않고도 마치 그 집에 가 있는 듯 집 안 구석구석을 자세히 살펴볼 수 있다. 실제로 미국에서는 부동산 거래의 70%가 고정형 360도 카메라를 활용하고 있으며 국내에서도 본격적인 시행이 멀지 않을 것으로 본다.

그만의 아이디어 돌출 노하우, NM기법!

세상을 바꾼 새로운 아이디어로 승승장구하고 있는 김 대표의 취미

KT의 대표 5G 커뮤니케이션 서비스 '리얼 360'을 활용하면 'FITT 360'으로 촬영된 영상을 수신해 일대일 영상 통화는 물론, 4K UHD 화질로 최대 4명과 그룹 영상 통화도 할 수 있다. 사진은 TV 광고

는 주변의 아이디어 모으기다. 'NMnear material기법'이라는 그만의 아이디어 도출법도 개발했다.

"어떤 아이디어로 기술이나 제품을 개발할 때 혁신성과 보편성은 항상 반비례trade off합니다. 혁신성이 올라가면 보편성이 떨어지고, 보편성이 올라가면 혁신성이 떨어지죠. 너무 혁신적이면 사람들의 공감대 형성이 어렵고 너무 보편적이면 새로울 것이 없어서 그 균형을 맞추는게 중요한데, 그 균형은 일상을 자세히 관찰하면 손쉽게 해결책을 찾을 수 있습니다."

예를 들어, 일상에서 흔히 사용하는 바늘도 길이가 2~3개 정도로 나뉘어 있다. 그렇게 길이를 구분한 이유는 분명히 존재한다. 알게 모르게 사회적으로 통용되도록 만들어진 바늘의 길이인 것이다. 만약 불편한 점을 개선할 아이디어를 얻고 싶다면 기존에 우리 주변에서 사용 중인 물건이나 서비스를 잘 관찰하면 의외로 답을 쉽게 찾을 수 있다.

그는 이런 식의 NM기법을 통해 일을 처리한다. 학창시절부터 생각하는 것을 좋아했고 그런 습관은 일하면서 많은 도움이 됐다. 일상의 불편함을 작은 아이디어로 바꿀 수 있는 방법을 생각하고 또 생각하는 그에게 생각은 일이 아니라 놀이다. 삼성전자에 다닐 때도 일상에서 찾아낸 아이디어로 30건 정도 특허를 냈고, 그 작은 아이디어들이 불씨가 돼 세계가 주목하는 링크플로우를 성공적으로 이끌 수 있었다.

"잘나가는 회사를 그만두고 창업한다는 건 쉽지 않은 결정이었습니다. 보통 사업을 하다보면 성공보다 실패담을 많이 듣게 됩니다. 이것이 바로 창업을 망설이는 큰 이유 중 하나죠. 하지만 준비된 아이템과 열정만 있다면 생각보다 많이 위험하지 않습니다. 사업을 하다 보면 넘어야 할 난관도 많지만 문제를 해결할 수 있는 여러 가지 길 또한 만나게 됩니다. 실패에 대한 걱정보다 일단 준비가 돼 있다면 자신 있게 도전해 보기를 바랍니다."

그는 대학 졸업 후 사회 경험 없이 바로 창업하는 것은 권하지 않는다. 최소한 5년 정도는 사회 경험을 쌓아야 실패 비용을 줄일 수 있다고 보기 때문이다. 사회 경험 없이 방법은 모른 채 의지만 가지고 덜컥 창업하는 경우도 많다. 정말 맨땅에 헤딩하는 격이다. 맨땅에 헤딩하더라도 실패를 통해 배우면 다시 일어설 수 있다. 하지만 굳이 실패 비용을 들여가며 창업에 뛰어드는 것은 비효율적이라고 그는 조언한다.

김 대표의 꿈은 앞으로 회사가 안정적으로 성장해 유니콘 기업(스타트업 중 기업 가치가 10억달러, 한화로 약 1조원 이상인 비상장 기업)이 되는 것이라고 말한다. 제조업이 유니콘 기업을 꿈꾸는 것은 흔치 않다. 그만큼 어렵기 때문이다. 하지만 5G 통신을 만나 더 큰 날개를 펼친 링크플로우가 유니콘 기업으로 등장하는 뉴스가 현실에서 보도될 날이 머지않았다.

서산 여고생, SNS 기반
의류 쇼핑몰 창업 1년 만에 월 10억 매출 돌파!

불과 1년 전만 해도 남윤아 대표는 충남 서산에서 친구와 단둘이 크림치즈마켓이란 여성의류 블로그 마켓을 운영하는 작은 회사의 운영자였습니다. 하지만 국내 최초 셀럽마켓 모음앱 '에이블리'에 입점한 지 7개월 만에 월 4억원이라는 매출을 기록하면서 충남 서산에서 서울 강남으로 사무실을 이전했고, 그렇게 꾸준히 성장해 2019년 8월에는 월 10억원의 매출을 내는 혁신적인 기업인으로 변신했습니다. 충남 서산에 사는 스무 살의 여학생이 그야말로 '대박'을 이뤄낸 것입니다.

남 대표가 경쟁이 치열한 온라인 패션 업계에서 1년 만에 폭발적인 성장을 이룰 수 있었던 데는 SNS의 도움이 컸습니다. 인스타그램 팔로어 15만명을 보유한 그는 처음 팔로어가 많지 않았을 때부터 본인과 같은 관심사를 가진 이들과 소통하기 위해 하루 4시간 이상을 SNS에 투자했습니다. 오로지 고객이 만족할 만한 옷을 찾고 만드는 데 집중했으며, 스마트폰 하나로 제품 선택과 사진 촬영까지 모두 혼자 힘으로 해냈습니다. 비주얼이 중요한 만큼 사진이 만족스럽지 않으면 처음부터 다시 촬영했고 1%의 아쉬움도 남기지 않도록 제품의 특징이 잘 부각되도록 공들여 찍었습니다. 같은 옷이어도 그 강점을 어떻게 감각적으로 잘 표현해 내느냐가 의류 쇼핑몰의 성패를 좌우하는 관건이기 때문입니다. 고객들은 그렇게 크림치즈만의 독보적이고 감각적인 스타일에 환호했고 그 결과는 월 매출 10억원이라는 큰 결실로 나타났습니다.

이러한 그의 성공은 SNS라는 매개체를 그저 사용한 것만으로 얻은 것이 아닙니다. SNS를 통해 시대가 원하는 소통법을 찾아내 자신만의 방식으로 영리하게 잘 활용한 덕분이지요. 그리고 그 배경에는 보기만 해도 행복하다고 말할 만큼 유난히 옷을 좋아했던 남다른 열정과 끊임없이 트렌드를 찾고 만들려 했던 피나는 노력이 있었습니다. 그는 학교 수업 중 10분 남짓한 쉬는 시간에도 스마트폰으로 최대한 다양한 패션을 접하면서 안목을 높이기 위해 힘썼고 고객들이 어떤 옷을 좋아할지 고민하고 또 고민했습니다. 그저 지나칠 수 있는 하루 10분도 허투루 넘기지 않고 자신의 꿈을 위해 차곡차곡 시간을 투자했습니다.

《한국의 SNS 부자들》이 말하고자 하는 것은 단순히 남 대표와 같은 이들이 돈을 많이 버는 소위 잘나가는 기업가들이라는 것이 아닙니다. 이제 학벌이나 인맥, 돈이 없어도 자신이 이루고자 하는 꿈이 있다면 그리고 이를 뒷받침하는 노력하는 자세를 갖추고 있다면, 예전과 달리 SNS가 여러분이 이루고자 하는 목표에 좀 더 쉽고 빠르게 도달할 수 있도록 도와준다는 것입니다. 크림치즈마켓 남윤아 대표의 성공 스토리는 이제 책에서나 나올 법한 신화가 아닙니다. 여러분도 그 신화의 주인공이 될 수 있습니다. 모든 이들의 빛나는 도전을 가슴 깊이 응원합니다.

추천사 II

이 책은 젊은 세대용이 아니라 기성세대용이다. 선진국에서 자란 요즘 우리나라의 젊은 세대는 후진국에서 출발한 우리 기성세대보다 훨씬 우수하다. 못난 우리가 잘난 그들에게 감히 '꿈과 용기를 주겠다'고 생각하지 말고, 우리 기성세대의 사고와 경험이 얼마나 구식인지 이 책을 통해 깨우쳐야 한다. 그래야 우리가 같은 집에 살면서도 다른 종족처럼 느껴지는 그들에게 조금이나마 다가갈 수 있다.

박원우 | 서울대 경영학과 교수

오늘날 자신의 삶을 새롭게 개척하고 싶은 이들에게 이 책을 권한다. 책에서 소개한 CEO들의 도전과 좌절 그리고 성공 이야기는 처음에는 그저 편안하고 흥미롭다가 점차 몰입하게 하며 영감을 불러일으킨다. 다섯 가지 주제로 잘 정리된 다양한 사례들을 읽고 나서 책을 덮을 때쯤엔 새로운 도전을 위한 의욕이 고취될 것이다. 도전을 꿈꾸는 독자를 향한 저자의 응원이 잘 담겨있는 책이다.

권석균 | 한국외대 경영대학원장

현시대에 SNS는 모든 비즈니스의 필수 마케팅 채널로 자리 잡았다. 이 책은 SNS를 통해 다양한 경험을 체득하며 성공한 기업인들의 리얼 성공 스토리다. 성공을 갈망하는 경영인이나 예비 창업가가 실수를 줄일 수 있도록 돕는 견인차 역할을 할 것이다.

이영현 | 고려대 평생교육원 온라인마케팅 최고위과정 교수

한국 경제의 미래 원동력은 스타트업에 있다. 좋은 사업아이템으로 창업하더라도 자금, 영업, 개발 등 어려움에 봉착하면서 중간에 실패하는 사례가 성공사례보다 훨씬 많은 현실에서, 창업하여 성공하려면 무엇보다도 전략을 세우고 이를 실행하는 것이 백 번, 만 번 중요하다. 그런 면에서 이 책에서 다룬 사례들이 실행하는 방법에 대한 타산지석이 될 것으로 확신한다.

이채윤 | 리노공업 회장

이 책이 스타트업을 준비하는 분들, CEO분들, 미래의 리더가 되고자 하는 많은 분들에게 의미 있는 영감과 통찰을 제공하리라 믿어 의심치 않는다. 실증적인 사례 중심으로 구성되어 독자들에게 많은 공감과 교감을 주리라 생각하며, 4차 산업혁명 시대에 많은 분들이 꼭 필독하기를 추천한다.

권기범 | 동국제약 부회장

SNS시대를 맞이하여 창업을 꿈꾸는 젊은이라면 반드시 읽어야 하는 필독서다. 창업이라는 실전에서 응용할 수 있는 방법들을 꼼꼼하고 자상하게 소개하고 있으며, 자기 속에 잠재된 재능을 사업화한 좋은 사례들을 보여준다.

구본학 | 쿠쿠전자 사장

4차 산업시대를 맞아 변화하지 않는 기업은 도태될 것이다. 이 책은 변화하고자 하는 기업들에게 신선한 충격과 변화의 큰 물결을 알려주는 아주 좋은 책이다. 퇴직을 앞두고 있거나 퇴직한 40~60대 분들에게 SNS를 통해 사업 등을 할 수 있는 좋은 기회를 제공한다.

이광식 | 환인제약 회장

에이블리, 컴온빈센트 등 SNS를 활용하는 패션 기업들을 보면서 SNS의 힘을 다시 한번 실감한다. 패션업 관련자뿐만 아니라 관련 기업들에게도 추천할 만한 책이다.

신현균 | 대현 회장

패션 셀럽마켓 모음앱 '에이블리'의 셀러마켓 '크림치즈마켓'의 스무살 오너가 좋아하는 일에 열정적으로 매달려 월 10억원의 매출을 달성한 사례는 SNS 비즈니스의 긍정적인 모습을 보여준다.

박기영 | 짐월드 대표이사 · 한국프랜차이즈산업협회 회장

결혼, 연애, 출산 등 3포를 넘어 취업, 내 집 마련, 인간관계, 희망까지 포기한다는 7포라는 말까지 유행하고 있다. 이 책은 이런 세태가 무색하게 자기가 좋아하는 분야에서 창업하여 열심히 하면, 회사도 성장하고 회사가치도 함께 높아져서 부자가 될 수 있는 방법을 알려준다.

임태원 | 엘아이에스 대표이사

과거에는 직접 눈으로 보거나 만져보고 구매할 수 있었지만, 지금은 사람들이 제품을 직접 보지 않아도 SNS에서 영상, 사진을 통한 상세한 설명과 그 물건을 직접 구매해서 사용해 본 후기를 보고 구매하는 경향이 많다. 이렇듯 좋아 보이는 것이 제품의 질을 결정해 구매까지 이어지는 사례를 잘 보여주는 책이다.

남광희 | KH바텍 회장

4차 산업혁명의 길목에서 새로운 비즈니스 모델을 창출한 신사업의 성공사례를

보여주는 책이다. 기업가 정신에 목말라 있는 우리나라와 이 시대의 젊은이들 그리고 새로운 비즈니스를 찾는 예비 창업가들에게 신선한 자극과 경종을 울린다.

이동현 | 오상그룹 회장

모바일 시대에 SNS마케팅은 높은 파급력과 비용효율면에서 매우 유용한 마케팅수단이다. 많은 기업에서 SNS를 적극적으로 마케팅으로 활용하는 사례가 크게 늘고 있다. 무엇보다 저비용고효율이 중요한 스타트업 창업자에게 좋은 본보기가 될 것이며, SNS를 통해 성공을 거둔 CEO들의 이야기를 통해 인사이트를 얻을 수 있을 것이다.

노시철 | 인터로조 대표이사

사업의 성공은 흔히 운칠기삼이라고 한다. 하지만 운은 가만히 앉아서 기다리는 사람에게는 절대 오지 않는다. 이 책의 부자들은 개척자의 열정적인 마인드로 끊임없이 추구함으로써 각 방면에서 부자의 운을 마주한 좋은 예라고 생각한다.

권석형 | 노바렉스 회장

지식이나 돈이나 재능 등 살아가면서 뭐든지 없으면 서러운 것이 현실이다. 이 책은 재능을 가진 사람이 열심히 창업하고 키우는 과정에서 SNS를 적극적으로 활용하여 성공하는 사례를 보여주는 유익한 책이다.

강동헌 | 코메론 대표이사

한국의 피터 린치! 나는 저자를 그렇게 부른다. 그런 그가 몇년 전부터 페이스북, 유튜브, 인스타, SNS, AI, 공유경제, 4차 산업혁명을 이야기하면서 젊은 창업가들, 온라인상의 회사들, SNS상의 스타들을 탐방 다닌 끝에 나온 결과물이 이 책이다. 저자의 흥미진진한 탐방에 동참해 보길 바란다.

남기태 | 코리아로터리서비스 회장

눈부시게 발전하는 SNS와 모바일 환경의 변화는 사업을 하고 있거나 새로운 사업을 꿈꾸는 이들에게 기회와 위기로 작용하고 있다. 환경 변화를 기회로 활용하여 성공한 기업들의 노하우를 시의 적절하게 제시하는 이 책이 어려움을 겪고 있는 기업들, 새로이 창업에 도전하는 분들에게 유익한 길라잡이로서 많이 보급되길 기원한다.

지근억 | 교수 · 서울대 생활과학대학 · 건강기능식품 비피도 창업자

내가 좋아하는 일을 열심히 해서 사업적인 성공까지 이뤄낸다면 얼마나 행복할까? 이 책은 여러 난관과 어려움을 해결해 나가면 아주 적은 투자비로도 충분히 성공할 수 있음을 다양한 사례를 통해 보여준다.

정현식 | 해마로푸드 회장

SNS를 활용해 창업하고, 홍보하고, 성공한 '신흥 부자'들이 등장하고 있다. 그간 많은 사람들이 이들의 성공 스토리를 알고 싶어 했지만 쉽게 접할 수 없었는데, 이 책은 SNS 부자들의 생생한 사례를 통해 사람들의 궁금증을 시원하게 풀어준다. 직접 듣기 어려운 귀한 이야기들에서 사업 모델이나 마케팅에 대한 아이디어와 인사이트를 얻을 수 있을 것으로 확신한다.

오린아 | 이트레이드증권 수석연구원

자신만의 가치와 재미를 담아 24인이 제각각 창조해낸 길을 따라 걷다 보면 나만의 길을 향한 새로운 설렘과 호기심이 생겨난다. 나만의 고유한 색을 펼쳐 지도를 그려나가려는 학생과 청년 창업가가 자신의 꿈을 더욱 선명하게 만들어나가는 데 이 책에서 건네는 손길이 큰 도움이 될 것이다.

유선아 | 이화여대 북한학과 박사과정

저자의 열정에 감복해 그와 함께 링크플로우, 작심에 같이 방문해서 미팅을 했다. 그랬더니 미래의 비즈니스 방향과 변화의 흐름이 보였다. 이 책을 읽는다면 읽기 전과 후의 생각이 180도 바뀔 것이다.

송진수 | KH에너지 회장

유튜브가 방송, 검색, 뉴스 등의 기존 시장을 급격히 잠식하고 있다. 이 책은 방송채널을 운영하고 있는 아이넷그룹에도 변화와 미래에 대한 고민을 던지며 신선한 충격을 주었다. 젊은 예비 창업자뿐만 아니라 미래의 사업 아이템을 고민하는 40~50대에게도 권장하고 싶은 책이다.

박준희 | 아이넷그룹 회장

당신의 성공은 멀리 있지 않다. 바로 지금 손에 쥔 스마트폰에 있다. 이 책은 더이상 성공요인이 아닌 학벌과 돈, 인맥을 벗어나 스마트폰을 활용하여 좋아 보이는 것, 좋아하는 것을 열심히 하면 부자가 될 수 있다는 것을 보여준다.

김영출 | 백림화학 대표이사

지난 몇 년간 우리는 엄청난 미디어의 변화를 경험하고 있으며 유튜브, 페이스북 등 SNS는 미디어와 온라인의 판도를 바꾸고 있다. 이 책을 읽으면 마케팅을 어떻게 해야 할지 인사이트를 얻을 수 있다.

하기호 | 신경 대표이사

오프라인 시장에서는 제아무리 좋은 제품을 만들어도 판매할 수 있는 루트가 점점 줄고 있다. 이 책은 모바일과 SNS를 통해 성공하고 있는 회사들의 비즈니스를 상세히 기술하고 있어, 취준생들이 가고 싶은 회사 선정에 도움을 줄 것이다.

최재호 | 무학그룹 회장

"유통이 세상의 변화를 주도한다." 정보를 공유하는 핵심적 수단 SNS는 모바일을 통해 유통환경까지 일순간에 바꾸어 변화시키고 있다. 한국의 SNS 부자들의 경험과 성공사례는 창업을 준비하는 모든 이에게 많은 도움이 되리라고 믿는다.

박인준 | 유통클리핑뉴스 대표이사

이 책은 특화된 재능을 무기로 새로운 비즈니스 콘셉트를 만들어 시장을 선도하는 SNS 부자들의 성공 사례를 소개함으로써 젊은 독자들에게는 도전정신을, 기성세대에게는 새로운 변화를 촉구하는 나침반 같은 좋은 책이다. 특히 새롭게 창업하거나 기존 회사의 미래를 설계할 때 꼭 참조해야할 필독서로 추천하고 싶다.

김중우 | 세미원푸드 대표이사

스마트폰의 발달로 이제 전문가가 아니어도 누구나 자신만의 아이디어를 사진과 영상에 담아 많은 이들에게 전달할 수 있는 시대가 되었다. 이 책은 같은 것도 다르게 보는 역발상적 접근을 통해 당신만의 성공 신화를 쓸 수 있도록 영감을 준다.

지호영 | 동아일보 출판국 사진팀 차장

'포노 사피엔스'란 말이 아직 익숙하지도 않은데 SNS 기반으로 벌써 유니콘기업이 탄생하고 성장하는 현실에서, SNS 비즈니스로 성공한 국내 사례자들을 직접 만나 정리한 이 책은 현재 기업의 필독서라고 하기에 부족함이 없다. 특히 미국 대선에서 트럼프 대통령의 당선을 예측한 작가의 예지력이 다시 한번 빛남을 확인할 수 있다.

허용운 | 해산 대표이사

이 책은 평소 늘 새롭게 변화하는 비즈니스 모델을 찾아다니며 토론하는 것이 인상적인 저자의 노력으로 탄생했다. 4차 산업혁명 시대를 맞아 변화하는 기업 비즈니스 사례들이 많으므로 특히 기업 CEO들에게 이 책을 꼭 추천하고 싶다.

남춘희 | 남미에스앤에프 대표이사

세상의 흐름을 꿰뚫어보고 남들과 다르게 움직인 젊은 기업가들. 이들의 현재 진행형 성공 스토리는 독자들이 이루고자 하는 꿈에 한 발짝 더 가까이 다가가도록 돕는 기회와 선물이 될 것이다.

박해묵 | 헤럴드경제 모바일섹션 사진영상팀장

더 이상 개천에서 용이 나올 수 없고 무에서 유를 창출하는 시대는 끝났다는 말을 무색하게 하는 책이다. 이 책은 의지와 아이디어, 인내와 도전정신만 굳건하다면 뭐든 할 수 있다는 것을 증명해 보인다. 이와 동시에 많은 청년들에게 귀감이 되고 무한한 가능성을 증명해 보일 수 있는 기회가 될 것이다.

박지영 | 합천일류돼지국밥 대표

SNS를 통해 자기가 좋아하는 것을 열심히 한다면 누구나 창업에 도전할 있다는 용기를 주는 책이다. 엔터테인먼트에서 새로운 아이템으로 창업을 준비 중인 본인에게도 엄청난 희망과 용기를 주었다.

장진호 | PF엔터테인먼트 대표이사

이 책에는 설립 2년 만에 거래매출 1,000억원을 달성하는 기업도 있고 프랜차이즈 무덤이라는 이 시기에 프랜차이즈를 혁신, 성공하고 있는 기업도 있다. 무슨 일을 해야 할지, 무슨 사업을 해야 할지 고민하고 있다면 반드시 읽어 보길 권한다. 희망과 꿈이 보일 것이다!

채형원 | 토탈에프엔비 대표이사

4차 산업혁명은 약육강식, 적자생존 사회에서 대기업의 먹이사슬 안에 속박되었던 수많은 소상인들의 삶에서 혁신의 패러다임을 이끌어냈다. 스마트 디지털화가 산업의 토대가 되어감에도 불구하고 지속적인 혁신과 창조적 생산의 기반은 '인간다움'이다. 이 책은 미래사회에서 가장 중요한 힘은 '스토리텔링'이며, 어떠한 스펙에도 구애받지 않는 무한한 개개인의 잠재적 가치가 세상의 변화를 이끌어갈 수 있다고 말한다. 이 책을 읽고 대한민국의 청년들이 용기와 도전을 멈추지 않기를 응원한다.

김보희 | 엘도라도리조트 대표이사

송림푸드를 직접 창업해서 대기업에 매각해본 경험이 있다. 이 책의 CEO들은 기존에 알려져 있는 아이템을 어떻게 사업 아이디어로 발전시켜서 키워나가는 지를 감동적으로 보여준다. 기존 CEO들에게도 이 책은 SNS를 활용해 사업을 확장하는 기회를 창출하는 데 큰 도움이 될 것이다.

한병학 | 송림푸드 대표이사

격변하고 있는 새로운 비즈니스 모델, 특히 모바일 SNS 비즈니스에 대한 이해 와 구체적인 사례를 공부할 수 있는 좋은 가이드라인을 제시한 책이다. 새로운 산업에 관심이 많은 모든 분들에게 추천한다.

이승용 | 삼영무역 대표이사

SNS가 세상과 소통하는 채널로 우리 삶을 지배하는 시대에 창업도구로 SNS를 선택한 24개의 기업 이야기! 꿈꾸는 과정에서 아이디어를 얻고 이를 실행해 멋 진 회사를 만들어낸 젊은 CEO들! 이들의 진솔한 성공스토리를 훌륭하게 엮어 낸 저자에게 큰 박수를 보낸다.

남광욱 | 얼라이언스캐피탈파트너스 대표이사

카메라모듈 등 스마트폰 부품을 만드는 회사의 CEO로서 미래의 변화를 감지 할 수 있도록 좋은 기회를 제공해 준 책이다. 기존의 틀에 박힌 고정관념을 깨고 SNS 통해 참신한 아이디어로 좋아하는 것을 활용해 사업에 성공한 사례들을 잘 보여준다.

민동욱 | 엠씨넥스 대표이사

기업의 수명이 15년을 넘기 힘든 4차 산업시대에 SNS는 일상을 넘어 새로운 가치를 만들어 내고 있다. SNS를 통해 성공과 성장 스토리를 쓰고 있는 24개 기업의 생생한 사례는 희망과 성공으로 가는 데 탁월한 영감을 주는 동시에, 새로운 도전을 통해 희망을 얻고자 하는 이들에게 귀중한 통찰을 선사할 것이다.

임석원 | 태평양물산 대표이사

바야흐로 시간과 거리를 뛰어넘어 모바일을 통해서 많은 것들을 보고 그것에 대해 이야기하는 시대다. 이 책은 이러한 시대의 흐름을 읽고 이해하는 데 큰 도움이 될 것이다.

서충모 | NH투자증권 마스터PB

이 책에 소개된 창업자들은 대부분 아무것도 없었지만, 꿈을 가지고 변화를 기회로 여겨 열심히 달린 젊은이들이다. 세상의 변화를 기회로 삼을 것을 요구하는 성공 스토리를 들어보자.

김항기 | 알펜루트자산 대표

사회 진출을 준비하는 자녀들에게 꼭 읽어보라고 권하고 싶은 책이다.

김영준 | 롯데BP화학 대표이사

이 책을 통해서 SNS가 일상을 넘어 이제는 비즈니스에서 중요한 역할을 하는 시대가 되었음을 뼈저리게 느낀다.

전영미 | 여성조선 생활팀 팀장

이 책은 SNS를 기반으로 고객의 니즈를 잘 파악하고 고객에게 맞춘 상품을 제공하는 기업들이 성공한다는 사례를 잘 보여준다.

김광석 | 엠케이에프엔씨 대표이사

모바일 SNS 비즈니스에 대한 이해와 구체적인 사례를 공부할 수 있는 좋은 가이드라인을 제시해 주는 책이다. 바이오 분야에서도 SNS를 활용하는 계기가 될 듯하다.

반경태 | 대한바이오팜 대표이사

창업해서 회사를 성장시킨다는 것은 무척이나 어렵다. 하지만 관심있고 좋아하는 일이 있다면 과감히 도전해볼 일이다. 이 책에는 이러한 비즈니스 모델들의 사례가 많다. 한국의 새로운 기업들이 써내려가는 성공 스토리에 박수를 보낸다.

오유인 | 제일연마 회장

SNS를 통해서 글로벌 진출이 얼마든지 가능한 세상이다. 이 책은 이런 가능성에 도전해 성공한 작은 거인들의 흥미로운 이야기다. 놀랍다! 앞으로 이들이 한국을 넘어 세계로 뻗어나가는 모습을 지켜보는 것도 즐거울 듯하다.

신용철 | 아미코젠 대표이사

이 책은 성공을 갈망하는 경영인 그리고 예비창업가에게 실수를 줄일 수 있는 견인차 역할을 할 것이다.

김희철 | 한국모터트레이딩 대표이사